财务风险防控

188个行政事业单位典型审计案例精析

钮彦平　谢佳　林侃——著

U0890071

SPM 南方传媒 | 广东经济出版社
·广州·

图书在版编目（CIP）数据

财务风险防控：188个行政事业单位典型审计案例精析 / 钮彦平，谢佳，林侃著．—广州：广东经济出版社，2024. 3

ISBN 978-7-5454-8983-5

Ⅰ.①财… Ⅱ.①钮…②谢…③林… Ⅲ.①行政事业单位—财务管理—风险管理—案例—中国 Ⅳ.① F812.2

中国国家版本馆 CIP 数据核字（2023）第 206033 号

责任编辑：刘亚平　曾常熠
责任校对：黄思健　李玉娴
责任技编：陆俊帆
封面设计：朱晓艳

财务风险防控：188个行政事业单位典型审计案例精析

CAIWU FENGXIAN FANGKONG：188 GE XINGZHENG SHIYE DANWEI DIANXING SHENJI ANLI JING XI

出版发行：广东经济出版社（广州市水荫路11号11～12楼）
印　　刷：广州市东盛彩印有限公司
（广州市增城区新塘镇太平洋工业区十路2号　邮政编码：510700）

开　　本：	730毫米×1020毫米　1/16	**印　　张：**	18.75
版　　次：	2024年3月第1版	**印　　次：**	2024年3月第1次
书　　号：	ISBN 978-7-5454-8983-5	**字　　数：**	284千字
定　　价：	98.00元		

发行电话：（020）87393830　　编辑邮箱：metrosta@126.com
广东经济出版社常年法律顾问：胡志海律师　法务电话：（020）37603025
如发现印装质量问题，请与本社联系，本社负责调换
版权所有 • 侵权必究

用心读一本有趣的书，你将会在心智中发现一座神奇的宝库。

——汉佩尔·罗伊特

推荐序

清晰讲解风险，系统归纳风险，有效防控风险。犹如一盏明灯，向读者传递着智慧和启示！

安全是发展的前提，发展是安全的保障。统筹发展和安全是以习近平同志为核心的党中央立足于新发展阶段国际国内新形势新情况提出的重大战略思想，在全面建设社会主义现代化国家、向第二个百年奋斗目标进军的新征程上，我们要坚持统筹好发展和安全两件大事。

党的二十大鲜明指出，健全党统一领导、全面覆盖、权威高效的监督体系。党和国家监督体系是横向到边、纵向到底的大体系，审计监督、财会监督与党内监督、人大监督、民主监督、行政监督、司法监督、统计监督、群众监督、舆论监督等各类监督都是重要组成部分，只有贯通协调、统筹协同、一体推进，才能充分释放监督合力。习近平总书记在二十届中央审计委员会第一次会议上的讲话中强调，要聚焦权力规范运行，充分发挥审计在反腐治乱方面的重要作用。2023年2月，中共中央办公厅、国务院办公厅印发《关于进一步加强财会监督工作的意见》，对财会监督提出了新的更高要求。

本书立足新形势新要求，着眼统筹发展和安全，是钮彦平、谢佳和林侃三位长期从事企事业单位财务管理和审计的专业人员，根据相关单位财务管理风险点和风险事件，进行系统研究和分析的辛勤成果。本书通过丰富的案例，深入分析了财务风险点，并提出了控制关键点的建议，特别是对一些政府采购及合同、基建工程及信息化建设管理等难点、热点问题，通过实例归纳分析、总结提炼，深入浅出、通俗易懂，读后深有感触、受益良多，是一部理论和实践相结合的佳作，是财务领军人才的最新研究成果，也一定是培养财务领军人才的很好的教材。

北京国家会计学院学术委员会委员、教授　郑洪涛

2023年10月6日于北京

前 言

有人问我："风控是什么？"

我问："你走过大桥吗？"

他答："走过。"

"桥上有栏杆吗？"

"有。"

"你过桥的时候扶栏杆吗？"

"不扶。"

"那么，栏杆对你来说就没用了？"

"那当然有用了，没有栏杆护着，掉下去了怎么办？"

"可是你并没有扶栏杆啊？"

"……可是……可是没有栏杆，我会害怕！"

风控就是桥上的栏杆！有了风控的保障，你才会更踏实、更安全！

直面真风险，解决真风险，真解决风险。读之释然，用之超然！

党的十九大以来，以习近平同志为核心的党中央着眼党和国家事业全局，改革审计管理体制，组建中央审计委员会，加强党对审计工作的集中统一领导，强化审计领域重大工作顶层设计、统筹协调、整体推进、督促落实。习近平总书记担任中央审计委员会主任，亲自谋划、亲自部署、亲自推动审计领域重大工作，对审计工作作出一系列重要论述，深刻阐释了审计监督的一系列重大理论和实践问题，科学回答了为什么要加强审计监督、加强什么样的审计监督、怎样加强审计监督等重大课题，形成了新时代党在审计领域的重大理论和实践成果，指引新时代审计工作走出了一条契合中国国情的新路子。

写作此书的原因，主要是我们在结合工作实践学习贯彻习近平总书记关于审计工作重要论述精神和党中央决策部署中有一些思考、感悟，觉得有必要把这些思考和感悟总结并记录下来。同时，也是顺应部分听众的殷切期望。在笔者受邀讲课时，听者对笔者所讲的诸多案例兴趣盎然，建议把这些典型案例进行全面梳理，让更多的审计人员、财务人员、管理干部通过活生生的典型审计案例，学到如何在工作推进中更好地把握政策法规，提升财经纪律意识。作为从事审计工作多年的专业人士，我们意识到将工作中遇到的常见审计问题、案例、解决对策等进行梳理、提炼、归纳、总结，或许会给相关领域的从业者带来一些启发、思考和帮助。于是，便有了这本《财务风险防控：188个行政事业单位典型审计案例精析》。行政事业单位是重大政策、重大决策、重要制度的执行者，承担着公共资金、国有资产、国有资源分配管理的重要职责，提高行政事业单位内部管理水平，规范内部控制，加强廉政风险防控机制建设，对于推进国家治理体系和治理能力现代化具有重要作用。

习近平总书记深刻指出，做好新时代新征程审计工作，要做到“三个如”：一是如臂使指，增强审计的政治属性和政治功能，把党中央意图和部署把握准、领会透、落实好。二是如影随形，对所有管理使用公共资金、国有资产、国有资源的地方、部门和单位的审计监督权无一遗漏、无一例外，形成常态化、动态化震慑。三是如雷贯耳，坚持依法审计，做实研究型审计，发扬斗争精神，增强斗争本领，打造经济监督的“特种部队”；做好审计监督与其他监督的贯通协同，形成监督合力。笔者通过对近年来在行政事业单位中发现的具有普遍性、典型性、倾向性、苗头性的审计问题进行系统整理发现，这些问题产生的原因，有的是对财经法规理解产生偏差，有的是对新出台的制度规定学习掌握不及时，有的是明显存在“搞变通”“打擦边球”的心理，还有的是私心作祟，自作聪明地“钻制度的空子”。我们始终认为，审计的尽头是跟人性搏斗，审计所做的大量工作都是为了激发并放大人性中天使的一面，抑制甚至克服人性中魔鬼的一面。

在写作内容上，本书主要对党的十九大以来被审计单位多频发生的、典型的或重大的、性质严重的违法违规问题进行梳理、归纳，并精心选取了188个典型案例，归集为预算编制与执行管理，政府采购及合同管理，专项资金及绩效管理，基建工程及信息化建设管理，公务支出和公款消费管理，国有资产管理，收入管理及党费、工会费管理，“三重一大”及内部控制管理等八个方面，逐一列明案例所反映问题违反的财经法律法规，并从政策和制度层面分析控制与管理中存在的薄弱环节，有针对性地提出财务风险防控的整改措施，供行政事业单位干部、财务审计人员着力补短板，锻长板及在落实财政部关于进一步加强财会监督、全力落实广东省委“1310”决策部署，推动百千万工程的实践中参考使用。

在呈现方式上，本书秉持实用性、针对性、指导性的理念，围绕“国之大者”力图突出两大特点：一是科学归类、层层递进，对行政事业单位中的财务风险点条分缕析，归结为八个方面，分置于八个章节之中，每一章内容从常见问题及表现到案例解析，再到原因剖析及归纳小结，从现象到本质，层层深入解析；二是求新、求全、求实用，书中所收录的案例大多是中央和各省市近几年的违纪违规审计案例，涵盖行政事业单位的财务管理重点，且很多是行政事业单位易犯的问题。

总而言之，我们希望用朴实的语言、真实的案情、精准的剖析，形象生动地将财务风险防控中的重点、热点、难点问题一一呈现，让读者读后豁然开朗、有所领悟。我们希望，这部著作不仅是一本书，亦是一壶茶，更是一剂财务风险防控的良方。

笔者水平有限，书中如有疏漏和不妥之处，欢迎广大读者批评指正。

钮彦平　谢佳　林侃

2023年12月6日

扫码获取
- 风险防控大讲堂
- 法条全文筑防线
- 审计课程助提升

目 录

第 1 章 预算编制与执行管理

第2章 政府采购及合同管理

第3章 专项资金及绩效管理

第4章 基建工程及信息化建设管理

第 5 章 公务支出和公款消费管理

第6章 国有资产管理

第7章 收入管理及党费、工会费管理

第8章 “三重一大”及内部控制管理

扫码获取
风险防控大讲堂
法条全文筑防线
审计课程助提升

第1章 预算编制与执行管理

凡事豫则立，不豫则废。

——《礼记·中庸》

常见问题及表现：

1.虚开发票骗取财政资金
2.虚报人数骗取财政资金
3.重复申报项目资金
4.挤占挪用项目经费
5.违规转存财政资金
6.以办公用品名义套取财政资金
7.预算编制不完整、不准确
8.预算编制不科学、不合理
9.违规将主责主业外包
10.以劳务派遣等方式违规用工
11.替其他单位代支费用，或将代支费列入基本支出
12.项目支出预算的必要性、合理性、可行性认证不充分
……

扫码获取
☑ 风险防控大讲堂
☑ 法条全文筑防线
☑ 审计课程助提升

审计案例001

虚开发票骗取财政资金

2020年3月至2022年9月，某区疾控中心主任、党委书记林某某，伙同该中心副主任王某、办公室主任刘某、会计于某等人，通过以购买防护用品、电脑耗材和支付印刷费等名义虚开发票和向相关业务单位收取指导服务费的方式套取经费80余万元。

相关财经法律法规

上述做法不符合《国务院关于进一步深化预算管理制度改革的意见》（国发〔2021〕5号）的有关规定，符合《财政违法行为处罚处分条例》（中华人民共和国国务院令第427号）中应受到处罚处分的行为规定。

《国务院关于进一步深化预算管理制度改革的意见》（十四）："加强部门和单位预算管理。……落实部门和单位预算管理主体责任，部门和单位要对预算完整性、规范性、真实性以及执行结果负责。……"

《财政违法行为处罚处分条例》第六条："国家机关及其工作人员有下列违反规定使用、骗取财政资金的行为之一的，责令改正，调整有关会计账目，追回有关财政资金，限期退还违法所得。对单位给予警告或者通报批评。对直接负责的主管人员和其他直接责任人员给予记大过处分；情节较重的，给予降级或者撤职处分；情节严重的，给予开除处分：（一）以虚报、冒领等手段骗取财政资金；……（五）其他违反规定使用、骗取财政资金的行为。"

财务风险防控对策

虚开发票套取公款现象的发生，既与部分党员干部特权思想作祟、纪律和规矩意识淡薄有关，也有管理制度不完善、执行落实不到位等方面的原因。必须健全财务监管制度，完善报销审核机制，堵住管理漏洞。

1.运用新技术新手段加强监督，杜绝单位资金使用、财务报销的随意性。要纠治虚开发票套取公款现象，必须紧盯审批、支付、验收等廉政风险点，完善管理制度，加强源头治理。针对模糊地带、监管盲区、执行漏洞，对报销、审批、支付等环节“对症下药”。

2.严格审批制度。外出商务活动、公务接待、物资采购等严格落实审批程序；严格执行公务卡支付，避免现金支付，特殊情况需附经领导审签同意的情况说明；严格执行物资采购入库验收制度，经费报销时需附入库验收单；单位财务严格审核把关，签字笔迹要认真核对，防止弄虚作假等。

3.规范财务制度的执行。建立“事前预警、事中拦截、事后跟踪”机制，推进问题纠治由事后发现向事前、事中全程公开延伸。财务部门进一步规范发票报销工作，要求做到“账实相符”，严控支出流程，纠治虚开发票套取公款行为。

4.不断提升财务公开的全面性、及时性，让报销式腐败无处遁形。公开发票及其明细，随时查阅、随时监督。

审计案例002

虚报人数骗取财政资金

某中心2020—2022年按照编制人数625人申报年度预算，而编制内实有人数为592人，违规多申请33人的公用经费，按照每人每年度4.5万元计算，虚大编制预算148.5万元。

相关财经法律法规

上述做法不符合《国务院关于进一步深化预算管理制度改革的意见》（国发〔2021〕5号）的有关规定，符合《财政违法行为处罚处分条例》（中华人民共和国国务院令第427号）中应受到处罚处分的行为规定。

《国务院关于进一步深化预算管理制度改革的意见》（十四）：“加强部门和单位预算管理。……落实部门和单位预算管理主体责任，部门和单位要对预算完整性、规范性、真实性以及执行结果负责。……”

《财政违法行为处罚处分条例》第六条："国家机关及其工作人员有下列违反规定使用、骗取财政资金的行为之一的，责令改正，调整有关会计账目，追回有关财政资金，限期退还违法所得。对单位给予警告或者通报批评。对直接负责的主管人员和其他直接责任人员给予记大过处分；情节较重的，给予降级或者撤职处分；情节严重的，给予开除处分：（一）以虚报、冒领等手段骗取财政资金；……（五）其他违反规定使用、骗取财政资金的行为。"

财务风险防控对策

1.召开会议专题研究，分析原因，针对问题制定整改措施，追究相关人员责任，并形成会议纪要。

2.追回虚大的资金，进一步建立健全财政资金预算管理制度，在今后的工作中严格执行制度。

审计案例003

重复申报项目资金

广东某信息技术中心申报了"电子政务建设"项目并获得预算资金500万元，用途为该中心门户网站及业务管理系统的运行维护。当年，该信息技术中心还申报了"政务运转、政务公开和政务信息""业务管理系统维护"2个项目，费用预算为200万元，用途也包括该中心门户网站及业务管理系统的运行维护。该信息技术中心当年实际用于门户网站、业务管理系统的运行维护费用为485万元，在"电子政务建设"项目中支出，而"政务运转、政务公开和政务信息""业务管理系统维护"2个项目则超范围列支了办公桌椅购置费150万元、公务接待支出50万元。

相关财经法律法规

上述做法不符合广东省财政厅《关于印发〈广东省省级部门项目支出预算管理试行办法〉的通知》（粤财预〔2003〕63号）和《广东省人民政府关于印发广东省省级财政专项资金管理办法（修订）的通知》（粤府〔2023〕34号）的有关规定。

《广东省省级部门项目支出预算管理试行办法》第七条："申报要求……（二）省级部门应当按照财政厅规定的时间报送项目申报材料，材料内容必须真实、准确、完整。……"

《广东省省级财政专项资金管理办法（修订）》第七条："严格控制专项资金的规模和数量。省业务主管部门不得新增一项工作就新设一项专项资金，不得重复设立绩效目标相近或资金用途相似的专项资金。……"

财务风险防控对策

根据《中华人民共和国审计法》和《国务院关于加强审计工作的意见》（国发〔2014〕48号）等文件的规定，政府审计的总目标可以概括为真实性、合法性、效益性三个目标。其中，真实性是指被审计单位的会计处理遵守相关会计准则、会计制度的情况，以及相关会计信息与实际的预算执行情况和其他财政收支状况相符合的程度。因此，必须从实际出发，按照真实性原则合法开支，如出现重复申报的情况，应立即整改，避免以后再次出现这种情况。

审计案例004

列支与课题无关的费用

某单位2022年在课题经费报销的交通费用中，所审批的出差目的地和车票到达地不一致，报销人员与乘车人姓名不一致，大量车票有去程无回程或有回程无去程，甚至出现同一个人同一出发时间在不同地点出发，以及同一天内乘坐同一辆车反复往返的情况，涉嫌以虚假发票骗取财政资金8万元。同时，在课题结题2年之后，仍以该课题名义继续列支与课题无明显关系的茶叶、茶具、商品百货等费用，涉及金额60万元，如在某茶业有限公司购买茶叶、茶具支出2.8万元，在加油站办理预付充值卡支出5万元。此外，还列支了在课题研究地点之外的某国际温泉酒店住宿费及景点门票费用等，涉及金额3万元。

相关财经法律法规

上述做法不符合《中华人民共和国会计法》的有关规定，符合《财政违法行为处罚处分条例》（中华人民共和国国务院令第427号）中应受到处罚处分的行为规定。

《中华人民共和国会计法》第九条："各单位必须根据实际发生的经济业务事项进行会计核算，填制会计凭证，登记会计账簿，编制财务会计报告。任何单位不得以虚假的经济业务事项或者资料进行会计核算。"

《财政违法行为处罚处分条例》第六条："国家机关及其工作人员有下列违反规定使用、骗取财政资金的行为之一的，责令改正，调整有关会计账目，追回有关财政资金，限期退还违法所得。对单位给予警告或者通报批评。对直接负责的主管人员和其他直接责任人员给予记大过处分；情节较重的，给予降级或者撤职处分；情节严重的，给予开除处分：（一）以虚报、冒领等手段骗取财政资金；……（五）其他违反规定使用、骗取财政资金的行为。"

财务风险防控对策

1.召开党委（党组）专题会议，立行立改，并追究相关人员责任。

2.建立健全支出内部管理制度。

3.按规定进行会计调账处理。

4.在今后的工作中，严格执行财务管理制度，确保会计核算真实合法。

审计案例005

将违规经营收入通过虚造值班表以补助方式发放

S市防汛抗旱指挥部以防汛抗旱为名，向某村委收取款项12万元，未纳入预算，并于当年虚造办公室防汛抗旱值班表，以参与值班每人3000元、未参与值班每人1200元的标准，违规超范围、超标准发放值班补助11.8万元。

相关财经法律法规

上述做法不符合《国务院办公厅关于印发分类推进事业单位改革配套文件的通知》（国办发〔2011〕37号）中的配套文件《关于事业单位分类的意见》、《财政部关于加强政府非税收入管理的通知》（财综〔2004〕53号）的有关规定，符合《中国共产党纪律处分条例》中应受到纪律处分的有关规定。

《关于事业单位分类的意见》："公益一类事业单位。即承担义务教育、基础性科研、公共文化、公共卫生及基层的基本医疗服务等基本公益服务，不能或不宜由市场配置资源的事业单位。这类单位不得从事经营活动，其宗旨、业务范围和服务规范由国家确定。"

《财政部关于加强政府非税收入管理的通知》："国有资源有偿使用收入应严格按照财政部门规定缴入国库或财政专户。"

《中国共产党纪律处分条例》第一百零四条[①]："违反有关规定自定薪酬或者滥发津贴、补贴、奖金等，对直接责任者和领导责任者，情节较轻的，给予警告或者严重警告处分；情节较重的，给予撤销党内职务或者留党察看处分；情节严重的，给予开除党籍处分。"（2023年12月19日作了修订）

财务风险防控对策

1.召开专题会议，制定整改措施，进一步核查，追究相关人员责任。

---

① 审计案例005适用于2018年10月1日起实施的《中国共产党处分条例》第一百零四条的有关规定，该条例已于2023年12月19日作了修订，案例适用于修订后于2024年1月1日起施行的《中国共产党纪委处分条例》第一百一十四条的规定。

2.完善相关管理制度。

3.原渠道归还资金，并按规定进行账务处理。

4.举一反三，确保不再发生此类事件。

审计案例006

挤占挪用项目经费

某单位2022年的“课题调研、协作经费”项目预算为100.5万元，项目用途为党史社科课题、信息化建设调研等，实际当年该单位挤占项目经费用于公用经费支出，涉及金额5.3万元。同时，当年“基建项目前期研究”项目尚有结余30万元，未报经财政部门批准同意，即挪用于列支地下室垃圾清理费用。

相关财经法律法规

上述做法不符合《中华人民共和国预算法实施条例》（中华人民共和国国务院令第729号）的有关规定。

《中华人民共和国预算法实施条例》第六十条：“各级政府、各部门、各单位应当加强对预算支出的管理，严格执行预算，遵守财政制度，强化预算约束，不得擅自扩大支出范围、提高开支标准；严格按照预算规定的支出用途使用资金，合理安排支出进度。”

财务风险防控对策

1.建立健全预算编制、审批、执行、决算与评价等预算管理内部控制制度。正确把握预算编制有关政策，确保预算编制相关人员及时全面掌握相关规定。

2.合理设置岗位，明确相关岗位的职责权限，确保预算编制、审批、执行、评价等不相容岗位相互分离。

3.建立内部预算编制、预算执行、资产管理、基建管理、人事管理等部门或岗位的沟通协调机制，预算编制应当做到程序规范、方法科学、编制及时、内容完整、项目细化、数据准确。

4.根据批复的预算安排各项收支，确保预算得到严格有效的执行。

5.建立预算执行分析机制，加强决算管理，尤其是要加强预算绩效管理，建立“预算编制有目标、预算执行有监控、预算完成有评价、评价结果有反馈、反馈结果有应用”的全过程预算绩效管理机制。

审计案例007

违规转存财政资金

某单位2023年通过虚列项目差旅费、劳务费、青苗补偿费、勘探费、项目款、运输费等支出名目，将项目资金从零余额账户直接转入单位实有资金账户，或先从零余额账户将项目资金转给下属企业，再由下属企业转回到单位实有资金账户，合计金额1006万元。

相关财经法律法规

上述做法不符合《中华人民共和国会计法》和广东省财政厅《关于加强和规范预算单位零余额账户资金管理事项的通知》（粤财库〔2009〕44号）的有关规定。

《中华人民共和国会计法》第九条：“……任何单位不得以虚假的经济业务事项或者资料进行会计核算。”

《关于加强和规范预算单位零余额账户资金管理事项的通知》：“预算单位零余额账户不得违规向本单位或与本单位有关联的上下级预算单位银行账户划拨财政资金。”

财务风险防控对策

1.召开党委（党组）会议专题研究，制定整改措施，进一步核查是否存在违规违纪行为，追究相关人员责任，形成会议记录。

2.建立健全支出内部管理制度。

3.追回有关财政资金，按规定进行会计调账处理。

4.在今后的工作中，严格执行财务管理制度，不得违规向本单位或与本单位有关联的上下级预算单位银行账户划拨财政资金。

审计案例008

违规多领出差补助

某单位职工李某某2020年10月29日前往北京参加某项目初步验收工作动员部署会，会议通知10月31日报到，11月1日会期1天，统一安排食宿。该同志提前2天前往，并推迟1天返回，实际于11月3日返程，多报销3天差旅补助费用540元，以及3晚住宿费用1500元。

相关财经法律法规

上述做法不符合广东省财政厅《关于印发〈省直党政机关和事业单位差旅费管理办法〉的通知》（粤财行〔2014〕67号）的有关规定。

《省直党政机关和事业单位差旅费管理办法》第十四条：“伙食补助费是指对工作人员因公出差期间伙食费用给予的适当补偿，按出差自然（日历）天数实行定额包干，省内省外同一标准，每人每天100元。”第十五条：“市内交通费是指工作人员因公出差期间发生的市内交通费用，按出差自然（日历）天数实行定额包干，每人每天80元。”

财务风险防控对策

1.加强支出审批控制、审核控制、支付控制、支出的核算和归档控制，明确支出的内部审批权限、程序、责任和相关控制措施。

2.确保各项支出与经济业务事项相符，准确完整，符合预算，审批规范，手续齐全。

审计案例009

违规重复报销交通和伙食补助费

某单位每年组织单位人员到异地进行业务素能培训，每次组织部门统一申请来回2天的交通和伙食补助费，每期培训的人数大约为100人。2022年8月申请交通和伙食补助费借支3.42万元［95人×（80+100）元/（人·天）×2天］。审计组查阅公务用车申请表，发现这期培训该单位已安排车辆接送，单位人员到达培训地点后再由培训单位统一安排车辆接送，培训单位的接送车费包含在培训费里，不再另外收取。培训全程都安排了车辆接送，这期培训，该单位相关人员违规报销交通补助费1.52万元［95人×80元/（人·天）×2天］。

相关财经法律法规

上述做法不符合《财政部关于印发〈中央和国家机关差旅费管理办法〉的通知》（财行〔2013〕531号）和财政部办公厅《关于印发〈中央和国家机关差旅费管理办法有关问题的解答〉的通知》（财办行〔2014〕90号）的有关规定。

《中央和国家机关差旅费管理办法》第十九条："市内交通费是指工作人员因公出差期间发生的市内交通费用。"第二十条："市内交通费按出差自然（日历）天数计算，每人每天80元包干使用。"

《中央和国家机关差旅费管理办法有关问题的解答》："到常驻地以外参加会议、培训的，会议、培训期间执行会议和培训费的相关制度。往返会议、培训地点发生的城市间交通费、伙食补助费和市内交通费按照差旅费管理办法的规定报销。其中，伙食补助费和市内交通费按往返各1天计发，当天往返的按1天计发。""新修订的差旅费管理办法对市内交通费实行包干办法，按出差自然天数每人每天80元包干使用。往返驻地和机场的交通费在按规定发放的市内交通费内统筹解决，不再另外报销。"

财务风险防控对策

1.召开会议专题学习，强化财经政策、制度执行与落实，摒弃一些部门认为项目资金既然已经安排给本部门，就应由自己支配，如果形成结余资金，便可以使用在其他事项上，不经审批自行动用结余资金的做法。

2.立即整改，追回多报销的费用，并按规定调账。

审计案例010

以办公用品名义套取财政资金

通过数据分析发现，某单位2022年人均办公用品消耗量异常偏高。当年，该单位实有人数30人，但累计购买茶叶150斤、电话机100部、插线板150个、纸杯18箱（1800个）、电池49盒（490粒）、光盘387盒（19350张），涉及金额30万元。审计抽查上述6项办公用品2022年度入库、领用及库存情况，发现实际库存少于账面库存。经测算，在不考虑期初库存数量的情况下，占比约80%的办公用品未见实物。后经延伸检查发现，该单位办公室主任把单位的一些招待费、购买个人物品的花费等，也开成办公用品发票进行报销，实际上并无办公用品入库，涉嫌以虚假的办公用品发票套取财政资金。

相关财经法律法规

上述做法符合《中华人民共和国公职人员政务处分法》中应给予处分的有关规定。

《中华人民共和国公职人员政务处分法》第三十五条："有下列行为之一，情节较重的，予以警告、记过或者记大过；情节严重的，予以降级或者撤职：……（三）违反规定公款消费的。"

财务风险防控对策

1.制定整改措施，进一步核查是否存在违规违纪行为，追究相关人员责任，形成会议记录。

2.严格执行相关财经法律法规，防止一些部门、一些人为其所主管的行业相关单位争取财政资金，通过代编代报预算等方式将财政资金交给非所属预算单位使用，造成预算级次混乱、中央财政本级预算支出不真实等问题。

审计案例011

套取食堂经费

某单位会计账面食堂支出为300万元，但其食堂台账支出为100万元，会计账比食堂台账多列支200万元。检查发现，会计账多列支的200万元的采购票据，开票内容大部分为各种高档食材、干货，并非食堂日常食材，且无送货交接手续，无法确认其支出的真实性。经了解，该支出有的用于各部门购买高级酒水、茶叶、礼品作为招待、送礼用，有的支出无真实交易，仅取得票据报销，虚报冒领食堂经费。

相关财经法律法规

上述做法不符合《中华人民共和国会计法》和《政府会计准则——基本准则》（中华人民共和国财政部令第78号）的有关规定。

《中华人民共和国会计法》第三条："各单位必须依法设置会计账簿，并保证其真实、完整。"第九条："各单位必须根据实际发生的经济业务事项进行会计核算，填制会计凭证，登记会计账簿，编制财务会计报告。任何单位不得以虚假的经济业务事项或者资料进行会计核算。"

《政府会计准则——基本准则》第十一条："政府会计主体应当以实际发生的经济业务或者事项为依据进行会计核算，如实反映各项会计要素的情况和结果，保证会计信息真实可靠。"第十二条："政府会计主体应当将发生的各项经济业务或者事项统一纳入会计核算，确保会计信息能够全面反映政府会计主体预算执行情况和财务状况、运行情况、现金流量等。"

财务风险防控对策

1.加强财务管理，借助内部控制和风险防范系统，为单位财务管理提供良好的内部控制环境。

2.组织财务报销及相关财经法规制度的学习，提高财务经办人员业务水平，加强审核把关，坚决防止此类问题再次发生。

审计案例012

预算编制不完整、不准确——应纳入预算的所属单位未纳入预算

A单位所属的B单位为独立核算的公益一类事业单位，一直以来，B单位的事业收支情况均未纳入A单位年度预决算编制范围，如2023年度少编报B单位事业收入4000万元、事业支出3000万元。

相关财经法律法规

上述做法不符合《中华人民共和国预算法》和《财政部关于印发〈部门决算管理办法〉的通知》（财库〔2021〕36号）的有关规定。

《中华人民共和国预算法》第八条："各部门预算由本部门及其所属各单位预算组成。"第三十六条："……各级政府、各部门、各单位应当依照本法规定，将所有政府收入全部列入预算，不得隐瞒、少列。"

《部门决算管理办法》第四条："部门决算由本部门及其所属单位决算组成。"

财务风险防控对策

1.召开党委（党组）会议专题研究，制定整改措施，形成会议记录。

2.建立健全预算编制、审批、执行、决算与评价等预算管理制度。

3.编制下年预算时充分考虑预算编报的单位范围，完整编报年度预决算报表。

审计案例013

预算编制不完整、不准确——部分收入或动用的结余资金未纳入预算

2021年至2023年，A部门下属的B中心、C学会等6家单位取得的继续教育培训项目等收入合计1.05亿元未纳入单位法定账簿核算。A部门本级及下属的B中心等10家单位未经批准动用结余资金671.32万元，用于其他工作和弥补基本支出等。

相关财经法律法规

上述做法不符合《中华人民共和国预算法》和《财政部关于印发〈部门决算管理办法〉的通知》（财库〔2021〕36号）的有关规定。

《中华人民共和国预算法》第三十六条：“……各级政府、各部门、各单位应当依照本法规定，将所有政府收入全部列入预算，不得隐瞒、少列。”

《部门决算管理办法》第十五条：“各级政府财政部门、各部门发现决算编制不符合规定，存在漏报、重报、虚报、瞒报、错报等问题的，应当要求有关单位限期纠正。”

财务风险防控对策

1.召开会议，制定整改措施，进一步强化预算的编制、审批、执行、决算与评价等预算管理内部控制制度。

2.编制下年预算时，要充分考虑以前年度结余资金和转移支付资金等因素，防止预算编制不完整、不准确。

审计案例014

预算编制不科学、不合理——未细化到具体项目内容等

广东某单位2023年度部门预算中有12个项目的预算编制不够细化，没有明确用款单位、绩效目标、项目内容、测算依据、实施年限等关键内容，涉及预算金额共计2500万元。

相关财经法律法规

上述做法不符合广东省财政厅《关于印发〈广东省省级财政资金项目库管理办法（试行）〉的通知》（粤财预〔2018〕263号）的有关规定。

《广东省省级财政资金项目库管理办法（试行）》第九条：“……二级项目。指对应一级项目，细化至具体项目、市县或用款单位、具体额度的明细项目，用于明确具体扶持对象。”

财务风险防控对策

1.召开党委（党组）会议专题研究，制定整改措施，形成会议记录。

2.科学统筹，结合业务需求、项目本身特点，业财融合，有依有据，准确编制预算。

3.在今后的工作中，将所有项目全部纳入绩效目标管理，并结合本单位实际，合理编制绩效目标。遇到变化时，及时调整预算或绩效目标，提高绩效目标的可行性。

审计案例015

预算编制不科学、不合理——项目论证不充分造成财政资金闲置

S单位在某信息化项目尚未获得信息化主管部门立项批复的情况下，即

向财政部门申报预算安排2000万元。在2023年预算下达后，由于缺乏立项批复，难以启动项目建设，导致项目资金闲置。有3个跨年度项目未根据资金需求分年度安排预算资金，造成项目结转较大，涉及金额1000万元；有5个经常性项目优先使用上年结转资金，导致当年安排的资金连续滚存闲置，涉及金额500万元。

相关财经法律法规

上述做法不符合《中华人民共和国预算法实施条例》（中华人民共和国国务院令第729号）的有关规定。

《中华人民共和国预算法实施条例》第六十条："各级政府、各部门、各单位应当加强对预算支出的管理……合理安排支出进度。"

财务风险防控对策

1.召开党委（党组）会议专题研究，制定整改措施，形成会议记录。

2.已经实施尚未完成的跨年度项目，加大项目执行推进力度，尽快落实完成。

3.确定不能执行的，及时向财政部门申请调减指标。

4.在今后的工作中，按实际支出事项制定用款计划，提高预算执行率。

审计案例016

预算编制不科学、不合理——预算调整不及时导致财政资金闲置

A单位2023年度有3个项目因政策调整等无法实施，A单位未及时调整项目预算，造成800万元项目资金闲置。

相关财经法律法规

上述做法不符合《国务院关于印发推进财政资金统筹使用方案的通知》（国发〔2015〕35号）的有关规定。

《推进财政资金统筹使用方案》："（八）推进预算编制和预算执行的统筹协调。统筹协调预算编制和预算执行工作，既要加强预算编制管理，提高预算编制的科学性和准确性，为预算执行打好基础，又要加强预算执行管理，加快预算执行进度，为预算编制提供重要参考。……"

财务风险防控对策

1.召开专题会议，制定整改措施，形成会议记录。

2.编制下年预算时，充分参考往年预算执行情况，提前与财政部门沟通，将已确定的项目纳入年初预算。

审计案例017

预算编制不科学、不合理——在结转较大的情况下继续申请预算，导致财政资金闲置

某单位2022年有6个项目在上年结转1500万元的情况下，当年继续向财政部门申请安排2800万元，至2022年底项目结转扩大至1650万元。

相关财经法律法规

上述做法不符合《国务院关于印发推进财政资金统筹使用方案的通知》（国发〔2015〕35号）的有关规定。

《推进财政资金统筹使用方案》："（八）推进预算编制和预算执行的统筹协调。统筹协调预算编制和预算执行工作，既要加强预算编制管理，提高预算编制的科学性和准确性，为预算执行打好基础，又要加强预算执行管

理，加快预算执行进度，为预算编制提供重要参考。……”

财务风险防控对策

1.坚持全面从严治党战略方针，坚持法定职责必须为、法无授权不可为，坚持权责统一，依法履职尽责，着力推动解决行政事业单位主责主业项目违规外包问题，坚决纠治懒政怠政现象。

2.立即纠正违规行为，举一反三，全面排查，对未履行完或未履行的合同依据相关规定及时处理，若涉及财政资金流失等，应追回，并查深查实。

审计案例018

违规将主责主业外包

某单位2022年收到上级文件，要求深入全省各类企业开展实地调研，了解企业享受增值税留抵退税政策情况，收集各地市相关部门在推进增值税留抵退税政策落实中的好方法、好经验，提高相关工作的主动性、积极性和创造性。该单位在接到实地调研任务后，将其全部交由某协会承担，并签订委托调研活动合同，合同金额65万元。某协会就近选取5家在A片区的企业开展实地调研，并采取书面方式向税务部门调研了解留抵退税的主要做法，最终形成调研报告。该协会所选取企业类型较为单一，未能覆盖其他片区，且在相关工作做法调研方面，未实地前往参与建立留抵退税联合会商机制的6个部门调研，难以达到上级部门的调研要求。该单位未对协会提交的调研报告出具审核意见就直接提交给上级部门，工作中存在形式主义、“走过场”的问题。

相关财经法律法规

上述做法不符合《政府购买服务管理办法》（中华人民共和国财政部令第102号）的有关规定。

《政府购买服务管理办法》第十条："以下各项不得纳入政府购买服务范围：……（二）应当由政府直接履职的事项；……"

财务风险防控对策

1.立行立政，聚集主责主业，压实责任，将每一项职能落实到人，监督到位。

2.坚持全面从严治党战略方针，坚持法定职责必须为、法无授权不可为，坚持权责统一，依法履职尽责，着力推动解决行政事业单位主责主业项目违规外包问题，坚决纠治懒政怠政现象。

审计案例019

以劳务派遣等方式违规用工

某单位2023年的物业管理服务已包含大院及办公区域保洁等服务，又以部分重点区域保洁的名义，长期采用劳务派遣方式聘用5名工作人员，实际上，这5名聘用人员仅负责该单位领导所在楼层办公室及会议室的保洁工作。

相关财经法律法规

上述做法不符合财政部《关于做好2023年政府购买服务改革重点工作的通知》（财综〔2023〕12号）的有关规定。

《关于做好2023年政府购买服务改革重点工作的通知》："（十一）严禁变相用工。购买主体不得借政府购买服务名义变相用工，不得将人员招、聘用，以劳务派遣方式用工，以及设置公益性岗位等事项纳入政府购买服务范围。对于此前以政府购买服务名义变相用工的做法，应严格根据国家有关法律、法规和政策规定予以整改。"

财务风险防控对策

1.对经过审核批准的编外人员，用人单位及其主管部门要形成编外人员花名册，统一进行实名制管理。

2.对未经审核批准但确需使用的编外人员，用人单位及其主管部门须按管理办法办理报批手续，经批准后方可聘用。

3.对报批后未批准的，单位考核不合格、不能胜任本职工作的编外人员，用人单位要妥善做好清退工作。

4.因阶段性工作而招聘的编外人员，在工作任务结束后应及时与其解除劳动关系，不再续聘或留用；对辅助性、保障性工作，实行政府购买服务后，要与提供该服务的原编外人员依法解除劳动合同。

审计案例020

违规编外用工

某单位未经省委组织部、省人力资源和社会保障厅批准，长期在编制外聘用合同工承担其膳食、保安、保洁等后勤服务工作，未通过社会化购买解决，也未按照控制总量的要求精简消化合同工，在合同工离职、退休后，继续招聘新的合同工补充至相关后勤岗位，所签订的合同均为无固定期限合同。至2022年底，合同工人数已由2019年的120名增至160名。相关合同工支出主要通过挤占“某专项经费”等业务工作经费解决，2022年合同工支出为1250万元。随着合同工年龄的增大，在工作中出现较多懒散懈怠的现象，每年的支出形成了较大的财政负担，较多的人数也增加了单位内部的管理难度。

相关财经法律法规

上述做法不符合《中华人民共和国公务员法》的有关规定。

《中华人民共和国公务员法》第一百条：“机关根据工作需要，经省级以上公务员主管部门批准，可以对专业性较强的职位和辅助性职位实行聘任制。……”第一百零三条：“……聘任合同期限为一年至五年。……”

财务风险防控对策

1.认真梳理现有编外人员岗位，对照政府购买服务目录，凡是能够实施政府购买服务的，必须实施购买服务，变“养人”为“养事”，节约用人成本，提升政府公共服务水平。

2.物业管理、安保、绿化养护、餐饮服务、会议保障、信息网络服务、公共建筑设施和设备维护等事项，通过市场采用服务外包形式加以解决。

本章小结

进一步推进预算管理制度改革，不断提升预算科学化、精细化水平

预算编制与执行审计发现，行政事业单位认真执行预算法及中央、省级预算管理改革的有关要求，主体责任意识逐步增强，预算执行进度进一步加快，部门预算管理水平不断提高，预算管理改革取得较好成效。但审计也发现，部分部门或单位仍存在预算编制质量不高、全面预算绩效管理改革推进不到位、“过紧日子”和严控一般性支出须进一步加强等方面的问题，需要高度重视，并采取措施加以纠正和改进。

1.部分项目预算编制质量不高，存在虚大项目预算或向实施条件不成熟的项目安排预算的问题

由于预算编报不合理，有的部门或单位部分项目资金使用效益低下，具体有四种表现形式：一是虚大预算编报，有的项目无须开展，有的项目实际资金需求量不多，年度形成结余资金较大，预算安排是实际需求量的好几倍。二是部分经常性项目优先使用上年结转资金，导致当年安排的资金连续滚存闲置。三是跨年度项目未根据资金需求分年度安排预算资金，当年未能使用的资金只得结转以后年度使用。四是在条件不成熟的情况下即申请预算安排，导致相关预算资金无法使用。部分项目在前期工作未完成的情况下即

申请预算安排，比如有的项目尚未完成立项或初步设计、用地规划等前期工作；有的项目仍处于考察调研、收集资料阶段，需求方案尚未论证明确。

2. 预算执行中主体责任未落实，对于暂时无法执行的项目未及时调整预算或组织清理

一是部分单位履职尽责不到位，相关工作推进缓慢。有的部门或单位未按照年度计划推动项目实施，未能及时跟进解决项目实施中立项、招投标、验收等环节存在的问题。二是有的部门或单位发生机构改革、新政策出台、项目负责人调整等情况变化，未及时调整相关项目预算，导致资金闲置。三是有些项目在推进中遇到难以解决的问题，暂不具备实施条件的项目也未及时组织清理。如有的基建项目在实施过程中存在权属纠纷或历史遗留问题等，且与相关部门沟通协调难度较大；有的项目由于概算调整、结（决）算评审、消防验收等短期内难以完成，相关资金暂时达不到付款条件等。

3. 存在一些与预算改革不适应、不衔接、不配套的情况

一是代建制项目的预算编制与执行不衔接。有些采用代建制方式建设的项目推进缓慢，出现预算编制和预算执行“两张皮”的现象，预算安排超出实际资金需求。二是部分项目资金指标下达较迟，或者指标下达出现错误。如有的项目的预算，财政部门于当年度年底才下达，预算单位来不及组织实施；还有的资金指标被错误下达至其他预算单位，相关用款单位无法使用。三是部分制度条款不完善，项目资金难以发挥使用效益。如处置非法集资工作经费奖励金项目，按规定要求在案件判决生效后才能给予奖励金，由于非法集资案件的诉讼旷日持久，较大地影响了举报人的积极性。另外，律师化解信访案件补贴项目也存在类似的情况，要求律师必须完成化解并签订息访协议后才能领取补贴，否则律师的前期工作支出均无法报销，导致律师参与化解信访案件的意愿降低。

从审计情况看，上述问题有的反复出现，有的是普遍性、倾向性的共性问题，还有一些是苗头性问题。这些问题的产生有以下三个主要原因。

1. 预算编制的管控基础尚未夯实

预算编制是预算管理全流程的管控起点和执行依据，一些部门对预算编制质量不太重视，对项目预算缺乏科学论证和准确测算，一定程度上还习惯于“基数+增长”的惯性思维，导致预算编制脱离实际，由此带来资金结余沉淀、年底突击花钱等问题。

2. 预算缺乏刚性约束

一些预算项目未设置绩效评价指标或指标设置不够科学，预算执行情况缺乏评价基础和依据，不能根据绩效目标对预算执行进行动态监督，也未能如实、规范地开展绩效评价工作，导致出现资金使用绩效不高等问题。

3. 部门或单位主体责任不到位

对项目论证不充分，在执行中缺乏预判研究和统筹谋划，预算执行中出现问题的追责问责机制未建立；对以往审计发现的问题未能举一反三、完善体制机制不够深入，使得类似问题反复出现。

应按照建立“标准科学、规范透明、约束有力的预算制度”的要求，进一步补齐工作短板、堵塞制度漏洞，不断完善财政预算管理制度机制。

1. 深入贯彻落实新预算法实施条例以及省级预算管理改革要求，不断强化预算约束作用

财政部门应严格按照中央及地方关于深化预算编制执行监督管理改革的各项要求，健全预算管理制度和支出标准体系，建立和完善项目支出预算评审制度，加强对预算编制中“保重点、谋大事”的审核把关力度，根据用款单位的实际用款进度拨付资金。各部门或单位应重视年度预算的论证研究，合理安排支出进度，切实执行每月预算执行情况分析会议制度，进一步提高预算编制的规范性和科学性。强化各部门或单位预算执行主体地位，严格按照批复的预算推动项目实施，加强资金下达后的跟踪监管，对于执行情况发生变化的项目及时研究调整。

2. 大力推进绩效管理，提高财政资金资产使用绩效

财政部门应进一步深化预算绩效管理，加强对预算资金绩效监控、绩效评价的组织和指导。各部门或单位应建立事前绩效评审制度，科学制定绩效目标及考核指标；对重大项目全面实施绩效监控，完善中期评估和到期评价办法，规范预算单位绩效评价工作；实施以绩效为导向的资金分配机制，强化绩效评价结果运用，把绩效评价结果作为改进管理和编制预算的依据，使财政资金分配更加突出重点、提质增效，切实提高资金使用效益。

3.精打细算“过紧日子”，严控一般性支出

按照“减钱不减事”的原则，进一步优化支出结构，分清轻重缓急、事务类别，科学安排、统筹兼顾，确保完成重点工作和改革任务，清理整合低效、无效资金，及时盘活利用存量资金和闲置资产。认真落实中央八项规定及其实施细则精神，继续压减一般性支出和“三公”经费，降低一般性支出的标准水平。强化公务支出和公款消费制度执行力，防控廉政风险。

第2章 政府采购及合同管理

管理就是预测和计划、组织、指挥、协调以及控制。

——亨利·法约尔

常见问题及表现：

1.达到政府采购限额标准却未按规定方式进行采购

2.化整为零规避公开招标

3.虚假招标

4.未经批准擅自采用单一来源采购方式

5.以不合理的条件限制潜在供应商

6.为特定供应商量身打造招标条款

7.招标人与中标人订立背离合同实质性内容的协议

8.转包分包

9.围标串标

10.违规提前支付

11.未按合同约定验收并支付款项

12.合同预付款比例偏大，影响项目建设质量

13.滥用银行保函，财政资金存在风险

14.以虚假合同骗取财政资金

15.合同管理风险意识淡薄，未建立健全合同管理内部控制制度

16.单位合同未实行统一归口管理，未明确合同归口管理部门，也未定期对合同进行分类、统计和归档

……

扫码获取
风险防控大讲堂
法条全文筑防线
审计课程助提升

审计案例021

未按规定编报政府采购计划

某局2022年应纳入政府采购目录范围的服务包括广域网络维护、维修改造，2项服务涉及采购预算分别为120万元、150万元，均超出采购限额标准，但该局未按规定编制政府采购计划表。

相关财经法律法规

上述做法不符合《中华人民共和国政府采购法》和《政府购买服务管理办法》（中华人民共和国财政部令第102号）的有关规定。

《中华人民共和国政府采购法》第六条："政府采购应当严格按照批准的预算执行。"

《政府购买服务管理办法》第十四条："纳入政府购买服务指导性目录的服务事项，已安排预算的，可以实施政府购买服务。"

财务风险防控对策

1.召开党委（党组）会议专题研究，制定整改措施，建立健全本单位政府采购内部控制制度。

2.在今后的工作中，加强对政府采购业务预算与计划的管理，根据单位实际需求和相关标准编制政府采购预算，按照已批复的预算安排政府采购计划。

审计案例022

达到政府采购限额标准却未按规定方式进行采购

某医院2020年购置某项医疗设备30台（套），采购预算450万元，未通过公开招标方式采购，而是委托第三方采取竞争性磋商方式采购。

相关财经法律法规

上述做法不符合《中华人民共和国政府采购法》的有关规定。

《中华人民共和国政府采购法》第七条："政府采购实行集中采购和分散采购相结合。集中采购的范围由省级以上人民政府公布的集中采购目录确定。属于中央预算的政府采购项目，其集中采购目录由国务院确定并公布；属于地方预算的政府采购项目，其集中采购目录由省、自治区、直辖市人民政府或者其授权的机构确定并公布。纳入集中采购目录的政府采购项目，应当实行集中采购。"

第二十八条："采购人不得将应当以公开招标方式采购的货物或者服务化整为零，或者以其他任何方式规避公开招标采购。"

财务风险防控对策

1.严格执行招投标相关法规，建立健全本单位政府采购内部控制制度。

2.对纳入集中采购目录的政府采购项目实行集中采购，恢复合法情形，或补办相关手续。

3.在今后的工作中按规定严格履行政府采购及招投标管理程序。

审计案例023

化整为零规避公开招标

某地H路景观绿化项目总投资1230万元，项目代建单位将其拆分为A段景观绿化示范项目、B段慢行系统改造项目、C段环境品质提升示范项目3个标段项目，立项总投资分别为420万元、410万元、400万元。上述3个项目建设地址均位于同一条路，且为相连或毗邻路段，改造内容均为人行步道提升改造及绿化改造等，分别于2022年1月15日、2022年2月10日、2022年3月6日发布竞争性磋商公告，施工中标单位均为某建安公司，3个项目均委托某市G规划勘测设计研究院进行设计，3个项目的监理公司均为F工程项目管理有限公司。3个项目的开工时间均为2022年3月，竣工验收时间均为2022年7月10日。

相关财经法律法规

上述做法不符合《中华人民共和国政府采购法》、《中华人民共和国政府采购法实施条例》（中华人民共和国国务院令第658号）和《广东省2013年政府集中采购目录及限额标准》（粤财采购〔2013〕13号）的有关规定。

《中华人民共和国政府采购法》第二十八条："采购人不得将应当以公开招标方式采购的货物或者服务化整为零或者以其他任何方式规避公开招标采购。"

《中华人民共和国政府采购法实施条例》第二十八条："在一个财政年度内，采购人将一个预算项目下的同一品目或者类别的货物、服务采用公开招标以外的方式多次采购，累计资金数额超过公开招标数额标准的，属于以化整为零方式规避公开招标，但项目预算调整或者经批准采用公开招标以外方式采购除外。"

《广东省2013年政府集中采购目录及限额标准》："一、通用类目录……C03物业管理服务［采购限额标准为预算金额20万元（含20万元）以上］……三、分散采购限额标准：政府集中采购目录以外，单次采购单项或批量金额20万元（含20万元）以上的货物和服务的项目……应执行《中华人民共和国政府采购法》和《中华人民共和国招标投标法》等有关规定。四、公开招标数额标准：单次采购单项或批量采购金额达到80万元（含80万元）以上的货物或服务项目……应采用公开招标方式。"

财务风险防控对策

在一个财政年度内，采购人将一个预算项目下的同一品目或者类别的货物、服务采用公开招标以外的方式多次采购，累计资金数额超过公开招标数额标准的，属于以化整为零方式规避公开招标。其中，是否属于同一品目、同一类别的判断方法是：项目的需求、特点、属性等相似，便于管理的，属于相同种类的项目；否则，不属于相同种类的项目。

1.召开党委（党组）会议专题研究，制定整改措施，进一步核查是否存在违规违纪行为，根据具体情况给予处理处罚，追究相关人员责任，形成会议记录。

2.建立健全本单位政府采购内部控制制度。

3.对审计揭示的问题应予以改正，恢复合法情形，或补办相关手续。

4.在今后的工作中按规定严格履行政府采购及招投标管理程序。

审计案例024

虚假招标——特定企业中标

2022年8月，某地启动光伏发电项目采购工作，经当地党委常委会议审议，要求“合作方须具备不少于3000万元自有资金实力参与完成本项目”，并明确要求“投标人提供不低于3000万元的银行存款证明或银行授信证明”，同时“要求投标人具备国家行业管理部门颁发的电力行业工程设计甲级资质证书”。

2022年10月，承办单位启动公开招标程序，为使特定企业中标，在正式发布的招标文件中将“投标人提供不低于3000万元的银行存款证明或经会计师事务所出具2021年度财务状况报告审计净资产≥3000万元的证明材料或银行授信证明”内的“经会计师事务所出具2021年度财务状况报告审计净资产≥3000万元的证明材料”条款删除了，同时将资质要求的条款调整为“要求投标人具备国家行业管理部门颁发的电力行业工程设计（新能源、电力）乙级资质证书”。审计发现，最终中标联合体不具备3000万元的自有资金，没有国家行业管理部门颁发的电力行业工程设计（新能源、电力）甲级资质证书，不具备经党委常委会议审议并原则同意的基本条件。该单位降低投标人资格资质要求，涉嫌故意让不符合条件的投标方中标。

相关财经法律法规

上述做法属于《中华人民共和国政府采购法实施条例》（中华人民共和国国务院令第658号）中的“以不合理的条件对供应商实行差别待遇或歧视待遇”。

《中华人民共和国政府采购法实施条例》第二十条：“采购人或者采购代理机构有下列情形之一的，属于以不合理的条件对供应商实行差别待遇或者歧视待遇：……（三）采购需求中的技术、服务等要求指向特定供应商、特定产品；……（六）限定或者指定特定的专利、商标、品牌或者供应商；……”

财务风险防控对策

1.相关单位应进一步完善政府采购管理，杜绝类似情况再次发生。

2.相关货物或服务确实只能从唯一供应商处采购的，应当办理单一来源采购审批手续，采取单一来源采购形式。

审计案例025

虚假招标——不具备资质企业中标

2020年11月，某区人民医院经公开招标，与北京某公司签订合同，采购医疗培训服务和北京远程专家义诊门诊服务等。审计发现，参与投标的3家公司通过伪造虚假的聘用合同、工资表、职业资格证书等资料响应投标，其经营范围均不包含医疗培训服务和北京远程专家义诊门诊服务等。审计延伸发现，中标单位2021年至2022年6月底，共开展心电监测583人次，B超检测结果均为无效图片，未开展血压、血氧饱和度、血糖、体温、尿酸、胆固醇等方面的检测；这期间，联系北京三甲医院专家远程会诊49次，但均未出具诊疗方案。

相关财经法律法规

上述做法符合《中华人民共和国政府采购法》中应受到处罚处分的有关规定。

《中华人民共和国政府采购法》第七十七条："供应商有下列情形之一的，处以采购金额千分之五以上千分之十以下的罚款，列入不良行为记录名单，在一至三年内禁止参加政府采购活动，有违法所得的，并处没收违法所得，情节严重的，由工商行政管理机关吊销营业执照；构成犯罪的，依法追究刑事责任：（一）提供虚假材料谋取中标、成交的；……"

财务风险防控对策

1.加强对企业的资质监督。对企业的资质和经营状况进行监督，严格准入，优胜劣汰，从而避免无序竞争，防止某些企业靠人际关系、权钱交易参与市场竞争。

2.重点加强对招投标管理权的监督，严格执行《中华人民共和国招标投标法》及相关规定。建立规范的招投标交易市场，防止关系标、形式标、串标和陪标等虚假现象发生。

3.在把好工程立项、报批、招投标、资质审查、工程监理、竣工验收等各个环节关口之外，重点对招标活动中的做标、评标、定标等关键环节进行监督，建立招投标人监督制约机制，落实标底保密措施，杜绝招标人泄露标底以及与投标人违规接触。

审计案例026

虚假招标——采购控制流于形式

2020年8月15日，某县城管局启动"市场升级改造工程"采购工作，资金控制在100万元以内，采取邀标比选方式确定施工单位。相关招投标资料显示，这次招投标存在两个方面的问题。一是邀标与投标的时间倒序，县城管局于2020年10月20日特邀A建筑公司、B建筑公司、C建筑公司3家公司参与“市场升级改造工程”邀标比选，而各邀标公司的投标申报时间一致为2020年9月29日；二是确定中标单位无依据，各邀标公司申报的预算审核造价下浮率分别为A建筑公司报4.3%、B建筑公司报3.5%、C建筑公司报5.8%，县城管局在无依据的情况下，确认下浮率属于中间报价的A建筑公司为中标人。

相关财经法律法规

上述做法不符合《中华人民共和国政府采购法》的有关规定。

《中华人民共和国政府采购法》第三条：“政府采购应当遵循公开透明原则、公平竞争原则、公正原则和诚实信用原则。”

第二十九条：“符合下列情形之一的货物或者服务，可以依照本法采用邀请招标方式采购:

（一）具有特殊性，只能从有限范围的供应商处采购的；

（二）采用公开招标方式的费用占政府采购项目总价值的比例过大的。”

财务风险防控对策

1.建立健全政府采购预算与计划管理、政府采购活动管理、验收管理等政府采购内部管理制度。

2.明确相关岗位的职责权限，确保政府采购需求制定与内部审批、招标文件准备与复核、合同签订与验收、验收与保管等不相容岗位相互分离。

3.加强对政府采购业务预算与计划、采购活动、采购项目验收、采购业务质疑投诉答复、采购业务记录控制、涉密政府采购项目安全保密的管理。

4.建立预算编制、政府采购和资产管理、财会、内部审计、纪检监察等部门或岗位之间的沟通协调机制。

5.确保本单位的政府采购项目有实际需求和相关标准，符合批复的预算，审批手续齐全，验收严格规范，文档归集清楚完整，物资保管安全完整。

审计案例027

虚假招标——中标项目被转售

2023年3月，某博物馆通过单一来源采购方式采购了博物馆物业管理服务，中标单位为A物业管理有限公司，合同金额为190万元。经进一步审计发现，该物业管理有限公司将合同约定的保洁服务转包给B物业管理有限公司，涉及金额96万元；将保安服务转包给C安全服务有限公司，涉及金额65万元。

相关财经法律法规

上述做法不符合《中华人民共和国招标投标法》的有关规定，不符合该单位所在省的省政府采购中心编制的《单一来源谈判文件》的要求。

《中华人民共和国招标投标法》第四十八条："中标人应当按照合同约定履行义务，完成中标项目。中标人不得向他人转让中标项目，也不得将中标项目肢解后分别向他人转让。中标人按照合同约定或者经招标人同意，可以将中标项目的部分非主体、非关键性工作分包给他人完成。接受分包的人应当具备相应的资格条件，并不得再次分包。……"

《单一来源谈判文件》："本项目不允许报价人以任何名义和理由进行转包或分包，如有发现，采购人有权单方中止合同。"

财务风险防控对策

1.严格按合同条款执行，若涉及违约则追究违约责任或中止合同。

2.严格审查资质材料、响应文件、技术资料有关招标资料，防止"量身定制""找人代理"等行为发生。近年来，一些公职人员选择通过招标代理公司承担招投标工作，看似客观中立，实则暗藏猫腻。

3.加强供应商诚信体系建设，对提供虚假材料谋取中标或者中标转售、不诚信履约等行为应不断加大处罚力度，限制其参与政府采购活动，建立"一处受罚处处受限"的惩罚机制，并依法对处罚案件信息进行公告，给予警示。

审计案例028

未经批准擅自采用单一来源采购方式

2020年10月，某医院为缓解值班医护人员的住宿需求压力，拟购置8套员工宿舍，采购预算为500万元。该医院未采取公开招标的方式，未经批准擅自采用单一来源采购方式，从某公司开发的某小区采购了8套商品房。

相关财经法律法规

上述做法不符合《中华人民共和国招标投标法》、《中华人民共和国政府采购法》、《中华人民共和国政府采购法实施条例》（中华人民共和国国务院令第658号）的有关规定。

《中华人民共和国招标投标法》第三条："在中华人民共和国境内进行下列工程建设项目包括项目的勘察、设计、施工、监理以及与工程建设有关的重要设备、材料等的采购，必须进行招标：……（二）全部或者部分使用国有资金投资或者国家融资的项目；……"

《中华人民共和国政府采购法》第三十一条："符合下列情形之一的货物或者服务，可以依照本法采用单一来源方式采购：（一）只能从唯一供应商处采购的；（二）发生了不可预见的紧急情况不能从其他供应商处采购的；（三）必须保证原有采购项目一致性或者服务配套的要求，需要继续从原供应商处添购，且添购资金总额不超过原合同采购金额百分之十的。"

《中华人民共和国政府采购法实施条例》第二十三条："采购人采购公开招标数额标准以上的货物或者服务，符合政府采购法第二十九条、第三十条、第三十一条、第三十二条规定情形或者有需要执行政府采购政策等特殊情况的，经设区的市级以上人民政府财政部门批准，可以依法采用公开招标以外的采购方式。"

财务风险防控对策

加强单位政府招投标和集中采购的管理，规范单位的采购行为，严格按照相关法律法规执行，杜绝违法违规行为的发生。

2.对揭示的问题应立行立改，恢复合法情形，或补办相关手续，并追究相关当事人责任。

审计案例029

以不合理的条件限制潜在供应商

A单位采购某专业设备的招投标档案资料中，3家投标单位最终得分相差不足5分，最终中标的供应商为H公司，但在招标文件评分标准中，该单位要求“所投产品的制造商在中国市场占有率连续2年排名第一，得5分，其他排名得0分”。审计检查投标文件发现，只有H公司在该专业设备市场占有率连续2年排名第一，该评分项的设置指向唯一的产品制造商，属于以不合理条件限制或者排斥潜在供应商。

相关财经法律法规

上述做法不符合《中华人民共和国招标投标法实施条例》（中华人民共和国国务院令第613号）的有关规定。

《中华人民共和国招标投标法实施条例》第三十二条：“招标人不得以不合理的条件限制、排斥潜在投标人或者投标人。招标人有下列行为之一的，属于以不合理条件限制、排斥潜在投标人或者投标人：……（三）依法必须进行招标的项目以特定行政区域或者特定行业的业绩、奖项作为加分条件或者中标条件；……（七）以其他不合理条件限制、排斥潜在投标人或者投标人。”

财务风险防控对策

1.进一步完善政府采购管理，杜绝类似情况再次发生。

2.相关货物或服务确实只能从唯一供应商处采购的，应当办理单一来源采购审批，采取单一来源采购形式。

审计案例030

设定的条件与合同履行无关

A单位采购某信息运营项目，具体采购需求包括建设综合信息服务平台、建设行业专家库、进行信息员培训三大服务内容，最终中标单位为C公司。审计在招标文件中发现，有两项评分细则与采购需求无关：一是金融服务能力5分，要求投标人具有该行业金融领域的增值服务和可持续服务能力，需要提供国家级支付业务许可证复印件；二是对该项目的资金支持能力5分，要求投标人具有办理各项小额贷款业务的许可证，需要提供该省金融部门正式批复文件复印件作为证明材料。这两项评分条件的设置与合同履行无关，在所有投标人中，具有国家级支付业务许可证、小额贷款业务许可证的只有C公司一家。

相关财经法律法规

上述做法属于《中华人民共和国政府采购法实施条例》（中华人民共和国国务院令第658号）中的“以不合理的条件对供应商实行差别待遇或歧视待遇”。

《中华人民共和国政府采购法实施条例》第二十条：“采购人或者采购代理机构有下列情形之一的，属于以不合理的条件对供应商实行差别待遇或者歧视待遇：……（二）设定的资格、技术、商务条件与采购项目的具体特点和实际需要不相适应或者与合同履行无关；……”

财务风险防控对策

1.召开党委（党组）会议专题研究，制定整改措施，进一步核查是否存在违规违纪行为，根据具体情况给予处理处罚，追究相关人员责任，形成会议记录。

2.建立健全本单位政府采购内部控制制度。

3.对揭示的问题予以改正，恢复合法情形，或补办相关手续。

审计案例031

为特定供应商量身打造招标条款

某县扶贫办计划使用精准扶贫财政专项资金，通过公开采购形式购买优质商铺，以出租收益实现贫困户稳定增收目标。2020年9月，该办启动招投标工作，共有某展房地产公司（A商铺）、某兴房地产公司（B商铺）、某泰房地产公司（C商铺）3家公司投标。审计发现，招标文件中为A商铺量身打造招标条款，涉嫌向私营企业输送利益。根据第三方机构所作的评估报告，位于S市的C商铺存在较大优势，而位于Y县的A商铺和B商铺均有一定的优势。该县扶贫办为使A商铺中标，在招标文件中，要求“所投房源区域在Y县行政区域内为优，其他为一般”，同时对属“优”的商铺所赋分值较高，基本上把S市的C商铺排除在外。此外，还提出“优先考虑属于毛坯房的商铺”的要求，基本上又把B商铺排除在外，因为投标单位中只有A商铺为毛坯房，违背投资商铺首先考虑运营收益情况的一般常理。招标人刻意排除前期调查中有较大优势的C商铺、具有一定优势的B商铺，为A商铺量身打造招标条款。同时，招标文件要求“在经营活动中没有重大违法记录，没有企业警示信用信息”，而C商铺所属某泰房地产公司曾于2020年5月收到税务部门下发的5份逾期未缴纳税款的处罚文书。

相关财经法律法规

上述做法属于《中华人民共和国政府采购法实施条例》（中华人民共和国国务院令第658号）中的“以不合理的条件对供应商实行差别待遇或歧视待遇”。

《中华人民共和国政府采购法实施条例》第二十条：“采购人或者采购代理机构有下列情形之一的，属于以不合理的条件对供应商实行差别待遇或者歧视待遇：……（八）以其他不合理条件限制或者排斥潜在供应商。”

财务风险防控对策

为防止发包单位为特定供应商量身打造招标条款，相关单位应重点加强对招投标文件的合规审查，在审查专家库中随机抽取3名以上专家，“背靠背”重点审查三个方面的内容：一是投标资质要求，要严格执行招投标相关法规，防止项目招标单位量身设置资质门槛，限制潜在投标人投标；二是投标人业绩要求，防止项目招标单位违规设置业绩要求，将原本符合要求的潜在投标人排除在外；三是评标办法遵循新规定，对国家规模标准以下使用国有资金投资工程建设项目采取“合理定价随机抽取法”进行评标，防止出现“内定中标人”等违规行为。需要注意的是，对审查专家应当实行“一项目一考核”动态考核办法，及时排除不合格、存在违规操作的专家，防止审查专家被“围猎”。

审计案例032

招标人与中标人订立背离合同实质性内容的协议

某单位采购“机房日常维修保养升级”项目，采购需求包括机房的维修、保养，软件的升级改造等服务内容。但在某公司中标后所签订的合同中，除了机房的维修、保养这两项外，并未约定相关软件的升级改造内容，而是在实际执行中，要求中标公司在合同期内，提供七座商务车1辆、司机1名供该单位信息化管理处日常使用。

相关财经法律法规

上述做法不符合《中华人民共和国政府采购法》《中华人民共和国招标投标法》的有关规定以及《中华人民共和国政府采购法实施条例》（中华人民共和国国务院令第658号）第三十七条和《中华人民共和国政府采购法》第三十八条第五项、第四十条第四项所称质量和服务相等①的实质性要求。

《中华人民共和国政府采购法》第四十六条："采购人与中标、成交供应商应当在中标、成交通知书发出之日起三十日内，按照采购文件确定的事项签订政府采购合同。……"

《中华人民共和国招标投标法》第四十六条："招标人和中标人应当自中标通知书发出之日起三十日内，按照招标文件和中标人的投标文件订立书面合同。招标人和中标人不得再行订立背离合同实质性内容的其他协议。……"

财务风险防控对策

1.政府采购合同是落实政府采购需求管理的重要载体，同时也是进行履约验收和绩效评价的依据，合同的双方当事人一经签订，不得擅自另立、变更、中止或者终止合同，除合同继续履行将损害国家利益和社会公共利益外。

2.对揭示的问题立即召开党组（党委）会议，制定整改措施，责令限期改正，对直接负责的主管人员和其他直接责任人员依法给予处分，并举一反三，防患未然。

3.进一步强化项目采购需求，完善招标文件，做到招标文件的各项内容齐全，且符合项目实际情况，并严格按照采购文件确定的事项签订政府采购合同。

① 这里所说的质量和服务相等，是指供应商提供的产品质量和服务均能满足采购文件规定。

4.建立健全内部监督管理制度，对依法应当分设、分离的岗位、人员必须分设、分离。强化政府采购活动的事前、事中、事后监督，一旦发现采购活动有违法违规行为，应当及时通报。

审计案例033

转包分包

2021年10月25日，A建筑工程公司（镇属企业）以施工总承包的形式中标承接某大厦工程项目（当地镇政府引进的高标准商业酒店项目），工程规模5.68万平方米，合同金额8600万元。2022年4月2日，A建筑工程公司与B公司签订了建筑工程挂靠合同书，将该大厦土建工程以总承包的形式发包给B公司，工程规模5.68万平方米，合同金额8600万元。合同约定："A建筑工程公司按工程总造价0.8%收取B公司管理费，管理费金额68.8万元，按月收取。"

相关财经法律法规

上述做法不符合《中华人民共和国招标投标法》的有关规定。

《中华人民共和国招标投标法》第四十八条："中标人应当按照合同约定履行义务，完成中标项目。中标人不得向他人转让中标项目，也不得将中标项目肢解后分别向他人转让。……"

财务风险防控对策

1.增强风险控制意识。建设单位项目管理人员在工程建设管理中，应切实提高转包、违法分包的风险意识，积极联合监理、设计单位加强对工程的监督与管理，切实履行合同约定的职责与义务，建立健全工程签证程序，明确签证授权级别等。同时，必须树立证据意识，对于往来函件、签证签单等证据材料做好归档，以便在纠纷发生时能够及时翻查、复核，并就相关资料的合理性、合规性作出判断，提出应对措施。

2.加强工程分包管理监管力度。建设单位应当加强对合同签订前的程序审批和合法性审批，尤其是对合法分包原则的把握和执行。重点关注项目招投标和合同条款执行管理中对转包、分包行为的约束条件，如采取禁止联合体投标、禁止施工期间更换项目经理和核心技术人员、要求项目经理和核心技术人员每周在工地上工作时间不能少于5天等措施，或者引进第三方进行全过程跟踪审计，在工程造价咨询、全过程造价控制、跟踪审计、工程结算审计等方面，重点关注有关工程量变更及综合单价调整，认真听取专业机构的意见，并在工作中及时修正、完善。

审计案例034

涉嫌围标

2021年，某公司法定代表人丘某某借用其他4家公司资质，由其公司设计部的孙某统一进行网上投标报名、统一制作标书，存在投标文件制作机器码（MAC地址）相同的情形。5家公司均错误地填写了残疾人福利性单位声明函，在该函中均错误地承诺自己属于残疾人福利性单位。同时，该公司负责代其他4家公司缴纳投标保证金，并授权本公司4名员工作为其他4家公司的代表参加现场投标，在一些项目中还存在伪造虚假的服务人员专业资格证书以响应标书的情况，涉嫌串通投标，涉案金额1969万元。

相关财经法律法规

上述做法属于《中华人民共和国政府采购法实施条例》（中华人民共和国国务院令第658号）中的“以不合理的条件对供应商实行差别待遇或歧视待遇”及《中华人民共和国招标投标法实施条例》（中华人民共和国国务院令第613号）中的“投标人相互串通投标”。

《中华人民共和国政府采购法实施条例》第二十条：“采购人或者采购代理机构有下列情形之一的，属于以不合理的条件对供应商实行差别待遇或者歧视待遇：……（三）采购需求中的技术、服务等要求指向特定供应商、特定产品；（四）以特定行政区域或者特定行业的业绩、奖项作为加分条件或者中标、成交条件；……（八）以其他不合理条件限制或者排斥潜在供应商。”

《中华人民共和国招标投标法实施条例》第四十条：“有下列情形之一的，视为投标人相互串通投标：（一）不同投标人的投标文件由同一单位或者个人编制；……”

财务风险防控对策

1.召开党委（党组）会议专题研究，制定整改措施，进一步核查是否存在违规违纪行为，根据具体情况给予处理处罚，追究相关人员责任，形成会议记录。

2.建立健全本单位政府采购内部控制制度。

3.对审计揭示的问题予以改正，恢复合法情形，或补办相关手续。

4.出于客观原因已不具备整改条件的，在今后的工作中，应按规定严格履行政府采购及招投标管理程序。

审计案例035

涉嫌串标

某单位2019年支付的食材费用超出公开招标的限额标准。2019年5月，该单位未按规定公开招标，未经财务部门审批擅自采用邀请招标方式对2019—2020年餐厅所需生鲜食材进行政府采购，共有望A、骏B、畅C、九D等4家单位进行投标报价，其中望A为与该单位合作多年的供货商，骏B为此次新中标供货商。

审查发现，该单位在生鲜食材邀请招标采购中涉嫌串标：一是以不合理的条件限制或者排斥潜在投标人。该单位未按规定公开发布招标公告及中标结果，在制定的招标文件中，有一项“根据双方以往合作的服务体验”的条款，该项分值为20分，以往没有合作的投标人不得分。实际上，投标人中只有望A、骏B 2家生鲜食材供应商有与该单位合作的经历。二是对潜在投标人实行差别待遇。其中以望A的投标报价低于4家单位投标报价平均值的80%，未能判断其投标报价是否低于成本价，即认定其为无效投标的相关处理缺乏法定依据。有1家单位畅C未在规定时间内提交投标保证金，但仍作为有效投标。1家单位九D投标文件未加盖公章，也未按要求提供完整的相关资料，但仍作为有效投标，且该投标单位所有345项生鲜食材的单项报价均在骏B报价的基础上以不同幅度增加金额，呈现出规律性差异。同时，上述2家单位的开户银行也为同一家银行，2家单位的法定代表人来自同一乡镇。三是未依法在评标专家库中以随机抽取方式确定专家参与评标。评标小组的9名评标人员均为工作基地的工作人员，缺少技术、经济等方面的专家。其余8名评标人员与评标组长的评分高度相似，其中有4名评标人员的评分结果与评标组长的评分完全一致。

相关财经法律法规

上述做法属于《中华人民共和国政府采购法实施条例》（中华人民共和国国务院令第658号）中的“以不合理的条件对供应商实行差别待遇或歧视待遇”，不符合《中华人民共和国招标投标法实施条例》（中华人民共和国国务院令第613号）的有关规定。

《中华人民共和国政府采购法实施条例》第二十条：“采购人或者采购代理机构有下列情形之一的，属于以不合理的条件对供应商实行差别待遇或者歧视待遇：……（三）采购需求中的技术、服务等要求指向特定供应商、特定产品；……（八）以其他不合理条件限制或者排斥潜在供应商。”

《中华人民共和国招标投标法实施条例》第四十六条：“除招标投标法第三十七条第三款规定的特殊招标项目外，依法必须进行招标的项目，其评标委员会的专家成员应当从评标专家库内相关专业的专家名单中以随机抽取方式确定。任何单位和个人不得以明示、暗示等任何方式指定或者变相指定参加评标委员会的专家成员。”

财务风险防控对策

1.加强对招标公告和招标文件的备案核查。严禁招标人对潜在投标人设置不合理的资格条件，招标人不得对潜在投标人企业注册地、所有制形式、特定地域业绩及奖项进行不合理限制。

2.健全配套法规。《中华人民共和国政府采购法》中对围标串标的认定没作规定，需要进一步出台配套法规，明确围标串标违规情形，并制定严厉的处罚措施。

3.加大监管力度。各有关部门应在政府监督的统一协调下，分工协作，共同做好招标监管工作。对串标者要保留追究权，不论是在其投标时还是在其中标后的履约过程中被发现，都应严肃查处。

4.增强惩治力度。一旦发现串标行为，政府采购部门应及时进行调查，对查实的串标案件，要依法依规，取消中标人的中标资格，终止合同履行；如属于代理商之间的串标，情节严重的，可取消其所代理产品在本地区参与政府采购的资格。

审计案例036

采购程序倒置，先开展业务后补签合同

广东某单位2022—2023年有2项服务项目违反决策程序，在提交该单位党组会审议前已签订合同并实施，涉及金额162万元。其中，2022年11月10日与某标准技术研究院签订某项管理体系标准编制合同，合同金额为95万元，但该事项实际于2022年11月27日才提交该单位党组会审议通过。2023年2月20日与某鉴定中心签订一项服务合同，合同金额为67万元，但该事项在2023年3月12日才提交该单位党组会审议通过。

相关财经法律法规

上述做法不符合《广东省人民政府办公厅关于印发政府向社会力量购买服务暂行办法的通知》（粤府办〔2014〕33号）的有关规定。

《广东省人民政府办公厅关于印发政府向社会力量购买服务暂行办法的

通知》“八、购买程序……（二）实施购买服务。……3.单笔金额较小、未达到采购限额标准的项目，应按照‘透明、节约、效能’原则自行选择其他竞争性方式实施。……（三）严格合同管理。通过以上方式确定承接主体后，购买主体应及时与承接主体签订购买服务合同，明确购买服务的时间、范围、标的、数量、质量要求、资金支付和违约责任等，并负责对合同的履行进行跟踪监督，及时验收结算。……”

财务风险防控对策

1.强化政府采购的事前审批，严格执行“三重一大”决策制度，建立健全相关管理制度。

2.在今后的工作中，按规定对合同进行统一管理，明确合同订立的范围和条件，在合同签署前对合同进行合法性审查，实现对合同的全过程管理。

审计案例037

未按照合同约定条款提前支付

某局级单位与H软件服务商签订采购信息系统合同，约定在信息系统开发完成并稳定运行3个月内支付95%的款项。到了年底，在信息系统尚未开发完成的情况下，该单位为完成年初预算，提前支付合同全款120万元。

相关财经法律法规

上述做法不符合《中华人民共和国预算法实施条例》（中华人民共和国国务院令第729号）的有关规定。

《中华人民共和国预算法实施条例》第六十条：“各级政府、各部门、各单位应当加强对预算支出的管理，严格执行预算，遵守财政制度，强化预算约束，不得擅自扩大支出范围、提高开支标准；严格按照预算规定的支出用途使用资金，合理安排支出进度。”

财务风险防控对策

1.各级政府和财政部门应转变思路，积极发展经济，加快项目实施进度，从根本上解决以拨代支、虚列支出的问题。

2.各级财政及预算部门、单位应加强依法理财的观念，摒弃不合理、不合规的做法，按照现有财务制度，如实反映预算支出，保证总预算会计核算的真实性。

3.相关部门应加大监督和处罚的力度。针对现阶段全面落实“过紧日子”的要求，财政及相关监督管理部门应加大监督和处罚的力度，有效遏制有关单位虚列支出、乱支乱用的问题。

审计案例038

以虚构项目收入的方式获取专项债券资金

2021年10月，广东某市在海堤修复加固工程的募投报告中，以智慧灯管出租收入、立柱T型广告牌综合收入等作为保障，获得当年度专项债券资金1亿元。但审计发现，该项目概算中未见立柱T型广告牌建设内容，智慧灯管也未达募投报告中列明的数量，该市为获取专项债券资金，共虚构立柱T型广告牌收入1.6亿元、虚增智慧灯管年出租收入0.9亿元。

相关财经法律法规

上述做法不符合广东省财政厅、广东省发展改革委《关于印发广东省地方政府专项债券项目管理办法（试行）的通知》（粤财债〔2021〕7号）和《财政部办公厅 国家发展改革委办公厅关于申报2022年新增专项债券项目资金需求的通知》（财办预〔2021〕209号）的有关规定。

《广东省地方政府专项债券项目管理办法（试行）》第十二条：“各级财政部门结合年度预算安排情况，从是否满足项目收益与融资平衡等专项债券发行条件、项目合规性等方面进行审核把关。”

《财政部办公厅 国家发展改革委办公厅关于申报2022年新增专项债券项目资金需求的通知》：“五、相关工作要求……（二）强化审核把关。严格落实属地管理责任……严禁包装项目，包括虚增或夸大项目收入收益……”

财务风险防控对策

1.提升专项债券项目质量，提高专项债券资金使用绩效。项目单位应围绕专项债券支持的重点领域，做好常态化、滚动化储备工作，不能让一些不符合条件的项目包装成优质项目或在项目收益上注水。财政部门要加强专项债券收益平衡测算的监管引导，优化资金拨付程序，建立进度预警机制。

2.提升专项债券项目偿还能力。项目单位可以建立专项债券项目偿债能力评价体系，了解掌握现有项目收益情况，再有针对性地完善运营管理，挖掘收益来源，稳定偿债资金来源。

3.完善政策配套支持。要建立专项债券项目的信息披露机制，加大项目信息公开力度，让市场对项目进行严格的审核论证，对项目质量注水、违规举债现象严加问责。

审计案例039

虚增项目收益，多获取专项债券资金

广东某市文化休闲及商业服务中心项目为多获取专项债券资金，在其募投报告中，按照展馆全部建筑面积测算展会收入，但审计发现，该项目首层主要是文创商店、轻食餐饮和驿站，二层为展览区域和后勤办公区域，即便按两层全部用于展览测算展会收入，也至少虚增展会年收入1200万元，累计虚增展会收入25000万元。另外，在募投报告中，用于测算停车费的收费标准超出当地主管部门制定的收费标准，按照规定的收费标准测算，该项目虚增停车费收入1200万元。该项目通过虚增项目收入的方式多获取2022年政府专项债券资金9000万元。

相关财经法律法规

上述做法不符合广东省财政厅、广东省发展改革委《关于印发广东省地方政府专项债券项目管理办法（试行）的通知》（粤财债〔2021〕7号）和《财政部办公厅 国家发展改革委办公厅关于申报2022年新增专项债券项目资金需求的通知》（财办预〔2021〕209号）的有关规定。

《广东省地方政府专项债券项目管理办法（试行）》第十二条："各级财政部门结合年度预算安排情况，从是否满足项目收益与融资平衡等专项债券发行条件、项目合规性等方面进行审核把关。"

《财政部办公厅 国家发展改革委办公厅关于申报2022年新增专项债券项目资金需求的通知》："五、相关工作要求……（二）强化审核把关。严格落实属地管理责任……严禁包装项目，包括虚增或夸大项目收入收益……"

财务风险防控对策

1.实施更合理的限额管理制度，在地方政府债券限额下优化债券结构管理，对一般债券与专项债券、新增债券与再融资债券的比例进行合理分配，加强对地方政府专项债券的预算管理制度建设，加强地方政府对自身信用的维护和管理，规范地方政府的投融资行为。

2.加强对专项债券资金的管理和维护，减少专项债券资金的不必要使用差错。地方政府加强专项债券资金的专款专用，确保专项债券按预算按规范运用，加强对专项债券融资成本及投资收益的记录和核算，提高专项债券资金的使用效率。

3.进行债务风险防范管理监测等相关制度设计，加强对债务风险的测度、指标的设计和构建，完善债务风险体系的构建，让指标体系实现领域全面、覆盖完全、高度合理，防止在申报时虚大项目收入，造成专项债券还债压力较大与偿债能力风险等问题。

审计案例040

未按合同约定验收并支付款项

广东某中心与某物业管理有限公司签订了一份物业管理服务合同，合同约定的服务期为2022年1月1日至2022年12月31日，合同约定“完成服务期内全部物业服务后，并经甲、乙双方共同签字确认验收合格，甲方在验收合格及收到乙方有效票据后一次性支付合同款项120万元”，但实际付款时间为2022年12月1日，且截至审计时（2023年3月底）尚未开展验收工作。

相关财经法律法规

上述做法不符合《广东省人民政府关于深化预算管理制度改革的实施意见》（粤府〔2015〕50号）的有关规定。

《广东省人民政府关于深化预算管理制度改革的实施意见》：“三、主要任务……（五）提高预算执行的时效性和均衡性。1.健全预算执行的约束机制……严格按照财政预算、用款计划、项目进度、有关合同和规定程序办理资金支付，属政府采购的严格按政府采购规定办理。……”

财务风险防控对策

1.按实际发生的经济事项做好会计核算，真实反映每个会计年度的财务收支状况。

2.加强支出事项的管理，强化对下属单位财务工作的监督指导。

审计案例041

合同预付款比例偏大，影响项目建设质量

审计抽查某单位100万元以上的合同执行情况发现，该单位2022年度预付

款比例超过80%的合同共有7份，其中预付款比例最高的为100%，涉及合同数量为3份、合同金额为550万元。但实际上，相关合同是新签订的，相关项目尚未开工，相关资金属于预付性质，该单位在会计核算上已作支出反映，由此造成会计信息不准确。有2份合同实际上全年未完工，还有1份合同的乙方为黑名单企业，由于相关项目无法实施，造成170万元相关资金难以追回。

相关财经法律法规

上述做法不符合《建设工程价款结算暂行办法》（财建〔2004〕369号）的有关规定。

《建设工程价款结算暂行办法》第十二条："工程预付款结算应符合下列规定：（一）包工包料工程的预付款按合同约定拨付，原则上预付比例不低于合同金额的10%，不高于合同金额的30%，对重大工程项目，按年度工程计划逐年预付。……"

财务风险防控对策

1.完善合同管理制度，对合同实施"一口归集、统一管理"。

2.加强对合同的订立、履行、财务结算、登记、纠纷及安全保密等关键环节的把控，将合同管理、预算管理、收支管理、仲裁诉讼等活动相结合。

3.立即纠正错误做法，严格按工程价款结算等相关规定执行，并举一反三，防止再犯。

4.创新监管模式，将合同监管变被动为主动、变静态为动态，实现监督关口前移，通过事前提醒+事中预警+事后督办的方式，建立自上而下的三级预警体系，实现合同履约全流程动态监管，为合同履约的风险防控加一把锁、把一道关。

审计案例042

滥用银行保函，财政资金存在风险

2023年度，某单位为加快资金支付进度，在合同完成之前，采用银行保函的方式，预先将合同款支付给合作单位。这次支付涉及13份合同，共支付合同尾款1000万元，其中有10份合同的尾款在预付款支付后3个月内即完成支付。如该单位某信息化系统构建合同，在项目尚未开工时即支付全部合同款，涉及财政资金300万元。

审计延伸发现：有5份合同未按照合同约定取得银行保函，有3份合同在取得银行保函前即支付合同尾款，有7份合同保函与合同约定金额不一致，有2份合同的银行保函已过期。

上述未按照合同实际进度支付合同尾款的行为，造成资金安全风险，并在一定程度上影响项目质量。审计抽查发现：有5个项目执行进度缓慢，已经连年结转；有3个项目未按照合同约定完成，但也通过了验收；还有1个项目建成后难以投入使用，项目绩效较差。

相关财经法律法规

上述做法不符合《中华人民共和国预算法实施条例》（中华人民共和国国务院令第729号）的有关规定。

《中华人民共和国预算法实施条例》第六十条："各级政府、各部门、各单位应当加强对预算支出的管理，严格执行预算，遵守财政制度，强化预算约束，不得擅自扩大支出范围、提高开支标准；严格按照预算规定的支出用途使用资金，合理安排支出进度。"

财务风险防控对策

1.在银行保函业务操作中，必须加大合规理念的传导力度，养成良好的职业素养，提高对保函业务风险属性的正确认识，充分认识保函业务由低风险演变成高风险的可能性和危害性。

2.提升财务人员对现行制度规定的理解和认识，对保函条款进行全面审查，重点检查保函金额、有效期、约束性条款等，督促保函出具方认真、规范地履行相关职责。

3.加强关键风险点的控制，加大对内控相对薄弱、案件易发部位的检查监督力度，适当增加检查频率和深度，及时消除各类隐患和风险。

审计案例043

以虚假合同骗取财政资金

某单位2022年通过招投标，与A公司签订某项目设计合同，合同内容包括主体工程设计费160万元和3个附属设施工程设计费36万元。审计发现，该单位于2022年2月支付给A公司3个附属设施工程设计费36万元，然后又于2023年1月向B公司支付3个附属设施工程设计费36万元。同一个设计项目支付了两笔相同的款项，但收款是两个不同的单位。第二笔设计费所附设计图纸与第一笔设计费所附设计图纸完全相同，第二笔设计费所附与B公司签订的合同为虚假合同。

相关财经法律法规

上述做法应受到《中华人民共和国刑法》规定的相关处罚。

《中华人民共和国刑法》第二百六十六条："诈骗公私财物，数额较大的，处三年以下有期徒刑、拘役或者管制，并处或者单处罚金；数额巨大或者有其他严重情节的，处三年以上十年以下有期徒刑，并处罚金；数额特别巨大或者有其他特别严重情节的，处十年以上有期徒刑或者无期徒刑，并处罚金或者没收财产。本法另有规定的，依照规定。"

财务风险防控对策

对单位行政支出违法违规行为实行严肃追责制。一是对于违法行为绝不能姑息，依据数额大小或情节轻重按照相关规定处罚；二是造成行政支出违规的，包括转移本单位行政支出和违反相关政策、法规、制度等规定支出的行为，若属转移本单位行政支出的，运用倒查的方式，先查其下属单位或二级单位相关账务和往来账款，再反查本单位的相关账务，凡核实转移支出属实的，实行处理处罚和追责、问责并举处理。若属违反政策、法规等规定支出的，同样实行资金全额收缴和追责、问责并举处理。

本章小结1

防范合同签订、履行过程中的风险

随着经济社会的进一步发展，经济合同在各个领域的使用将进一步增多，相应的合同纠纷也会越来越多。如何防范合同签订、履行过程中的风险，已成为合同订立双方的重要考量因素，应采取一系列措施防范合同风险。

1. 合同订立、履行必留痕

无合同不交易，对招标和询价采购等事项，都必须事先在合同文本中固定，竞争性谈判文件和竞争性磋商必须包括合同草案条款，以及合同签订和履行相关的发票、送货单、汇款凭证、验收记录，在磋商和履行过程中形成的电子邮件、传真、信函等资料。在合同履行过程中，双方变更合作约定（包括数量、价款、交货、付款期限）的，也要留下书面凭证。比如定金条款，在签订合同时，为了确保合同履行而要求对方交付定金的，务必注明“定金”字样。“定金”具有特定的法律含义，如果在合同中使用的是“订金”“保证金”等字样，且没有明确表述一旦对方违约将不予返还、一旦己方违约将双倍返还的内容，法院将无法将其作为定金看待。

2. 付款方式须可靠

在确定付款方式时，无论是付款方还是收款方，除了金额较小的交易外，其他尽量通过银行结算。

3. 验收异议及时提

购进货物是单位经营的日常业务，请注意及时验收，发现货物不符合合同约定的，务必在合同约定的期限内尽快以书面方式向对方明确提出异议。

不必要的拖延耽搁，可能影响索赔权实现。

4. 对方违约须及时止损

如果一方违约，不管是什么理由，合同相对方都应该及时采取措施，防止损失扩大，由此产生的合理费用将由违约方承担。如果消极对待、放任损失扩大，对于扩大的损失，法院将无法予以保护。

5. 强化合同审查，降低法律风险

在签订合同之前，除了要具体负责的业务职能部门把关外，还应有财务、法规部门甚至法律顾问等进行健全的合同审查，可重点从看、问、想、改四个步骤入手。一看：从合同的背景、目标出发，看合同的性质、主体、权利与义务等；二问：询问权利与义务的产生情况，防范主要风险的有关做法、发生风险的补救措施等；三想：思考合同要素、交易流程、风险、合规等环节是否还存在不公允、漏洞等；四改：是落实的最后一步，应重点把握住“大方向”与“小细节”，大方向是权利、义务等协议条款的顺利实现，小细节则是管辖地如何设置、合同一式几份等。

本章小结2

警惕围标、串标套路，防范政府采购“暗箱操作”

政府采购涉及政府、供应商、采购机构等多方的利益，而利益驱动是政府采购存在猫腻的根本原因，在利益的驱动下，个别领导插手干预成为政府采购“暗箱操作”、招投标流于形式的一个重要推手。

政府采购违规违法的“重灾区”主要集中在招标文件编制不规范方面，如有的采购人以不合理的条件对供应商实行差别待遇或者歧视待遇；有的评分标准中的分值设置与评审因素的量化指标不相对应，“预定”企业的拿分项所设定的分值明显偏高；有的招标文件除正常的资质外，还要求投标企业必须拥有某一领域的专利或曾经参加过某项具体工程的建设，而符合条件的企业基本已被限定；有的采购人则提前介入项目，打时间差，先期就直接将项目给了对口人，等到对口人的准备工作做得差不多了，便突然发布采购公告，公告中要求提交相关资料的时间很紧迫，若非提前准备，基本上不可能完成。

监督、财务、内审人员要防范以下围标、串标套路，发挥好内部监督作用。

1.招标人与投标人串通的套路

一是泄密法。泄露其他投标人的相关情况、泄露标底、泄露评标情况、泄露关键人物名单（如资格审查委员会或评标委员会名单）等。

二是特殊定制法。为某个投标人量身打造有明显倾向性的条款，以此控标。招标前，与某一家供应商进行“实质性谈判”。提交投标文件时间截止后，让投标人补充、撤换或更改投标文件，更改报价（包括修改电子投标文件相关数据）。

三是做局法。招标前已经内定中标人，组织投标人串通投标，比如压低或者抬高标价。招标人将一个既定标段拆分成多个标段，然后将内定的中标人分别安排在不同的标段，让各方利益均沾。比如，给予未中标的其他投标人费用补偿。招标人授意自己内定的无资质公司与有资质公司商议，以有资质公司的名义投标，中标后，由无资质公司履约。

四是指使、暗示法。指使、暗示或强迫要求评标委员会进行倾向性引导。指使招标代理机构为内定的中标人提供帮助，进行区别对待。

五是价格法。采取欺诈的方式，用远低于成本价的价格中标，然后在项目实施中，通过变更服务量等手段，提高最终结算价格。

六是装傻法。其一，招标人发现一个投标人代表在开标记录表上签多个投标人的名字却不制止。招标人发现不同投标人的法定代表人、委托代理人、项目负责人、项目总监等人员有在同一个单位缴纳社会保险的情形而不制止，反而同意其继续参加投标。其二，招标人发现存在由同一人或几个利害关系人，携带两个以上（含两个）投标人的企业资料参与资格审查、领取招标资料，或代表两个以上（含两个）投标人参加招标答疑会等情形，却视而不见，同意其继续参加投标。其三，招标人在资格审查或开标时发现不同投标人的投标资料（包括电子资料）相互混装等情形而不制止，反而同意其通过资格审查或继续参加评标。其四，开标过程中发现投标人的报价有明显串标迹象却视而不见，评标委员会提出后仍授意评委继续评审。

2.投标人相互串通的套路

一是兄弟相约。投标人之间相互约定，事前约定好谁中标、谁陪标、谁弃标；相互约定价格策略和投标策略；相互约定给予未中标的投标人费用补偿。围标的公司一般是：投标人法定代表人之间相互参股公司，属于同一集团、总公司、协会等组织的公司，利益同盟公司，等等。以上行为非常隐蔽，但是通过一些蛛丝马迹也能看出端倪。

二是陪标特征。不同投标人的投标总报价异常一致，或者差异化极大，或者呈规律性变化。不同投标人的投标总报价相近，但是各分项报价不合理，又无合理的解释。故意废标，中标人无正当理由放弃中标，或不按规定与招标人签订合同。故意按照招标文件规定的无效标条款制作无效投标文件。投标人一年内多次参加报名并购买招标文件后，不递交投标文件、不参加开标会议。递交投标文件截止时间前，多家投标人几乎同时发出撤回投标文件的声明。不同投标人的投标保证金由同一账户资金缴纳。多个投标人使用同一个人或者同一家企业出具的投标保函。售后服务条款雷同。故意漏掉法人代表签字。几份投标文件中的法人代表签字出自同一人之手。

三是"愚蠢"暴露法。投标文件惊人的相同，比如格式相同、个别业绩一模一样、字体一样、表格颜色相同、联系人电话相同。投标文件中，错误的地方惊人一致。电子投标中，不同投标人的投标报名的IP地址一致，或者IP地址在某一特定区域。不同投标人的投标文件由同一台电脑编制或同一台附属设备打印。投标文件的装订形式、厚薄、封面等类似，甚至一家投标人的投标文件中装订了另一家投标人的文件材料，比如，一家投标人的法定代表人或者授权代理人签名，加盖了另一家投标人的公章等。投标人代表不知道公司老总的电话号码。投标人代表签字时手发抖，签的名字与名片名字不一致。不同投标人在开标前乘坐同一辆车前往，有说有笑，开标现场却假装不认识。

3.评标专家的套路

一是无为法。评审专家发现投标文件中存在不符合招标文件规定的地方，不指出。评审专家发现投标报价中存在明显不合理报价的问题，不指出。评审专家发现技术部分存在明显不合理之处或内容缺漏，不指出。

二是特殊对待法。评审专家与投标人有利害关系，却不主动提出回避。投标文件的暗标部分，投标人作了特殊记号（很有可能是故意标给某个专家看的）。评审专家进行评审打分时，在没有合理理由的情况下，有意给某一投标人高分值而压低其他投标人分值，或不按照招标文件规定打分。

应予废标处理的典型情形

★废标情况一：

未加盖单位印章、法定代表人或其委托的代理人未签章的，应作废标处理。主要有以下几种情况：

1.××有限公司投标文件商务标封面法定代表人及委托代理人处未签字或盖章。

2.××有限公司投标文件正本中投标报价汇总表投标人处未盖单位印章，法定代表人及委托代理人处未签字或盖章。

3.××有限公司投标文件正本中投标人承诺书法定代表人及委托代理人处未签字或盖章。

4.××有限公司法定代表人授权委托书未加盖投标单位印章。

5.××有限公司正本中投标人承诺书未加盖投标单位印章、无法定代表人或其委托代理人签章。

6.××有限公司投标文件第×页法定代表人授权委托书中委托代理人签字处姓名为打印的。

★废标情况二：

投标单位在投标函附录中提供的现场施工负责人与入库时的现场施工负责人不一致，在法定代表人授权委托书中委托代理人与入库时的现场施工负责人不一致，委托代理人与现场施工负责人不一致，应作废标处理。

需要特别强调的是：现场施工负责人、委托代理人、入库时的现场施工负责人，三者必须为同一人。

★废标情况三：

对招标文件有关工期、投标有效期、质量要求、技术标准和要求、招标范围等实质性内容未响应的，应作废标处理。主要有以下几种情况：

1.××有限公司法人授权委托书授权期限为7天，未注明始末时间。

2.××有限公司法人授权委托书期限少于投标有效期（30天）。

3.××有限公司投标函附录缺陷整改期为半个月，少于招标文件缺陷整改期12个月的要求。

其他应予废标的情况：

1.××有限公司投标文件正本未附法定代表人、委托代理人的身份证复印件，应作废标处理。

2.××有限公司投标文件提供的法定代表人身份证复印件、委托代理人身份证复印件、各类证书复印件模糊不清，无法辨认，应作废标处理。

3.××有限公司投标文件中提供的业绩加盖的公章与业绩中的施工单位名称不一致、投标人现场负责人（×××）签字与业绩合同乙方代表（×××）签字笔迹不符，存在弄虚作假的行为，应作废标处理。

通过案例解析可知，我们应进一步强化责任意识，建立健全政府采购、合同管理制度，不得在合同之外另立与主合同条款相背离的补充协议或不严格按合同执行。对审计揭示的问题应予以改正。在今后的工作中，应按规定严格履行招投标管理程序，防止围标、串标行为发生。可采取以下防范措施：①及早发布招标信息，同时对投标人的名单进行严格保密。供应商的范围越大，越不容易围标、串标。②做好前期采购调查或立项工作，将评审标准中的分值设置与评审因素的量化指标充分对应起来，并根据市场、产品、供应商等因素判断潜在供应商的范围。根据采购的标的物，判断潜在供应商的范围，若潜在供应商仅几家或集中于某一地区，则比较容易出现串标现象，可及早采取相应的对策，包括选择恰当的采购方式。③严把评审关。严格评审是在货物、服务、工程采购中防范围标、串标的有效手段，也是最后一道关卡。

第3章 专项资金及绩效管理

明者防祸于未萌，智者图患于将来。

——西晋·陈寿《三国志》

常见问题及表现：

1.专项资金设置不科学、不合理
2.专项资金支持方向交叉雷同
3.向不符合条件的企业补助专项资金
4.向未入库项目安排专项资金
5.重复申报专项资金
6.以虚假资料骗取专项资金
7.挤占挪用专项资金
8.虚报冒领专项资金
9.在专项资金分配中优亲厚友
10.制定的绩效目标及绩效指标不科学、不合理
11.绩效运行监控不够有效
12.绩效评价质量不高或评价结果不客观
13.预算绩效目标未完成
14.预算绩效低下的项目未及时清理退出
……

扫码获取
风险防控大讲堂
法条全文筑防线
审计课程助提升

审计案例044

专项资金管理不完善

在A单位参与管理的2021年专项资金项目中，有专门资金管理办法的有13类专项资金，占比56.5%，其中有暂行管理办法的有9类专项资金（其中暂行管理办法为2015年以前制定的有6类专项资金），这些暂行管理办法一直没有根据形势变化的需要进行修订和完善；此外，未制定专门的资金管理办法的有10类专项资金，占比43.5%。

相关财经法律法规

上述做法不符合《财政部关于印发〈中央对地方专项转移支付管理办法〉的通知》（财预〔2015〕230号）的有关规定。

《中央对地方专项转移支付管理办法》第十条："专项转移支付经批准设立后，财政部应当制定或者会同中央主管部门制定资金管理办法，做到每一个专项转移支付对应一个资金管理办法。中央基建投资专项应当根据具体项目制定资金管理办法。资金管理办法应当明确规定政策目标，部门职责分工，资金用途，补助对象，分配方法，资金申报条件，资金申报、审批和下达程序，实施期限，绩效管理，监督检查等内容，做到政策目标明确、分配主体统一、分配办法一致、审批程序唯一、资金投向协调。……"

财务风险防控对策

专项资金项目之间在性质、支持范围、环节等方面均不同，制定专门的管理办法是项目规范化管理的基本原则和要求。具体做法如下：

1.完善财政专项资金顶层设计。在顶层设计上，专项资金应统一规划，避免在支持范围、领域、内容上重复交叉，实现应扶尽扶。在补助金额上，根据地方实际适当提高补助标准，实现"少而精"，集中有限的财力推动项目进展。

2.加强专项资金支持项目管理。构建完善的项目库，以便管理部门有效监管，同时从项目的规划、申报、招标、施工、验收到资金的使用，全程跟踪监管，规范项目管理。

审计案例045

专项资金分配方式不规范

某省为支持贫困地区发展经济和社会事业而设立了某专项资金。从内容看，该专项资金分为8个子项目，由多个部门分头归口管理，其中发展资金作为最主要的子项目，由C部门具体参与该资金的分配——C部门提出具体分配方案，与财政部门协商后确定。审计发现，C部门在运用因素法对专项资金中的发展资金进行分配时，测算方法不够规范，测算依据不够科学，主要表现在：一是未按因素法对年度发展资金的总量进行测算，而是对部分资金采用基数法进行分配。2021年按因素法测算分配的当年资金为20.35亿元，仅占当年分配发展资金总额的22.8%。二是人为调整因素法分配结果。C部门对每年新增的发展资金按照因素法进行测算后，还要对测算结果进行人为调整，2021年对测算结果进行人为调整的资金绝对额达5亿元，占当年按因素法测算分配发展资金总额的10.9%。三是测算因素选择相对简单，分配中频繁变动因素分配权重。按照规定，应当依据贫困人口数等9项因素进行分配，而C部门仅选取了其中3项因素作为测算因素，且在具体测算过程中，3项因素的分配权重从未保持一致，每年都进行人为调整。

相关财经法律法规

上述做法不符合《财政部关于〈中央对地方专项转移支付管理办法〉的通知》（财预〔2015〕230号）的有关规定。

《中央对地方专项转移支付管理办法》第二十七条："专项转移支付资金分配采取因素法的，应当主要选取自然、经济、社会、绩效等客观因素，并在资金管理办法中明确相应的权重或标准。"

财务风险防控对策

按照因素法进行分配，有利于保证专项资金分配的客观、公平、公正和科学，同时也是规范化转移支付管理的必然要求。在实行因素法分配专项资金时，需要从以下几个方面把握因素的选择和计算公式的设计，以确保其分配结果都能达到科学合理的目标。

1.围绕支持发展的方向，重点选取客观因素。主要选取自然、经济、社会、绩效等客观因素，并在资金管理办法中明确相应的权重或标准。

2.积极引入第三方，对因素比重和公式设计进行评审。明确第三方应当具备的资质、选择程序、评审内容等。第三方应当遵循公正诚信原则，独立客观发表意见。

3.严格资金分配程序，减少人为调整空间。通过发布公告、第三方评审、集体决策等程序择优分配资金，除根据特殊要求适当调整外，一般不得对分配结果再次进行人为调整。

审计案例046

专项资金支持方向交叉雷同

审计发现，广东A单位有两项不同的专项资金的支持方向均为产业园区基础设施建设，且两项专项资金的群众满意度低，绩效评价结果较差。同时，A单位与另一个单位负责分配管理的不同方向的专项资金，均涉及城市管网、黑臭水体治理等方向，支持方向交叉雷同。

相关财经法律法规

上述做法不符合《广东省人民政府关于印发广东省省级财政专项资金管理办法（修订）的通知》（粤府〔2023〕34号）的有关规定。

《广东省省级财政专项资金管理办法（修订）》第七条："严格控制专项资金的规模和数量。省业务主管部门不得新增一项工作就新设一项专项资金，不得重复设立绩效目标相近或资金用途相似的专项资金。……"

财务风险防控对策

1.紧扣省委省政府重大战略任务和发展重点，对战略性新兴产业、工业和信息产业转型升级、科技成果转化计划等专项资金进行梳理，厘清不同专项资金的支持重点，形成涉企专项资金支持方向大清单和实际已支持项目大清单，明确年度专项资金的支持重点，分别赋予“类款项目”四级代码，各部门项目指南与该清单相衔接，做到各有侧重、互不交叉、错位支持。

2.进一步加大专项资金统筹整合力度，对方向相近、用途类同的实施优化整合，并统筹建立健全“两清单一机制一系统”，进一步加强专项资金协同管理，推动专项资金管得有序、管得有力、管得有效，全力支持广东省高质量发展走在前列。

3.建立健全财政专项资金分配查重机制，确定分工明确、目标清晰的工作时间表和路线图，明确责任主体、具体举措和工作流程，实现专项资金项目数据标准、流程标准、甄别标准的统一和信息共享。将项目查重作为必要环节嵌入资金管理流程，促进各部门改进服务和管理，从源头上避免用同一项目多头申报并获得财政资金重复支持的问题。

审计案例047

向不符合条件的企业补助专项资金

某地方政府2020年度至2022年度出台外贸扶持政策，以海关提供的企业本年度与上年度贸易出口增量数据作为扶持资金的唯一计算和支付依据，以企业上年度一般贸易出口额为基数，对当年一般贸易出口增量部分给予一定比例的资金扶持。根据该政策，3年累计发放外贸扶持补贴资金2.3亿元。审计发现，相关商务部门既未审核企业的外贸出口报关、清关材料，也未审查企业的税收、社保、资金流水等实际经营情况，导致大量没有实际经营业务的企业领取了大量的外贸扶持资金。其中，有1.7亿元外贸扶持资金被178家异常企业领取，即在上年度注册却没有实际经营业务的企业，本年度以该企业的名义在异地申报贸易出口，获得海关出口增量指标并据以申领外贸扶持资金；同时，一些持续经营的实体企业却由于无法实现持续的大幅度出口增量而无法获得外贸扶持资金。

相关财经法律法规

上述做法不符合《国务院关于进一步深化预算管理制度改革的意见》（国发〔2021〕5号）以及《××市2021—2023年度中央外经贸发展专项资金管理办法》的有关规定。

《国务院关于进一步深化预算管理制度改革的意见》（十四）："加强部门和单位预算管理。……将项目作为部门和单位预算管理的基本单元，预算支出全部以项目形式纳入预算项目库，实施项目全生命周期管理，未纳入预算项目库的项目一律不得安排预算。有关部门负责安排的建设项目，要按规定纳入部门项目库并纳入预算项目库。实行项目标准化分类，规范立项依据、实施期限、支出标准、预算需求等要素。建立健全项目入库评审机制和项目滚动管理机制。做实做细项目储备，纳入预算项目库的项目应当按规定完成可行性研究论证、制定具体实施计划等各项前期工作，做到预算一经批准即可实施，并按照轻重缓急等排序，突出保障重点。……"

《××市2021—2023年度中央外经贸发展专项资金管理办法》第七条："专项资金必须专款专用，专项核算。市财政局和市商务局按照有关规定加强对专项资金使用情况的监督检查。市商务局按照有关规定，加强对专项资金使用情况的绩效评价。实行事前、事中、事后绩效评价，明确绩效目标，重点评价预算执行进度、资金使用情况及经济社会效益等，必要时可组织专家或委托第三方中介机构实施。"

财务风险防控对策

1.构建专项资金绩效考核评价体系和问责追究制度。

2.树立绩效观念，把资金分配、投资结构、使用时间、社会效益、经济效益等作为考核内容，根据地方的实际情况，合理设置评价指标，对专项资金进行全面考核评价。

3.相关部门要按照权责匹配原则建立问责制度，对存在损失浪费、套取骗取财政资金的单位和个人严肃问责，规范专项资金的管理使用。

审计案例048

向未入库项目安排专项资金

广东某单位将促进经济发展专项资金（支持省属企业改革发展）分配给5个二级项目，其中纳入项目库管理的只有1个，其他4个未纳入项目库管理，涉及预算金额1.5亿元。

相关财经法律法规

上述做法不符合《广东省人民政府关于印发广东省省级财政专项资金管理办法（修订）的通知》（粤府〔2023〕34号）和《广东省人民政府关于加强统筹进一步深化预算管理制度改革的实施意见》（粤府〔2021〕34号）的有关规定。

《广东省省级财政专项资金管理办法（修订）》第十四条："各级业务主管部门应当按照'谁审批项目、谁组织申报'的原则开展项目储备，并提前一年组织项目研究谋划、评审论证、入库储备等各项工作。除应急救灾和据实结算资金外，保留省级审批项目权限的专项资金原则上应在6月底前完成项目储备，未纳入项目库的项目一律不得安排预算。……"

《广东省人民政府关于加强统筹进一步深化预算管理制度改革的实施意见》："（七）全面实施项目预算管理。将项目作为预算管理基本单元，实施全生命周期管理，预算支出全部以项目形式纳入项目库管理，未入库项目一律不予安排预算。……"

财务风险防控对策

严格执行专项资金全面实施项目库管理规定，加强与财政部门的沟通，提前做好项目谋划、储备，确保项目安排符合规定。

审计案例049

专项资金分配不科学

广东某单位在尚未明确某专项治理排查标准的情况下，在全省先行开展了专项排查工作，并确定需要安排专项资金进行治理的项目数量为256处。当年年底，该单位正式印发《某专项治理排查分级参考标准》，根据这一标准，其在全省专项治理的项目数量为137处。次年1月，在分配财政专项资金时，该单位仍按256处的项目数量进行分配，致使部分不需要治理的项目也获得了专项资金。

相关财经法律法规

上述做法不符合《广东省人民政府关于印发广东省省级财政专项资金管理办法（修订）的通知》（粤府〔2023〕34号）的有关规定。

《广东省省级财政专项资金管理办法（修订）》第三十五条："市县承担省级下达专项资金的预算执行主体责任，负责市县项目库管理，做好专项资金细化分配下达，及时足额拨付资金，组织项目实施监管和绩效管理等。用款单位对项目实施和资金使用负责，具体组织项目实施，严格执行专项资金预算，做好绩效自评等。"

财务风险防控对策

强化预算管理，细化预算编制，建立预算执行全过程动态监控机制，完善预算执行管理办法，增强预算执行的严肃性，防止资金不按实际科学分配，提高资金使用效益。

审计案例050

违规分配专项资金——转移财政资金

广东A局负责某项科研专项资金的分配工作。审计通过资金流向分析发现，2022年度该单位将230万元科研专项资金分配给下属的B单位后，B单位又将其中的50万元转付给A局下属的C单位用于补充工作经费，C单位长期提供一辆轿车供A局某领导使用。

相关财经法律法规

上述做法不符合《广东省人民政府关于印发广东省省级财政专项资金管理办法（修订）的通知》（粤府〔2023〕34号）的有关规定。

《广东省省级财政专项资金管理办法（修订）》第三十八条："专项资金申报、评审、分配、审批过程中存在违法违规行为的，依据《财政违法行为处罚处分条例》等规定追究相关单位及责任人责任。……"

财务风险防控对策

完善专项资金及内控监督管理体系。单位须根据自身的管理特点及所属行业的行业特性对现有的管理体系及制度进行进一步完善。同时，单位要根据会计基础工作的内容及相关处理流程，结合现行的会计制度和会计基础工作规范等，在单位内部建立起约束与规范自身经营、管理行为的制度，使相关工作始终处于管理、监督、考核、评价的要求之下。

审计案例051

重复申报专项资金

某省级主管部门主持分配"走出去"专项资金，分别以股权投资、贷款贴息、直接资助、信用担保等四种方式，对不同条件的企业对外投资合作项目进行资助。审计发现，有16家企业申报的同一个项目重复获得直接资助、信用担保两种资金支持，涉及金额365万元。

相关财经法律法规

上述做法不符合财政部《中央本级项目支出预算管理办法》（财预〔2007〕38号）和《广东省人民政府关于印发广东省省级财政专项资金管理办法（修订）的通知》（粤府〔2023〕34号）的有关规定。

《中央本级项目支出预算管理办法》第十八条：“（四）……项目申报材料的内容必须真实、准确、完整。”

《广东省省级财政专项资金管理办法（修订）》第七条：“严格控制专项资金的规模和数量。省业务主管部门不得新增一项工作就新设一项专项资金，不得重复设立绩效目标相近或资金用途相似的专项资金。……”

财务风险防控对策

对专项资金申报项目进行严格审核把关，避免同一企业的同一项目重复获得同一专项资金支持，并在专项资金管理办法、申报指南中予以明确规定，有效扩大资金受益面，提高资金使用效益。

审计案例052

以虚假资料骗取专项资金

·某地退役军人事务管理局夏某利用6名不符合条件人员的身份信息申报退役军人优抚资金，违规套取资金9.2万元，全部用于个人日常开支。

·某单位虚报、谎报粮食种植面积，骗取粮食适度规模经营补贴4.83万元，侵占国家退耕还林补助资金5.63万元。

相关财经法律法规

上述做法不符合《中华人民共和国会计法》和《广东省人民政府关于印发广东省省级财政专项资金管理办法（修订）的通知》（粤府〔2023〕34号）的有关规定。

《中华人民共和国会计法》第十三条：“……任何单位和个人不得伪造、变造会计凭证、会计账簿及其他会计资料，不得提供虚假的财务会计报告。”第二十六条：“公司、企业进行会计核算不得有下列行为：……（三）随意改变费用、成本的确认标准或者计量方法，虚列、多列、不列或者少列费用、成本；……”

《广东省省级财政专项资金管理办法（修订）》第三十八条：“专项资金申报、评审、分配、审批过程中存在违法违规行为的，依据《财政违法行为处罚处分条例》等规定追究相关单位及责任人责任。申请单位存在违法违规行为的，由业务主管部门追回专项资金，并根据《广东省社会信用条例》将失信信息纳入申请单位社会信用记录，向社会公开；情节严重的，原则上5年内停止其申报专项资金资格。”

财务风险防控对策

严格遵守财务会计管理等相关制度，严格审核、把关专项资金申报材料，追回被违规套取的专项资金，做到账账、账证、账款、账实、账表相符，禁止“小金库”行为发生。

审计案例053

挤占挪用专项资金

· 某单位分两次将中央少数民族发展资金共10万元，违规转入作为社团组织的县海外联谊会账户，用于购买土特产、茶叶及其他礼品等。

·某县违规扩大农业生态资源保护资金开支范围，在农作物秸秆综合利用工作经费中，违规列支人员经费及单位奖励、工作经费等保障类经费269万元，并将其中的117万元专项资金挪用于办公楼维修、招待、新打机井、购买变压器等事项。

相关财经法律法规

上述做法不符合《中华人民共和国预算法》、《国务院关于进一步深化预算管理制度改革的意见》（国发〔2021〕5号）、《广东省人民政府关于印发广东省省级财政专项资金管理办法（修订）的通知》（粤府〔2023〕34号）的有关规定。

《中华人民共和国预算法》第六十三条："各部门、各单位应当加强对预算收入和支出的管理，不得截留或者动用应当上缴的预算收入，不得擅自改变预算支出的用途。"

《国务院关于进一步深化预算管理制度改革的意见》（十）："完善财政资金直达机制。在保持现行财政体制、资金管理权限和保障主体责任基本稳定的前提下，稳步扩大直达资金范围。完善直达资金分配审核流程，加强对地方分配直达资金情况的监督，确保资金安排符合相关制度规定、体现政策导向。建立健全直达资金监控体系，加强部门协同联动，强化从资金源头到使用末端的全过程、全链条、全方位监管，资金监管'一竿子插到底'，确保资金直达使用单位、直接惠企利民，防止挤占挪用、沉淀闲置等，提高财政资金使用的有效性和精准性。"

《广东省省级财政专项资金管理办法（修订）》第三十八条："专项资金申报、评审、分配、审批过程中存在违法违规行为的，依据《财政违法行为处罚处分条例》等规定追究相关单位及责任人责任。申请单位存在违法违规行为的，由业务主管部门追回专项资金，并根据《广东省社会信用条例》将失信信息纳入申请单位社会信用记录，向社会公开；情节严重的，原则上5年内停止其申报专项资金资格。"

财务风险防控对策

严格执行专项资金管理办法，不得挤占挪用，对违规使用专项资金的行为及时进行整改。加强财政资金预算执行、项目支出和结余资金管理，严格按预算资金用途使用资金，不得将项目资金混用、挪用，不得以无关费用挤占项目资金或预支下年度支出。

审计案例054

以虚假劳务费名义套取科研经费

广东某大学牵头承担某“核高基”重大科技专项课题，宋某某团队承担部分科研任务，分得科研经费200万元，其中，劳务费150万元、设备费50万元。宋某某将150万元以支付临时工劳务费的名义，分50笔从学校财务部门领出，其中60.4万元以劳务费的名义支付给学生，其余89.6万元由宋某某在团队其他成员不知情的情况下，伙同其妻李某某（在宋某某团队中负责杂务工作）通过借用他人身份证办理中国邮政储蓄银行的存折，以向校外人员支付劳务费的名义冒名全部领出，其中8万元由校外人员于某某实际领取，其余81.6万元以每人13.6万元分别打入李某某等6人的银行存折，除李某某外，其他5人均未参与课题组工作且对劳务费不知情，且这5人68万元劳务费的存折一直放在宋某某家中。之后，经宋某某同意，李某某陆续取出存折中的32.6万元，一部分转存了定期，一部分转入李某某在招商银行的账户用于购买理财产品和股票。

相关财经法律法规

上述做法不符合《广东省人民政府关于印发广东省省级财政专项资金管理办法（修订）的通知》（粤府〔2023〕34号）的有关规定。

《广东省省级财政专项资金管理办法（修订）》第三十八条：“专项资

金申报、评审、分配、审批过程中存在违法违规行为的，依据《财政违法行为处罚处分条例》等规定追究相关单位及责任人责任。申请单位存在违法违规行为的，由业务主管部门追回专项资金，并根据《广东省社会信用条例》将失信信息纳入申请单位社会信用记录，向社会公开；情节严重的，原则上5年内停止其申报专项资金资格。”

财务风险防控对策

建立专项资金监管数据平台，形成长效监管机制。运用大数据思维，以计算机分析技术为依托，搭建以地方政府科研经费数据、科研项目数据、科研单位数据、科研人员数据等为基础的监管分析平台，实现对资金项目的实时监控，由事后审计转变为事前、事中审计，形成长效监管机制。

审计案例055

以实际控制公司套取科研经费

陈某某为广东某大学教授、副院长，承担了一项国家科技重大专项课题。该课题分为10个子课题，陈某某兼第四、第十子课题负责人。陈某某将自己实际控制的A环保科技有限公司和B环保工程有限公司列为课题外协单位。A公司和B公司均由陈某某出资成立，其为实际控制人，法定代表人和公司股东由其学生和亲属挂名，所谓公司员工也均是其学生。陈某某将A公司和B公司列为第四子课题参加单位，利用课题负责人职务便利，将600万元专项科研经费通过该大学专项账户划入A公司，将270.73万元专项科研经费划入B公司。上述经费仅有少量用于课题开支，陈某某授意其学生通过开具虚假发票、编造虚假合同、编制虚假账目等手段，套取科研经费568.20万元。

相关财经法律法规

上述做法不符合《广东省人民政府关于印发广东省省级财政专项资金管理办法（修订）的通知》（粤府〔2023〕34号）的有关规定。

《广东省省级财政专项资金管理办法（修订）》第三十八条："专项资金申报、评审、分配、审批过程中存在违法违规行为的，依据《财政违法行为处罚处分条例》等规定追究相关单位及责任人责任。申请单位存在违法违规行为的，由业务主管部门追回专项资金，并根据《广东省社会信用条例》将失信信息纳入申请单位社会信用记录，向社会公开；情节严重的，原则上5年内停止其申报专项资金资格。"

财务风险防控对策

1.严格执行国家科研经费管理政策，规范科研经费使用。要严格按照国家有关规定、办法要求以及科研项目合同、计划任务书和预算批复，组织科研人员合理使用科研经费。科研人员在开展科研活动过程中发生的支出，应与科研任务具有相关性，不得将无关支出在科研经费中列支；必须取得真实、合法的票据进行财务报销，不得使用假发票；必须按照实际开展的科研活动据实支出，不得虚构经济业务或通过非法手段取得票据套取科研经费。

2.建立落实各部门协同管理监督机制。要进一步明确科研、财务、审计和纪检监察等部门在科研经费使用、管理与监督中的职责和权限，各负其责、相互协作、密切配合，切实做好科研经费管理工作。首先，要加强科研经费的财务监管，规范报账流程。支出应当符合项目合同的约定及有关科研政策规定，有关票据及清单应当符合财务管理规定。批准使用的项目经费，须由该项目负责人和经办人签字证明。财务部门要做好经费决算工作，更要加强财务监督。资产部门要做好财产物资的验收检查。其次，要加强对科研经费使用的内部审计，把科研经费的管理和监督工作纳入内部审计监督的范畴，将审计监督贯穿于科研经费管理的始终，使经费的审批报销手续合法、完整，账目核算准确，并配合纪检监察等部门及时纠正违规现象。

3.强化项目结题财务验收工作。在项目验收或结题前，对项目预算执行情况、经费使用情况和项目财务决算报告等进行专门审核与评价，未通过财务验收的项目不能进行项目验收和结题。全面开展项目结题财务验收工作，加强项目中后期跟踪管理，对科研经费的使用进行全程监督管理，提高科研经费使用效益。

审计案例056

虚报冒领专项资金

广东某乡镇敬老院工作人员兰某某在该院集中供养的8名五保老人离院后，仍继续申报集中供养特困人员供养资金，共骗取供养资金15.02万元。

相关财经法律法规

上述做法不符合《广东省人民政府关于印发广东省省级财政专项资金管理办法（修订）的通知》（粤府〔2023〕34号）的有关规定。

《广东省省级财政专项资金管理办法（修订）》第三十八条："专项资金申报、评审、分配、审批过程中存在违法违规行为的，依据《财政违法行为处罚处分条例》等规定追究相关单位及责任人责任。申请单位存在违法违规行为的，由业务主管部门追回专项资金，并根据《广东省社会信用条例》将失信信息纳入申请单位社会信用记录，向社会公开；情节严重的，原则上5年内停止其申报专项资金资格。"

财务风险防控对策

1.严把资金申报审核关口。项目主管部门作为申报审核的第一道重要关口，应加强对项目申报资料的审核，尤其是社保信息等证明材料可在相关部门的协助下进行统一查证，防止某些企事业单位心存侥幸，虚报冒领财政资金。

2.加强政策监管刚性。严格制定具备科学性、合理性和可操作性的管理办法，细化相关管理制度，强化对补助资金的后续监督。财政、审计等部门各司其职、相互配合，建立有效的监督机制，并加大追责问责力度，依法依规严肃追究相关责任。

审计案例057

在专项资金分配中优亲厚友

广东某社区妇女主任刘某在负责社区春节救助金发放工作中，利用接收申请、资格审核、组织评议的职务便利，在医疗证明材料缺失的情况下，伪造申报材料，违规为其亲属办理春节救助金6笔，共计9000元。

相关财经法律法规

上述做法不符合《广东省人民政府关于印发广东省省级财政专项资金管理办法（修订）的通知》（粤府〔2023〕34号）的有关规定。

《广东省省级财政专项资金管理办法（修订）》第三十八条："专项资金申报、评审、分配、审批过程中存在违法违规行为的，依据《财政违法行为处罚处分条例》等规定追究相关单位及责任人责任。申请单位存在违法违规行为的，由业务主管部门追回专项资金，并根据《广东省社会信用条例》将失信信息纳入申请单位社会信用记录，向社会公开；情节严重的，原则上5年内停止其申报专项资金资格。"

财务风险防控对策

1.增强领导干部法治意识，学习国家有关专项资金管理的政策、法规、规定，充分认识其严肃性、权威性与强制性。违规分配、占有专项资金是严重违反财经纪律、扰乱国家经济调控的行为，必须追究管理和使用专项资金的单位或部门的责任。

2.健全分配管理制度。为了防范在分配上优亲厚友，杜绝挤占、挪用专项资金等问题，确保专款专用，各级政府、有关单位和部门要根据国家有关政策规定，建立健全各项管理制度，切实堵塞专项资金的管理漏洞。

3.强化各种监督作用。注意强化三个监督作用：一是发挥财务部门内部监督和有关机关、部门外部监督的作用；二是让主管部门、国家审计机关和社会审计机构发挥监督作用；三是发挥纪检监察机关监督和群众举报监督的作用，采取多种形式加大监督的力度。

4.加大惩处力度，落实责任追究。通过监督检查，及时查处专项资金管理和使用中出现的违法违纪问题。要制定专项资金违法违规责任追究制度，对违规分配和强行挤占、截留甚至侵吞专项资金的单位和个人，依纪依法追究部门和单位有关领导的责任和直接责任人的责任。

审计案例058

违规挪用专项资金用于个人投资营利活动

广东某街道办事处主任利用职务便利，私自挪用其经手的老年困难家庭失能老人护理补助金60.8万元用于个人投资营利活动。直至当年年底，得知相关部门要求核实补助金发放情况，才将款项退还并发放给补助人。

相关财经法律法规

上述做法不符合《广东省人民政府关于印发广东省省级财政专项资金管理办法（修订）的通知》（粤府〔2023〕34号）的有关规定。

《广东省省级财政专项资金管理办法（修订）》第三十八条：“专项资金申报、评审、分配、审批过程中存在违法违规行为的，依据《财政违法行为处罚处分条例》等规定追究相关单位及责任人责任。申请单位存在违法违规行为的，由业务主管部门追回专项资金，并根据《广东省社会信用条例》将失信信息纳入申请单位社会信用记录，向社会公开；情节严重的，原则上5年内停止其申报专项资金资格。”

财务风险防控对策

1.重视项目预算编制，加强预算编制的科学性和合理性。严格把关项目单位的预算编制，要求项目单位根据任务的需要，在预算说明书中科学合理列支所需材料的种类、数量，并指出各种材料与项目研究的关系和必要性，以及测算依据。

2.加强培训，提升管理水平。一是有针对性地定期组织政策文件的培训，鼓励有能力的项目组聘请专业的财务助理，提升项目单位会计核算水平；二是在审计工作中“以审代培”，针对发现的问题同项目单位进行深入沟通，剖析问题发生的原因和解决措施，在审计过程中渗透专项培训，力争做到发现一个问题解决一个问题。

3.重视内控制度和专家咨询，完善材料费审计工作。随着12号文的出台和国家“放、管、服”政策的要求，除事务费外，其他项目经费之间可以进行调剂，项目单位调剂经费程序的合理性和调剂后费用支出的合理性成为关注的重点，而项目单位内控制度的健全性和执行情况直接关系着审计项目经理对上述两项合理性的判断，必须加强对项目单位内控制度的审查。

4.厘清问题责任，加大处罚力度。在审计过程中，针对发现的问题，剖析问题发生的原因和责任部门，并区分情况分别对待：对于因政策掌握不到位的，加强对相关人员的培训；对于因内控制度不完善的，督促项目单位尽快整改，并建立内控整改清单，在后续项目审计中重点关注；对于违规套取项目经费的，视情节恶劣程度采取追回相关经费、通报批评、停止拨款、取消一定年限申报或移交司法部门等处罚措施，加大处罚力度。

审计案例059

已结题科研项目仍列支费用

某单位有4个科研项目在2020年底前已结题，但2021—2023年仍以这4个科研项目列支费用，涉及金额共计50万元。

相关财经法律法规

上述做法不符合《中华人民共和国会计法》的有关规定，符合《财政违法行为处罚处分条例》（中华人民共和国国务院令第427号）中应受到处罚处分的行为规定。

《中华人民共和国会计法》第九条："各单位必须根据实际发生的经济业务事项进行会计核算，填制会计凭证，登记会计账簿，编制财务会计报告。任何单位不得以虚假的经济业务事项或者资料进行会计核算。"

《财政违法行为处罚处分条例》第六条："国家机关及其工作人员有下列违反规定使用、骗取财政资金的行为之一的，责令改正，调整有关会计账目，追回有关财政资金，限期退还违法所得。对单位给予警告或者通报批评。对直接负责的主管人员和其他直接责任人员给予记大过处分；情节较重的，给予降级或者撤职处分；情节严重的，给予开除处分：（一）以虚报、冒领等手段骗取财政资金；……（五）其他违反规定使用、骗取财政资金的行为。"

财务风险防控对策

1.科研项目经费单独核算。承担单位应当将项目资金纳入单位财务统一管理，对中央财政资金和其他来源的资金分别单独核算，确保专款专用，其他来源的资金应及时足额到位。

2.规范科研经费报销手续。要求项目经费支出手续完善，经费支出的审批流程合规，记账凭证后所附的报销单、合同、发票、收货单、领料单、测试报告等附件齐全。

3.经费使用实质上合规。一是政策相符性：项目（课题）预算科目的开支范围和开支标准，应符合国家财经法规和相应的科技资金管理制度的相关规定。二是目标相关性：预算应以其任务目标为依据，预算支出应与项目（课题）研究开发任务密切相关，预算的总量、结构等应与设定的项目（课题）任务目标、工作内容、工作量及技术路线相符。三是经济合理性：项目（课题）预算应综合考虑国内外同类研究开发活动的状况以及我国相关产业的行业特点等，与同类科研活动支出水平相匹配，并结合项目（课题）研究开发的现有基础、前期投入和支撑条件，在考虑技术创新风险和不影响项目（课题）任务的前提下进行安排，并提高资金的使用效益。

审计案例060

科研项目专项资金列支与项目无关的经费

广东某单位在科研项目专项资金中列支与科研任务无关的支出，如茶叶、礼品、商品百货、茶具等，涉及金额30万元。

相关财经法律法规

上述做法属于《广东省人民政府关于印发广东省省级财政专项资金管理办法（修订）的通知》（粤府〔2023〕34号）中的违法违规行为。

《广东省省级财政专项资金管理办法（修订）》第三十八条："专项资金申报、评审、分配、审批过程中存在违法违规行为的，依据《财政违法行为处罚处分条例》等规定追究相关单位及责任人责任。申请单位存在违法违规行为的，由业务主管部门追回专项资金，并根据《广东省社会信用条例》将失信信息纳入申请单位社会信用记录，向社会公开；情节严重的，原则上5年内停止其申报专项资金资格。"

财务风险防控对策

1.严格按照专项资金管理办法的有关要求规范专项资金管理。

2.立即纠正相关违规行为，提高资金使用效益。

审计案例061

制定的绩效目标及绩效指标不科学、不合理

广东某单位在2022年度内河航道建设项目的效益指标中，包含“国际贷款还本付息率”，该单位设置的年度目标值为95%，但审计发现，2021年度省财政已全额安排了世行贷款的还本付息资金，当年贷款已全部结清。2022年所设置的绩效指标为以前年度已经实现的目标。

相关财经法律法规

上述做法不符合《中共中央 国务院关于全面实施预算绩效管理的意见》（2018年9月1日）和《关于印发〈广东省省级部门预算项目支出绩效目标管理规程〉的通知》（粤财评〔2011〕1号）的有关规定。

《中共中央 国务院关于全面实施预算绩效管理的意见》：“（六）建立绩效评估机制。各部门各单位要结合预算评审、项目审批等，对新出台重大政策、项目开展事前绩效评估，重点论证立项必要性、投入经济性、绩效目标合理性、实施方案可行性、筹资合规性等，投资主管部门要加强基建投资绩效评估，评估结果作为申请预算的必备要件。各级财政部门要加强新增重大政策和项目预算审核，必要时可以组织第三方机构独立开展绩效评估，审核和评估结果作为预算安排的重要参考依据。”

《关于印发〈广东省省级部门预算项目支出绩效目标管理规程〉的通知》：“二、认真落实绩效管理责任。……各主管部门单位作为财政支出绩效目标管理的责任主体，要进一步增强绩效观念和责任意识，……并按照经省财政厅审核下达的绩效目标，有效组织项目实施和绩效管理，切实提高财政资金使用效益。”

财务风险防控对策

1.落实绩效管理主体责任，完善绩效管理工作机制。预算绩效管理是一项系统工作，需要建立财务部门与业务部门、项目具体负责单位的协同工作机制，强化财务与业务的有效衔接。部门应出台并完善内部管理制度，明确业

务部门为单位内部绩效管理的第一责任主体，财务部门负责绩效管理的组织实施和监督。

2.加强项目管理与绩效管理的一体化，使绩效目标管理覆盖项目设立、执行、成果验收和资料归档等全过程。项目实施的业务部门提供重点项目、年度工作任务、效能建设等方面的情况，做好项目整体绩效数据归集整理工作。根据项目绩效完成情况及时总结项目实施成效，为后续项目绩效总结与绩效评价工作开展提供充分的数据资料支撑。在绩效目标执行过程中发现偏差后及时与绩效管理部门沟通，调整项目执行方案和绩效目标设置，确保项目支出全年绩效目标的实现。财务部门重点做好部门内部制度建设、政策解读等工作。

审计案例062

绩效运行监控不够有效

某单位“人才扶持发展专项支出”项目的项目期限为2020—2022年共计3年，项目资金总计240万元，每年财政安排80万元，项目绩效目标要求为：每年引进副高级以上专业人才不低于100名，3年达到500名以上，引进人才范围涵盖教育、科技、农业、金融等5个方面。但审计发现，截至2022年底，该单位实际引进人才295名，且均为教育类人才。该单位每年对绩效运行情况的监控工作走过场、流于形式，如自第二年开始，年度人才引进数量已不到100名，但该单位未采取任何措施加以改进。

相关财经法律法规

上述做法不符合《中华人民共和国预算法实施条例》（中华人民共和国国务院令第729号）的有关规定。

《中华人民共和国预算法实施条例》第五十三条：“预算执行中，各部门、各单位的主要职责：……（二）依法组织收入，严格支出管理，实施绩效监控，开展绩效评价，提高资金使用效益；……”

财务风险防控对策

1.强化事前“源头防控”。以强化预算精准编制为起点，对所有政策和项目支出全部实施绩效目标管理，未编制绩效目标或绩效目标不科学合理的，坚决不纳入预算“盘子”，并将预算安排严格与绩效事前评估和事后评价结果直接挂钩，削减或取消低效、无效资金。

2.强化事中“跟踪监控”。强化预算精准执行和精准盘活沉淀资金，实施绩效跟踪和预警整改，重点监控预算是否按照计划进度执行，是否实现预定的绩效目标，做到无进度不拨款、无绩效不拨款，同时，动态精准盘活沉淀资金。

3.强化事后“评价问效”。强化预算绩效精准考核，将绩效评价结果向同级人民政府和同级人大报告，为政府决策提供参考，并纳入政府绩效考核，作为实施行政问责的重要依据。强化预算绩效挂钩约束，根据绩效评价结果统筹整合项目资金，优化资金结构和使用方式，切实提高财政资金使用绩效。

审计案例063

绩效评价质量不高或评价结果不客观

广东A单位对21个地级市普通国（省）道新改建及路面改造项目的绩效自评结果为满分，但审计抽查其中16个市的路面改造情况，发现有11个市并没有按照要求完成相应的建设里程，同时与建设里程相关的绩效目标全部自评为满分，具体包括公路建设工程量完成进度（公里）、施工进度完成率、公路建设质量达标率等，绩效评价结果与实际情况严重不符。

相关财经法律法规

上述做法不符合《广东省人民政府关于印发广东省省级财政专项资金管理办法（修订）的通知》（粤府〔2023〕34号）和《财政部关于印发〈财政支出绩效评价管理暂行办法〉的通知》（财预〔2011〕285号）的有关规定。

《广东省省级财政专项资金管理办法（修订）》第三十一条："预算年度终了，省业务主管部门要布置各地各单位对专项资金使用情况开展单位自评，对单位自评情况进行汇总并核查，将汇总核查情况报送省财政部门。实施周期内，省业务主管部门、财政部门分别适时组织开展部门评价和财政评价，评价结果作为专项资金分配和预算安排的重要依据。项目实施完毕后，按照'谁审批具体项目，谁验收考评'的原则，组织项目验收或考评，并于下一年度3月底前将验收或考评结果报同级财政部门备案；固定资产投资类项目验收按相关规定执行。"

《财政支出绩效评价管理暂行办法》第三十条："绩效报告和绩效评价报告应当依据充分、真实完整、数据准确、分析透彻、逻辑清晰、客观公正。……"

财务风险防控对策

严格按照绩效评价标准与指标，实事求是地开展绩效自评，不得弄虚作假，对评价结果与实际情况不符的应立即予以纠正，并对相关责任人进行追责。根据实际情况，切实做好专项资金绩效评价，以真实反映项目效益。

审计案例064

预算绩效目标未完成

为解决乡村百姓"看病难"的问题，2020年7月，某县卫生健康局申报"行走的医院"村医帮扶项目，选定150个行政村作为帮扶对象，按照约20万农村人口、每人每月1元的标准计算村医服务费，确定5年服务费预算约1200万元。审计发现，项目实施的绩效较差，自2021年至2022年6月底，共开展心电检测683人次，B超检测结果均为无效图片，未开展血压、血氧饱和度、血糖、体温、尿酸、胆固醇等方面的检测；联系北京三甲医院专家远程会诊只有49次，但均未出具诊疗方案。

相关财经法律法规

上述做法不符合《广东省省级部门项目支出预算管理试行办法》（粤财预〔2003〕63号）的有关规定。

《广东省省级部门项目支出预算管理试行办法》第十七条："省财政厅、省级部门和项目单位等要对项目的实施过程和完成结果进行监督检查，对违反有关法律、法规和财务规章制度的，依法进行处理。"

财务风险防控对策

1.将绩效目标作为申请预算的前置条件。利用财政信息化手段，提高预算绩效一体化效率，将预算绩效管理信息系统与部门预算管理系统和国库集中支付系统实现数据贯通，将绩效目标设定置于部门预算编制前端，没有绩效目标的项目不得进入下一步预算编审流程。

2.把立项依据作为绩效目标审核的重点。按照"谁拨付资金，谁审核目标"的原则，各相关业务科室严格审核绩效目标，把立项依据作为绩效目标审核的重点，从项目立项的必要性、可行性和充分性等维度进行审核。

3.加大监控力度，提高资金使用效率。加强对项目执行过程中的绩效监控，对绩效监控中发现的问题及时采取分类处置措施予以纠正，杜绝资金搁置、长期滞留，强化对资金投向结构的管理，提高资金使用效率。

4.加大培训指导力度，精准强化绩效导向。落实全方位、全过程、全覆盖预算绩效管理体系，加大培训力度，做好绩效管理政策普及。对纳入绩效目标编制范围的省级预算单位整体预算和项目预算全面开展绩效监控，重点监控预算执行情况、绩效目标实现程度，将绩效监控结果作为当年资金拨付、预算调整的重要依据。

审计案例065

预算绩效低下的项目未及时清理退出

2020年7月，对某单位2018—2019年科技项目支出进行审计检查发现，该单位有45个项目的支出方向，与党的十八大以来中央、省确定的科技发展方向不符，已属于5年前落后产能支持项目，早应清理退出而未及时清理，涉及支出资金1.2亿元。

相关财经法律法规

上述做法不符合《关于贯彻落实〈中共中央 国务院关于全面实施预算绩效管理的意见〉的通知》（财预〔2018〕167号）的有关规定。

《关于贯彻落实〈中共中央 国务院关于全面实施预算绩效管理的意见〉的通知》："三、抓好预算绩效管理的重点环节……（四）强化绩效评价结果刚性约束。……对绩效一般的政策和项目要督促改进，对低效无效资金一律削减或取消，对长期沉淀的资金一律收回，并按照有关规定统筹用于亟需支持的领域。"

财务风险防控对策

建立绩效评价结果与预算安排和政策调整挂钩机制，按照奖优罚劣的原则，对绩效好的政策和项目原则上优先保障，对绩效一般的政策和项目要督促改进，定期开展自查，及时清理落后、绩效低下的项目，从而提高资金使用效益与效果。

本章小结

全面实施预算绩效管理，提高专项资金使用效益

当前，我国经济已由高速增长阶段转向高质量发展阶段，全面实施预算绩效管理是这一形势下中央作出的一项重大部署，是推进国家治理体系和治理能力现代化的有力举措。近年来，各部门贯彻落实中央和省关于预算改革

的决策部署，按照“全面规范、公开透明”的现代预算制度的要求，不断加强预算管理，预算执行和资金使用总体情况良好，“三公”经费支出也呈下降趋势。

但是，预算绩效管理中存在的问题仍然十分突出，主要有：绩效理念尚未牢固树立，一些地方和部门存在重投入轻管理、重支出轻绩效的现象；绩效管理的广度和深度不足，尚未覆盖所有财政资金，一些领域财政资金低效无效、闲置沉淀、损失浪费的问题较为突出，克扣挪用、截留私分、虚报冒领的问题时有发生；绩效激励约束作用不强，绩效评价结果与预算安排和政策调整的挂钩机制尚未建立。

预算绩效问题突出的一个原因，是受到预算管理方式的影响。部门和单位在预算编制过程中，由于自身利益的局限性，往往难以提出科学准确的资金需求和绩效目标。财政部门在进行预算资金分配时主要考虑钱往哪里投、如何投，而对预算执行中要完成什么、有何成效关注不多。同时，政府绩效审计仍处于起步阶段，尚未形成系统的绩效审计理论框架和健全有效的工作机制。具体表现如下：

1.预算管理不规范，资金使用绩效低

《中共中央 国务院关于全面实施预算绩效管理的意见》指出，要建立全面规范透明、标准科学、约束有力的预算制度，各级政府要将收支预算全面纳入绩效管理。但审计发现，有的部门预算编制前期论证不充分，相关项目支出范围及标准不明确；有的资金未按要求编制绩效目标或目标设定不合理等，影响到预算资金的执行和绩效管理；一些受政策影响已无法按原定计划支出的专项资金，由于未及时调整资金用途，导致预算执行率低，部分财政资金沉淀，财政资金整体使用绩效不高；同时，还存在无预算、超预算支出等问题。

2.绩效管理的内部控制机制不健全，部分专项资金使用绩效不高

完善行政事业单位内部控制是加强廉政风险防控机制建设的一项重要的基础性工作。但审计发现，有的部门内部控制制度不完善，绩效管理方面的制度缺失，部分专项资金使用绩效不高。在绩效评价管理方面：一是部分专项资金使用绩效不高。有的专项资金绩效评价结果较差，由于项目筹备时间长、工作推进不力等，专项资金项目推进缓慢，未能发挥财政资金使用效益。二是绩效自评结果不客观。有的部门未根据项目实际情况开展绩效自评，如计划完成的项目没有按照计划完成，但该项指标自评仍然为满分，还有的专项资金项目绩效目标未完成也能通过验收评审。三是绩效评价结果未能有效运用并实现“闭环”管理。如有些专项资金在绩效评价结果较差的情况下，不仅未采取有效措施适当研究调整项目预算，甚至还存在预算增加的情况。此外，有些专项资金截至第二年年中仍未开展绩效评价工作，绩效评价结果未能在下一年度预算安排上得到有效应用。在绩效工作基础方面：一是财政部门未联合主管部门及时制定“财政事权”管理办法，影响落实预算改革部署和要求。二是主管部门跟踪监督不到位。有的主管部门未及时制定省级分配方案或未跟进掌握在市县的细化分配方案，有的主管部门未按要求向社会公开专项资金的申报通知、目录清单以及监督检查结果等信息，还有的专项资金的分配方案在未完成公示程序的情况下即提交财政部门安排资金，不利于发挥社会监督的积极作用。三是部分地市部门管理权限未厘清。在地市层面存在主管部门和财政部门同时作为专项资金管理分配责任主体的情况，在工作方案编制和审核过程中，相关审批流程耗时较长，在一定程度上影响资金的使用效率。

3.未能全面加强对下属单位绩效管理的监督指导

2017年，许多地方如某省委制定了《关于加强省直部门下属单位管理的意见》，要求严格财政资金管控，全面实行预算绩效管理等。但审计发现，有的部门未能全面履行加强对下属单位的监管责任，下属单位违规问题较多，如有的未将全部收支情况纳入预算管理，有的未经审批随意拆借专项资金，挪用、套取等。

行政事业单位应高度重视这些问题，特别是在全面从严治党和反腐倡廉力度不断加大的大背景下，更应加强财务管理，建立健全内控制度，提高财政资金使用效益，严格落实“过紧日子”工作要求，以维护党委、政府的良好形象。

1.进一步规范和加强预算管理

党政相关部门须进一步增强依法理财意识，带头遵守《中华人民共和国预算法》等相关财经法律法规，硬化预算约束，强化预算单位的管理主体责任；积极推动预算执行和绩效管理一体化，将全部收支纳入预算绩效管理，完善绩效考核机制，加强对预算资金使用效果的评价，提高绩效管理水平。

2. 进一步建立健全内部控制机制

在全面评估的基础上，围绕资金、资产、政府采购、下属单位管理等重点环节，进一步建立和完善内部管理体系，建章立制，堵塞管理漏洞；按规定落实“三重一大”决策制度，科学管理，民主决策；严格执行相关财务制度，强化内控执行监督和问责机制。

3. 加强对下属单位的监管

加强对下属单位的管理和监督，推动构建财务管理、资产管理和政府采购“一盘棋”的格局，建立和完善集中、统一的财务管理机构，理顺财务管理关系，配优配强财务力量；对专项资金量大、下属单位多的部门，应强化机构设置及审计监督。

第4章 基建工程及信息化建设管理

没有完美的战略决策，组织总是要付出一些代价，管理者必须平衡有冲突的目标、观点和优先次序。最好的战略决策只是一个愿望，关键是如何把握风险。

——彼得·德鲁克

常见问题及表现：

1.土地招拍挂活动中违规设置限制条件
2.未按规定办理项目审批等手续
3.在未取得施工许可证等情况下擅自开工
4.违规增加设计、变更工程量，施工单位违规多计工程款
5.未按照设计图纸和技术标准施工，在施工中偷工减料或降低强制性建设标准
6.虚列待摊投资和工程投资
7.待摊费用分摊不合理、不合规
8.超标准、超规模、超概（预）算建设
9.擅自减少、增加或改变建设内容
10.信息化项目论证不充分，未按规定办理立项审批手续
11.信息化项目重复建设
12.部分信息化项目成为“僵尸系统”
13.已建成的信息化项目不能互联互通，形成“信息孤岛”
14.信息系统数据质量不高，难以满足管理需要
……

扫码获取
✔ 风险防控大讲堂
✔ 法条全文筑防线
✔ 审计课程助提升

审计案例066

项目前期手续不齐就开工建设

某单位技改项目的初步设计和概算得到该省发展改革委的批复，但主管厅属机关一直未批复，而且该项目开工前没有办理完环境评价和安全评价。该单位技改建设资金来源为“自筹+贷款”。项目原计划2年完成技改，但实际实施了4年仍未建成，因立项手续不齐全，安全管理部门要求项目停工，导致项目长期停滞。

相关财经法律法规

上述做法不符合国家发展改革委《关于进一步加强中央党政机关等建设项目管理和投资概算控制的通知》（发改投资〔2005〕907号）的有关规定。

《关于进一步加强中央党政机关等建设项目管理和投资概算控制的通知》：“二、加强对工程设计的管理……批复中核定的建设内容、规模、标准、总投资概算和其他控制指标必须严格遵守。……（四）项目实施过程中，如有重大设计变更和超概算因素（建设规模、内外装修标准、设备、材料选型等发生变化），必须事先向我委提交报告，履行报批手续。……”

财务风险防控对策

1.建立健全建设项目内部管理制度。

2.合理设置岗位，明确内部相关部门和岗位的职责权限，确保项目建议和可行性研究与项目决策、概预算编制与审核、项目实施与价款支付、竣工决算与竣工审计等不相容岗位相互分离。

审计案例067

土地招拍挂活动中违规设置限制条件

某县在矿山采矿权挂牌出让中违规设置附加条件，要求采矿权竞得人缴交5亿元作为所在镇乡村振兴资金，并提供不低于10亿元资金用于该县的交通基础设施项目建设，加重了企业负担，不利于优化营商环境。

相关财经法律法规

上述做法不符合《招标拍卖挂牌出让国有建设用地使用权规定》（中华人民共和国国土资源部令第39号）和《优化营商环境条例》（中华人民共和国国务院令第722号）的有关规定。

《招标拍卖挂牌出让国有建设用地使用权规定》第十一条："中华人民共和国境内外的自然人、法人和其他组织，除法律、法规另有规定外，均可申请参加国有建设用地使用权招标拍卖挂牌出让活动。出让人在招标拍卖挂牌出让公告中不得设定影响公平、公正竞争的限制条件。……"

《优化营商环境条例》第十条："国家坚持权利平等、机会平等、规则平等，保障各种所有制经济平等受到法律保护。"第十四条："……禁止在法律、法规规定之外要求市场主体提供财力、物力或者人力的摊派行为。……"

财务风险防控对策

优化营商环境的目的是为市场主体营造良好的创业干事环境，激发市场主体的活力。因此，各部门应通力合作，加大营商环境政策的监督力度，保障相关政策落实到位。

1.扩大监督主体，广泛吸纳社会力量参与政策监督，以多方监督确保监督的公平性，实现营商环境政策合法高效地推进。例如，可以签署第三方监督协议，引导发挥媒体监督的灵活性和时效性。

2.构建科学有效的行政权力运行制约和监督体系，建立相应的问责机制，促进跨部门、跨行业的综合执法，加强对政府和社会各界的法治监督。

3.创新监督形式，充分利用大数据、人工智能等新型信息技术手段，推进线上线下监督相结合，多措并举提升监督水平。

审计案例068

工程建设领域保证金清理规范不到位

某省政府采购中心2022年未按规定在签订合同后5个工作日内退还14家企业的投标保证金，拖延最长的为7个月，涉及金额1152.07万元。

相关财经法律法规

上述做法不符合《国务院办公厅关于清理规范工程建设领域保证金的通知》（国办发〔2016〕49号）和《政府采购货物和服务招标投标管理办法》（中华人民共和国财政部令第87号）的有关规定。

《国务院办公厅关于清理规范工程建设领域保证金的通知》："一、全面清理各类保证金。对建筑业企业在工程建设中需缴纳的保证金，除依法依规设立的投标保证金、履约保证金、工程质量保证金、农民工工资保证金外，其他保证金一律取消。对取消的保证金，自本通知印发之日起，一律停止收取。……三、按时返还保证金。对取消的保证金，各地要抓紧制定具体可行的办法，于2016年底前退还相关企业；对保留的保证金，要严格执行相关规定，确保按时返还。未按规定或合同约定返还保证金的，保证金收取方应向建筑业企业支付逾期返还违约金。四、严格工程质量保证金管理。……在工程项目竣工前，已经缴纳履约保证金的，建设单位不得同时预留工程质量保证金。"

《政府采购货物和服务招标投标管理办法》第三十八条："……采购人或者采购代理机构应当自中标通知书发出之日起5个工作日内退还未中标人的投标保证金，自采购合同签订之日起5个工作日内退还中标人的投标保证金或者转为中标人的履约保证金。采购人或者采购代理机构逾期退还投标保证金的，除应当退还投标保证金本金外，还应当按中国人民银行同期贷款基准利率上浮20%后的利率支付超期资金占用费，但因投标人自身原因导致无法及时退还的除外。”

财务风险防控对策

1.指定专人全面负责专项清理工作，梳理出保证金滞留的主要原因，明确各类保证金退还流程，以及清退时间和办理退款需提供的资料。及时退付未中标人的投标保证金。

2.对中标人的投标保证金，及时联系招标人，了解中标合同签订情况，督促招标人第一时间提供保证金退款通知书，实现保证金及时退付，彻底解决保证金滞留问题，从源头上控“增量”。

审计案例069

规避建设项目审批程序

广东某县国土资源局公开挂牌交易出让某文化园项目地块。2017年12月，经某地产评估测绘有限公司评估，该地块估价为7265万元，但经县国有土地使用权招标拍卖挂牌出让领导小组全体成员同意，县国土资源局公开挂牌起始价为4530万元，挂牌价比评估价低2735万元。2018年2月，A公司以挂牌价4530万元竞得该地块并签订出让合同。同时，土地出让合同的附加条件约定，土地受让者负责出资建设某名人馆、民族博物馆等附属设施并免费提供给县政府使用，其所有权为土地受让者。该县政府以附加条件方式，规避名人馆、民族博物馆等附属设施报建审批程序。

相关财经法律法规

上述做法不符合《国务院办公厅转发发展改革委监察部等部门关于解决当前政府投资工程建设中带有普遍性问题意见的通知》（国办发〔2010〕

41号）和广东省委、省政府《广东省党政机关厉行节约反对浪费实施细则》（粤发〔2014〕7号）的有关规定。

《国务院办公厅转发发展改革委监察部等部门关于解决当前政府投资工程建设中带有普遍性问题意见的通知》："一、规范工程建设决策行为，重点解决未批先建、违规审批等问题：（一）严格遵守政府投资项目决策规则和程序。……严禁以会议纪要等形式代替审批程序，严禁越权审批项目。……（二）切实履行职责，严格执行建设审批程序。……严格禁止未批先建。……"

《广东省党政机关厉行节约反对浪费实施细则》第三十六条："党政机关新建、改建、扩建、购置、置换、维修改造、租赁办公用房，必须严格按规定履行审批程序。……"

财务风险防控对策

一般而言，工程项目前期审批手续指的是建设单位应当办理"四证"（工程建设所需的建设用地使用权证、建设用地规划许可证、建设工程规划许可证和建筑工程施工许可证）等行政批文。在"四证"缺失的情况下，项目无法办理相关的施工手续、大型设备无法进场安装等，承包人如果强行组织施工，建筑施工企业会面临行政处罚，还可能随时被地方政府勒令停工，甚至被断水断电，使得项目无法施工，这都可能造成工期延误，也会造成停窝工损失，还会导致项目无法组织竣工，进而给资金回收带来困难。业主单位应督促施工单位严格按规定履行工程建设程序，严格执行项目的审批程序，强化项目政府采购和建设过程监督，确保项目合法合规。同时，把握进场施工节奏。一般情况下不得要求施工单位先行进场施工，对于因建设项目合规手续导致合同履约存在重大风险的项目，合理把控施工节奏，暂缓实际投入。

审计案例070

未按规定办理项目审批等手续

广东某单位2023年对其办公大楼及辅助设施进行修缮改造，合同金额共计1550万元。由于相关装修费用在其下属单位上缴的收入中列支，该单位未向财政部门申报预算，也未按规定在发改部门履行审批程序。

相关财经法律法规

上述做法不符合《政府投资条例》（中华人民共和国国务院令第712号）和中共广东省委办公厅、广东省人民政府办公厅《关于党政机关停止新建楼堂馆所和清理办公用房的通知》（粤办发〔2013〕20号）的有关规定。

《政府投资条例》第九条："政府采取直接投资方式、资本金注入方式投资的项目（以下统称政府投资项目），项目单位应当编制项目建议书、可行性研究报告、初步设计，按照政府投资管理权限和规定的程序，报投资主管部门或者其他有关部门审批。"

《关于党政机关停止新建楼堂馆所和清理办公用房的通知》："二、严格控制办公用房维修改造项目。……维修改造项目要以消除安全隐患、恢复和完善使用功能为重点，严格履行审批程序，严格执行维修改造标准，严禁豪华装修。……"

财务风险防控对策

1.应及时召开党委专题会议，纠正错误做法，完善相关制度，严格执行收支两条线，杜绝此类行为再次发生。

2.建立与建设项目相关的议事决策机制，建立与建设项目相关的审核机制，确保项目决策程序规范，手续齐全完整。

3.应按国家有关规定组织建设项目的可行性研究、立项、批复、预算、审批、招标等工作，符合条件后按照审批单位下达的投资计划和预算对建设项目资金实行专款专用，严禁截留、挪用和超批复内容使用资金。

审计案例071

在未取得施工许可证等情况下擅自开工

某学校2020—2023年累计投入上千万元建设体育场馆，在未取得施工许可证的情形下先施工，且一直未获得相关部门建设立项和环保部门环评批复文件批准等。

相关财经法律法规

上述做法不符合《中华人民共和国建筑法》《中华人民共和国城乡规划法》和《中华人民共和国环境影响评价法》的有关规定。

《中华人民共和国建筑法》第七条：“建筑工程开工前，建设单位应当按照国家有关规定向工程所在地县级以上人民政府建设行政主管部门申请领取施工许可证；但是，国务院建设行政主管部门确定的限额以下的小型工程除外。”

《中华人民共和国城乡规划法》第四十条：“在城市、镇规划区内进行建筑物、构筑物、道路、管线和其他工程建设的，建设单位或者个人应当向城市、县人民政府城乡规划主管部门或者省、自治区、直辖市人民政府确定的镇人民政府申请办理建设工程规划许可证。”

《中华人民共和国环境影响评价法》第二十五条：“建设项目的环境影响评价文件未依法经审批部门审查或者审查后未予批准的，建设单位不得开工建设。”

财务风险防控对策

1.应当及时纠正擅自施工行为中的违法行为。

2.坚持处罚与教育相结合，教育公民、法人或其他组织自觉守法。

3.执法人员应严格按照有关法律法规查处违法行为，确保查处到位，对违法行为的查处做到依据法律法规正确、程序合法、处罚标准恰当、材料齐全，有效遏制新增违法建设，维护法律法规的严肃性。

4.通过在执法中普法，让当事人、管理对象和服务对象知晓相关法律法规知识、履行法定义务。

审计案例072

自行调整建设内容，基本建设项目超概算

2020年9月，发展改革部门批复K局所属J审查中心新建业务大楼工程设计方案和投资概算，工程建设总投资5.09亿元。截至审计时，该工程实际投资6.02亿元，超概算0.93亿元，超概算比例为18.27%。超概算的主要原因是调整建设规模和初步设计、装修材料改变等。J审查中心通过K局向发展改革部门申请调增项目概算，但未得到批复。为了弥补项目超概算资金缺口，K局从公房出租收入中提取0.4亿元垫付J审查中心新建业务大楼工程相关支出，但仍有0.53亿元无法按期支付给施工单位。

相关财经法律法规

上述做法不符合《财政部关于加强基础设施建设资金管理与监督的通知》（财基字〔1999〕50号）和《关于加强中直机关基本建设项目概算管理的规定（暂行）》（中管局发〔2020〕11号）的有关规定。

《关于加强基础设施建设资金管理与监督的通知》："……二、加强对工程设计的管理……批复中核定的建设内容、规模、标准、总投资概算和其他控制指标必须严格遵守……三、……要严格控制项目建设资金的各项开支标准，防止铺张浪费、随意扩大工程规模、变相搞概算外工程。……"

《关于加强中直机关基本建设项目概算管理的规定（暂行）》第八条："建设单位应对概算管理负主要责任，按照核定概算严格执行。经核定的概算应作为项目建设实施和控制投资的依据，建设单位不得擅自增加建设内容、扩大建设规模、提高建设标准或改变设计方案。建设单位要加强项目投资全过程管理，确保项目总投资控制在概算以内。"

财务风险防控对策

解决政府投资建设项目超概算问题是一项系统工程，需要综合施策。

1.完善政府投资项目预算制度。进一步建立健全“估算控制概算，概算控制预算，预算控制结算”制度机制，工程概算一经审定，即为该工程的最高限额，未经原审批机构审批，任何单位和个人一律不得随意提高建设标准，扩大建设规模调整概算和追加投资，如出现上述问题，财政部门应停止拨付资金。

2.强化项目招投标监管。监督部门要全过程参与，严肃查处弄虚作假、串标、抬标的违规违纪行为。建设单位切实做好对投标单位的考察工作，熟悉其资质、诚信、产品、设备质量、价格等相关情况。同时，注重对招投标工作人员进行经常性职业道德教育，规范其职业道德行为，使其做到讲原则、不违规、不作假、不泄密；对招投标工作人员进行业务培训，使其熟悉招投标业务和程序规定，使招投标工作更加规范。

3.强化工程变更签证监管。行业主管部门统一完善修订本行业项目变更认证制度机制，严格落实工程变更认证审批制度，对一般设计变更签证，实行总量控制；对重大设计变更签证，实行分级审批制度；对工程合同价变更，实行批准或者报备制度，一般不再追加安排预算。变更签证统一实行量化标准，避免定性变更签证。对合同价款及其调整方法、工程变更、现场签证、索赔处理等内容进行审核，重点关注其必要性、真实性及合理定价。

4.追究超概算责任。各级党委政府应把政府投资当成“一把手”工程，依法依规对超概算问题进行严肃惩处。要提高超概算的政治成本，对超概算的责任单位及个人进行党纪处分，并与个人成长进步挂钩；提高超概算的行政成本，对责任单位及个人进行行政处罚，并与责任单位年度考核及个人立功受奖挂钩；提高超概算的司法成本，视情节轻重追究责任单位及个人的司法责任；提高超概算的经济成本，对超概算的责任单位及个人进行经济惩戒，超概算部分投产资金由责任单位自行解决。

审计案例073

内部控制不严密，施工单位弄虚作假

某项目建设工期很紧，由于前期设计图纸不全，在建设过程中出现很多设计变更。有些设计变更是建设单位领导在会议中临时决定的，施工单位先行实施，设计单位后补充设计变更通知单。施工单位施工完成后，监理单位没有收到设计变更通知单，无法对变更部分进行有效的监督和验收。在后补的设计变更通知单中，施工单位买通设计单位弄虚作假，把一些没有实施的工程量也写入其中，而工程结算时预结算人员走过场，没有发现，仍按照设计变更通知单的内容给施工单位办理了结算。

相关财经法律法规

上述做法不符合《政府投资条例》的有关规定。

《政府投资条例》第十二条："经投资主管部门或者其他有关部门核定的投资概算是控制政府投资项目总投资的依据。初步设计提出的投资概算超过经批准的可行性研究报告提出的投资估算10%的，项目单位应当向投资主管部门或者其他有关部门报告，投资主管部门或者其他有关部门可以要求项目单位重新报送可行性研究报告。"

财务风险防控对策

1.召开党委（党组）会议专题研究，制定整改措施，进一步核查是否存在违规违纪行为，根据具体情况给予处理处罚，追究相关人员责任，形成会议记录。

2.建立健全建设项目内部控制制度，严格执行基本建设程序，做好勘察、设计、施工的相互配合工作。加强建设项目管理，设计变更应当按照有关规定履行相应的审批程序，建设项目竣工后，单位应当按照规定的时限及时办理竣工决算，组织竣工决算审计，并根据批复的竣工决算和有关规定办理建设项目档案和资产移交等。

3.对揭示的问题应予以改正，恢复合法情形，或补办相关手续。

4.在今后工程建设中严格审核把关，避免财政资金损失。

审计案例074

违规增加设计、变更工程量，施工单位违规多计工程款

某排土场改造项目是市政工程总承包项目，原项目于2015年招标，合同价格采用该省2010年市政定额进行组价，当时绿化部分按照市政工程定额中的场地绿化考虑。后来在项目实施过程中发生山体滑坡，设计发生重大变更，项目直至2018年才开始实施。省有关部门于2016年颁发新的定额，该项目由于时间跨度大，建设单位与施工单位经过谈判同意按照2016年的定额办理结算。在2016年的定额中，市政工程定额的场地绿化部分被删去，所以绿化部分无法按照市政总承包进行取费；在结算时，建设单位按照绿化工程取费办理结算，导致结算金额比原来市政总承包工程取费增加近90万元。

相关财经法律法规

上述做法不符合住房和城乡建设部《建设工程工程量清单计价规范（GB 50500—2013）》的有关规定。

《建设工程工程量清单计价规范（GB 50500—2013）》："3.1.1　使用国有资金投资的建设工程发承包，必须采用工程量清单计价。""8.1.1　工程量必须按照相关工程现行国家计量规范规定的工程量计算规则计算。""8.2.1　工程量必须以承包人完成合同工程应予计量的工程量确定。"

财务风险防控对策

1.召开党委（党组）会议专题研究，制定整改措施，进一步核查是否存在违规违纪行为，根据具体情况进行处理处罚，追究相关人员责任，形成会议记录。

2.建立健全建设项目内部控制制度。

3.尚未支付工程款的，核减工程造价。

4.已支付工程款的，收回多付的工程款并进行会计调账处理。

审计案例075

虚报工程量骗取财政资金

某航道整治工程全长31公里，工程初步设计概算约5.70亿元。该项目通过公开招标方式，由A公司中标。疏浚工程于2020年5月开工，淤泥采用陆上抛卸方式，将淤泥卸于该市××岛的3个卸泥区，2021年4月完成交工验收。从监控系统反映的船舶轨迹看，A公司的抛泥船绝大部分航行轨迹与运至卸泥区的运泥路线不符，该项目涉嫌乱抛泥。现场查看发现，卸泥区填埋的主要是黄泥，而非含水量高的淤泥。审计采取核实运泥船轨迹路线的方法计算卸泥工程量。该航道疏浚工程项目施工船舶共76条，其中仅35条船舶受系统监控有轨迹路线，审计同时参考船讯网、××海事局等第三方提供的轨迹资料进行补充。经逐日逐次核实，该项目疏浚船舶抵达卸泥区共1235船次，卸泥总量共79.35万立方米，远小于施工图设计批复的航道疏浚净量835.75万立方米。建设单位与施工单位结算的卸泥工程结算量与实际工程量严重不符，涉嫌虚报卸泥工程量约756.40万立方米，涉及工程费用约24835.30万元。

相关财经法律法规

上述做法不符合《建设工程质量管理条例》（中华人民共和国国务院令第279号）的有关规定。

《建设工程质量管理条例》第二十八条：“施工单位必须按照工程设计图纸和施工技术标准施工，不得擅自修改工程设计，不得偷工减料。施工单位在施工过程中发现设计文件和图纸有差错的，应当及时提出意见和建议。”

财务风险防控对策

完善长效监督检查机制。

1.单位和部门要完善内部监管制度。对本单位、本部门的财务报销及相关的财务情况进行定期与不定期的监督检查，对查出的问题及时予以整改落实。同时，加强本单位、本部门的财务信息公开公示，接受干部职工的监督，减少财务违规问题的发生。

2.建立单位与职能监督部门共同监督制度。单位和部门要联合职能监督部门对本单位、本部门的财务情况进行监督检查，通过其专业的检查，对存在的问题实行清单式整改落实，举一反三，切实规范财务行为。

3.建立长期监督检查制度。把对财务报销以及其他财务核算、财务监管行为的监督检查，作为一项工作固定下来，形成制度，经常查、反复查、事事查、件件查，切实杜绝违规行为的发生。

审计案例076

未按照设计图纸和技术标准施工，在施工中偷工减料或降低强制性建设标准

审计抽查发现，某地部分政府投资项目存在施工方未严格按照合同约定进行施工，监理单位未全面履行监督责任，建设单位和财政部门验收、审核把关不严等现象，工程偷工减料，多结算工程款，造成财政资金损失浪费。一是某公园整治改造工程。该工程道路沥青罩面的设计及竣工结算厚度为6厘米，经审计组现场6处抽芯检测，实际厚度分别为5厘米、5厘米、4厘米、3厘米、2.5厘米、3厘米，平均厚度为3.75厘米，据此推算，施工方通过偷工减料，该单项工程多结算工程款570万元。此外，西门右侧挡土墙现场实际未按照竣工图要求贴烧面芝麻灰花岗岩，该单项工程多结算工程款110万元。以上两项合计多支付财政资金680万元。二是某海堤加固工程。该工程设计及竣工结算的泥结石厚度为20厘米，经审计组现场随机抽取11处进行厚度检测，有5处为20厘米、1处为8厘米、3处为5厘米、1处为3.5厘米、1处为1厘米，平均厚度为11.6厘米，据此测算，施工方通过偷工减料，该单项工程多支付财政资金150万元。三是某中学高中部扩建工程。该工程在包干总价之外，另计学生食堂、学生宿舍场地换填的山皮石压实作为稳定层的费用42万元。学生宿舍每个房间少做1套洗手池、洗脸盆等，学生食堂排水管未安装天面刚性防水套管，多计工程造价240万元。

相关财经法律法规

上述做法不符合《中华人民共和国建筑法》的有关规定。

《中华人民共和国建筑法》第五十四条："建设单位不得以任何理由，要求建筑设计单位或者建筑施工企业在工程设计或者施工作业中，违反法律、行政法规和建筑工程质量、安全标准，降低工程质量。"第五十八条："建筑施工企业对工程的施工质量负责。建筑施工企业必须按照工程设计图纸和施工技术标准施工，不得偷工减料。工程设计的修改由原设计单位负责，建筑施工企业不得擅自修改工程设计。"第五十九条："建筑施工企业必须按照工程设计要求、施工技术标准和合同的约定，对建筑材料、建筑构配件和设备进行检验，不合格的不得使用。"第七十四条："建筑施工企业在施工中偷工减料的，使用不合格的建筑材料、建筑构配件和设备的，或者有其他不按照工程设计图纸或者施工技术标准施工的行为的，责令改正……造成建筑工程质量不符合规定的质量标准的，负责返工、修理，并赔偿因此造成的损失；构成犯罪的，依法追究刑事责任。"

财务风险防控对策

1.施工管理过程中严格打表，尤其是针对分部分项目工程验收，要求相关责任主体负责人员到场核实确认，在确保工程每一施工阶段无偷工减料等质量问题后，再推进下一阶段施工。

2.确保甲供材单位或者甲指分包单位施工质量合格及材料质量符合标准，保留好相关交付验收记录，避免后续发生质量问题争议时难以区分责任。

3.督促监理更好地发挥作用。可在监理委托合同中特别约定，若监理未尽审慎监理的责任，致使工程出现较严重的偷工减料的情况，监理单位须向发包人承担违约责任，违约金可考虑按偷工减料金额的比例进行计算。

4.发包人应将涉及工程量及价格确认的权利收归自己，不宜归监理人所有。

5.合同中尽量不约定对发包人不利的验收默示条款，如避免约定"发包人收到提交的竣工报告后未及时组织验收，视为已竣工验收合格"，并且在履行中要积极回应验收问题，如在收到竣工报告时应积极、全面、尽职尽责地进行验收，若部分工程现场涉及专业问题，可以考虑先行组织预验收，再组织全面正式验收，以充分核实工程质量问题。

6.尽量不要在未验收合格的情况下提前使用工程。

7.发生需保修事项，首先应以书面方式通知施工单位限期到现场维修处理，并保留全过程沟通记录与通知送达凭证。在施工单位未及时保修的情况下，或多次维修（二次以上）无法修复的情况下，可委托第三方进行维修并明确告知施工单位将安排第三方进场且相关费用及损失均由施工单位承担，此时还必须对已书面通知的施工单位、维修过程（进场、修复方案出具等）与维修费用（包括但不限于发票、支付凭证等）的证据进行固定。

8.建立工程质保期台账，在保修期届满前，及时通知施工单位还需维修的项目，以防期限过了难以再追究保修责任。

审计案例077

审核把关不严，项目存在质量问题和安全隐患

广东某社会养老服务中心项目在工程质保期内，就出现30多处内墙泡水、墙皮严重脱落等情况，多栋建筑的外墙GRC装饰线条已开始脱落，楼下即为老年人活动的中心广场。在该项目设计方案中，各楼层连廊缺少排水通道，施工方也未及时指出并完善，下雨后人行道积水严重，容易造成老年人滑倒等安全事故。

相关财经法律法规

上述做法属于《广东省实施〈中华人民共和国政府采购法〉办法》中的“依照有关法律、法规的规定处理”事项有关规定。

《广东省实施〈中华人民共和国政府采购法〉办法》第七十条：“供应商提供的货物、工程或者服务存在质量问题的，依照有关法律、法规的规定处理。”

财务风险防控对策

1.召开党委（党组）会议专题研究，制定整改措施，进一步核查是否存在严重质量问题或违规违纪行为，根据具体情况采取相应纠正、处理处罚措施，追究相关人员责任，形成会议记录。

2.严格按图施工，落实建筑材料、试块检验、检测制度。严格落实工程监理制度，落实好监理工程师审核签字制度。

3.主管部门、监督机构加强工程质量监督检查，畅通投诉举报渠道，严厉打击各类偷工减料违法违规行为。

4.建立健全建设项目内部管理制度，查找薄弱环节，完善审核机制。

5.在今后工程建设中严格审核把关，避免财政资金损失。

审计案例078

竣工决算严重滞后

某医院新建项目于2018年4月投入使用，截至2022年底尚未编制竣工财务决算报表，未送达省财政评审中心进行结算审核，工程项目竣工决算严重滞后，也未及时结转固定资产，造成单位资产规模不准确，部分重要施工资料也存在因保管不善而散失的风险。

相关财经法律法规

上述做法不符合财政部《基本建设财务管理规定》（财建〔2002〕394号）和财政部《行政单位财务规则》（中华人民共和国财政部令第113号）的有关规定。

《基本建设财务管理规定》第三十七条：“建设单位及其主管部门应加强对基本建设项目竣工财务决算的组织领导，组织专门人员，及时编制竣工财务决算。设计、施工、监理等单位应积极配合建设单位做好竣工财务决算编制工作。建设单位应在项目竣工后3个月内完成竣工财务决算的编制工作。……”

《行政单位财务规则》第三十二条：“……在建工程达到交付使用状态时，应当按照规定办理工程竣工财务决算和资产交付使用，期限最长不得超过1年。”

财务风险防控对策

在竣工决算的编制过程中，为了避免出现问题，应严格执行建设项目竣工验收制度，正确核定新增固定资产价格，考核分析投资效果，建立经济责任制，所有新建、扩建等建设项目竣工后，都应及时、完整、正确地编制好竣工决算。

为做好竣工决算的编制，应做好以下工作：按照有关规定及时组织竣工验收并及时编制竣工决算。这是对建设工程的全面考核，所有工程项目按照批准的设计文件所规定的内容建成，具备投产及使用条件的应及时组织验收，验收中出现的问题应及时解决，以保证建设项目按时使用和及时编制竣工决算。积累、整理竣工项目资料，保证竣工决算的完整性，是编制竣工决算的基础工作，为编制竣工决算提供完整的数据资料，为投产后加强固定资产管理提供依据，关系到竣工决算的完整性和质量的好坏；认真清理、核对各项账目，保证竣工决算的正确性。

审计案例079

建设工程竣工未组织验收或验收不合格擅自交付使用

截至2022年底，某单位的服务大楼修缮工程项目累计支付款项5092万元，相关项目已交付使用。但审计发现，该项目消防验收未通过，存在安全隐患；且部分建设内容超出红线范围，属于违章建筑。

相关财经法律法规

上述做法不符合《中华人民共和国建筑法》和《政府投资条例》的有关规定。

《中华人民共和国建筑法》第六十一条："交付竣工验收的建筑工程，必须符合规定的建筑工程质量标准，有完整的工程技术经济资料和经签署的工程保修书，并具备国家规定的其他竣工条件。建筑工程竣工经验收合格后，方可交付使用；未经验收或者验收不合格的，不得交付使用。"

《政府投资条例》第二十五条："政府投资项目建成后，应当按照国家有关规定进行竣工验收，并在竣工验收合格后及时办理竣工财务决算。……"

财务风险防控对策

基建工程的竣工验收工作，是国家建设工程的一个重要步骤，容不得半点懈怠。组织竣工验收，要符合国家验收工作标准，严格按照国家标准展开工作。具体来说要做到以下几点：

1.提升决算意识，履行决算职能。建设单位要重视基本建设项目竣工财务决算工作，加强对竣工财务决算的组织领导，加强法律法规和相关制度学习，确保制度办法贯彻落实到位。同时，注重竣工财务决算管理，增强单位财务、工程部门间的沟通协作，及时编制竣工财务决算，保证竣工财务决算的真实、完整、准确。

2.规范会计核算，强化部门监管。按照《基本建设财务规则》《政府会计制度》等规定，建设单位要进一步规范会计核算工作，加强对各项账务处理及财产物资的盘点核实，做到账账、账证、账实、账表相符，保证会计信息质量。另外，财政等部门要加大业务指导和监管力度，有效提高建设单位基本建设财务管理水平。

3.实现"应转尽转"，完善资产管理。具备转固条件的竣工项目，加快办理转固手续。同时，逐步建立健全资产管理长效机制，加强对本单位固定资产、公共基础设施等资产的管理，促进资产管理提质增效。

4.厘清资产权属，明确移交流程。对于"建、使、管"分离的资产，相关部门应健全完善资产移交制度，明确部门职责及移交流程，促进资产管理制度化、规范化。资产管理人、使用人发生变化时，依据核定的资产价值，及时办理资产交接手续，并加强资产日常维护管理，定期对资产进行盘点、对账，维护资产安全完整。

审计案例080

将重要材料和设备挪用于其他项目

某试验项目建设一个钢结构主体，钢结构材料属于甲供材料，预算工程量56吨，而实际领用69吨，超领13吨，超领的甲供材料被建设单位挪用到其他项目。超领部分应当从施工单位的结算中扣除，并核减项目的建设投资。

相关财经法律法规

上述做法不符合《建设工程价款结算暂行办法》（财建〔2004〕369号）的有关规定。

《建设工程价款结算暂行办法》第十三条："工程进度款结算与支付应当符合下列规定：……（三）工程进度款支付。1.根据确定的工程计量结果，承包人向发包人提出支付工程进度款申请，14天内，发包人应按不低于工程价款的60%，不高于工程价款的90%向承包人支付工程进度款。按约定时间发包人应扣回的预付款，与工程进度款同期结算抵扣。……"

财务风险防控对策

基建工程涉及范围广、周期长，出现设计变更的情况屡见不鲜。发生设计变更时，相应地会产生工程造价的变更。在这种情况下，加强设计变更工程成本控制就显得非常重要。管理人员在工程变更程序上要依法进行，确保资料齐全、签字完整，为工程签证提供可靠的参考依据。因工程变更影响工期时，相应的人材机（人工费用、材料、机具）使用情况都会随之变动，管理人员要做好证据的收集工作，造成的损失应进行合理索赔。因工程变更造成工程量增加时，应严格按照合同约定进行相关程序的办理，强化与施工单位、监理单位之间的协调，确保工程变更的有效实施。

审计案例081

虚列待摊投资和工程投资

某项目的其他工程费中计列了15万元的会议费用，报销申请上注明为某专家讨论会的费用，但经查，该会议无会议时间、地点、人员到场记录、会议纪要等，也没有发票。

相关财经法律法规

上述做法不符合《中华人民共和国会计法》和《基本建设财务规则》（2016年财政部令第81号发布，2017年财政部令第90号修正）的有关规定。

《中华人民共和国会计法》第九条："各单位必须根据实际发生的经济业务事项进行会计核算，填制会计凭证，登记会计账簿，编制财务会计报告。任何单位不得以虚假的经济业务事项或者资料进行会计核算。"

《基本建设财务规则》第三十五条："在编制项目竣工财务决算时，项目建设单位应当按照规定将待摊投资支出按合理比例分摊计入交付使用资产价值、转出投资价值和待核销基建支出。"

财务风险防控对策

待摊投资支出是指建设单位按照批准的建设内容发生的，应当分摊计入相关资产价值的各项费用和税金支出。它是建设单位基本建设工程的一项重要建设费用支出，贯穿整个建设工程项目的始终。因此，正确核算、合理分摊此项费用是交付使用资产成本的基础，也是做好工程财务竣工决算的重要一环。然而，在实际工作中建设单位基建财务人员对于很多项目不按单项工程分摊，或简便操作按建筑面积作为分摊基数，甚至出现不应分摊的也进行了分摊等情形。因此，要提高基建管理水平及强化基建财务核算，准确把握好各项费用归集，切实提高工作质量，沉着应对基建管理中出现的各种问题，及时采取有效措施，防止虚列工程费用，确保真实、合法、合规。

审计案例082

待摊费用分摊不合理、不合规

某建设项目采用的主要材料、机械甲供，施工单位出人工和辅助性机械材料，在项目决算时，建设单位计列的材料量远大于工程实际需要量。后经调研发现，该项目将大量的生产用材料也计入工程建设费用中，虽然项目没有出现超概算，但将不属于项目投资的费用计入项目建设费用，违反了财务管理制度。

相关财经法律法规

上述做法不符合《基本建设财务规则》（2016年财政部令第81号发布，2017年财政部令第90号修正）的有关规定。

《基本建设财务规则》第三十五条："在编制项目竣工财务决算时，项目建设单位应当按照规定将待摊投资支出按合理比例分摊计入交付使用资产价值、转出投资价值和待核销基建支出。"

财务风险防控对策

在实际工作中，很多建设单位将基建工作的重点放在工程施工过程管理上，对事前论证审核不够重视，从而导致项目管理不完善，危害工程质量。因此，建设单位应重视事前审核把关，保证在项目开始之前对其有一个合理的整体规划，确保后期管理工作合理开展。在开展项目之前，建设单位应进行实地勘察，制订科学、合理的项目设计实施方案，有效提高工程建设的效率和质量。

审计案例083

多列现场管理费，超标准列支业务招待费

某市政热力管线工程总长度3公里，热力管线全部甲供，管线涉及多种直径和规格，而且设计多次变更。在施工过程中，建设单位管理人员多次变动，并且没有对甲供材料的购买与发放做好详细记录，导致完工后甲供材料的统计出现重大偏差，结算工作被拖延了近两年。

相关财经法律法规

上述做法不符合财政部《基本建设项目建设成本管理规定》（财建〔2016〕504号）的有关规定。

《基本建设项目建设成本管理规定》第五条“项目建设管理费是指项目建设单位从项目筹建之日起至办理竣工财务决算之日止发生的管理性质的支出。包括：不在原单位发工资的工作人员工资及相关费用、办公费、办公场地租用费、差旅交通费、劳动保护费、工具用具使用费、固定资产使用费、招募生产工人费、技术图书资料费(含软件)、业务招待费、施工现场津贴、竣工验收费和其他管理性质开支。

项目建设单位应当严格执行《党政机关厉行节约反对浪费条例》，严格控制项目建设管理费。”

第六条：“行政事业单位项目建设管理费实行总额控制，分年度据实列支。……一般不得发生业务招待费，确需列支的，项目业务招待费支出应当严格按照国家有关规定执行，并不得超过项目建设管理费的5%。”

财务风险防控对策

健全现场管理制度是做好基建工程现场管理的保障，主要包括检查制度、专业管理制度、考核制度。

1.召开党委（党组）会议专题研究，制定整改措施，进一步核查是否存在违规违纪行为，根据具体情况给予处理处罚，追究相关人员责任，形成会议记录。

2.建立健全基建项目管理制度。

3.对于扩大开支范围问题，按规定进行会计调账处理。

4.对于超标准超范围列支费用问题，退还有关财政资金。

5.在今后工作中严格按国家规定的开支范围及标准执行。

审计案例084

超标准、超规模、超概（预）算建设

经发改部门批准立项，某医院2018年异地新建一处综合楼及其附楼、污水处理间等配套设施，该项目建筑面积11000平方米，总投资8000万元，于2022年12月竣工验收，竣工决算报告显示，项目实际总投资为1.50亿元。审计发现，一是超标准建设。概算按照普通办公用房原装修标准批复，但实际按照三级专科医院医疗专业用房建设标准进行装修，提高了装修材料的品牌档次，增加了手术室、供应室、洁净病房，并增加了手术室、供应室、实验室、制剂室等的部分配套医疗设备、设施。二是超范围建设。在装修改造过程中，列支了另一办公楼的大厅装修费及加设专用电梯和智能化设施等费用。上述超标准、超范围的建设内容，未见申请调整概算文件。

相关财经法律法规

上述做法不符合《基本建设财务规则》（2016年财政部令第81号发布，2017年财政部令第90号修正）的有关规定。

《基本建设财务规则》第十六条：“项目建设单位编制项目预算应当以批准的概算为基础，按照项目实际建设资金需求编制，并控制在批准的概算总投资规模、范围和标准以内。”

财务风险防控对策

1.召开党委（党组）会议专题研究，制定整改措施，进一步核查是否存在因管理不善、弄虚作假造成严重超概算或违规违纪行为，根据具体情况采取相应的纠正、处理处罚措施，追究相关人员的责任，形成会议记录。

2.建立健全建设项目内部控制制度。

3.符合处理条件的，按规定向主管部门报告，调整概算。

审计案例085

擅自减少、增加或改变建设内容

某局所属事业单位2022年新建一处办公楼，未经批准擅自扩大项目建设内容，增设地下停车位共计144个，涉及投资价款1294万元。

相关财经法律法规

上述做法不符合发展改革委《中央预算内直接投资项目概算管理暂行办法》（发改投资〔2015〕482号）的有关规定。

《中央预算内直接投资项目概算管理暂行办法》第十三条："项目初步设计及概算批复核定后，应当严格执行，不得擅自增加建设内容、扩大建设规模、提高建设标准或改变设计方案。……"

财务风险防控对策

1.召开党委（党组）会议专题研究，制定整改措施，进一步核查是否存在严重的质量问题或违规违纪行为，根据具体情况采取相应的纠正、处理处罚措施，追究相关人员的责任，形成会议记录。

2.建立健全建设项目内部管理制度，查找薄弱环节，完善审核机制。

3.在今后的工程建设中，严格审核把关，避免财政资金损失。

审计案例086

信息化项目论证不充分，未按规定办理立项审批手续

广东A事业单位2020年9月开展一项信息化专业软件开发项目，未报经政府部门办理立项审批手续，仅经过单位开会，召集业务部、财务部、办公室等部门内部人员进行立项、论证，便组织采购并签订合同，涉及合同金额480万元。

相关财经法律法规

上述做法不符合《广东省人民政府办公厅关于印发〈广东省省级政务信息化项目管理办法〉的通知》（粤府办〔2020〕9号）的有关规定。

《广东省省级政务信息化项目管理办法》第八条："……省各有关单位所有政务信息化项目，均应在管理平台报批或者报备，实现统一管理。"第十二条："专业类项目立项流程……（二）组织评审。省政务服务数据管理局组织专业类项目造价审核和专家委员会评审后，将项目方案及评审意见报送省财政厅。"

财务风险防控对策

目前，政务信息化项目"建无所用，用无所效"的现象屡见不鲜，堵点项目、烂尾项目司空见惯，政务信息化风险评估结果对于识别、分析、应对项目风险有着重要的指导作用，实用价值显著。风险评估和论证的重点应包括以下四个方面：

1.数据互联互通，流程精细化，信息系统有力支撑全流程业务。

2.法规、制度、标准、指南等被植入系统流程中，与容错机制共同实时发挥作用，实现过程质量控制。

3.纸质记录不再产生或极少产生，数据成为可靠的行为记录。

4.管理者的管理方式转到线上，以高质量大数据为管理决策提供支持，持续改进管理工作等。

审计案例087

未按照审批需求实施，擅自变更建设内容

2021年1月9日，某单位运用公开招标的方式对某业务信息系统升级改造项目进行招标，经过招投标，该单位与相关中标单位签订项目开发合同，合同金额为479.3万元。2021年12月2日，该项目验收通过。

审计发现，该项目验收报告未具体反映每一项技术、服务、安全标准的履约情况，也未按合同签订的建设内容进行验收。经现场延伸发现，实际建设内容比招标文件和合同内容减少了优抚、社会事务、老龄工作、基层政权四个业务子系统的开发，也减少了安置、区划地名、社会福利子系统部分功能的开发，同时减少了实现网上办事大厅服务的97项内容，相关业务部门并未向单位领导汇报或办理变更项目建设内容。截至2022年底，项目维护满一年支付尾款后，已按照合同约定支付全款，多付调减项目款40多万元。

相关财经法律法规

上述做法不符合《国务院办公厅关于印发国家政务信息化项目建设管理办法的通知》（国办发〔2019〕57号）的有关规定。

《国家政务信息化项目建设管理办法》第二十二条："项目建设单位应当严格按照项目审批部门批复的初步设计方案和投资概算实施项目建设。……"第二十三条："项目投资规模未超出概算批复、建设目标不变，项目主要建设内容确需调整且资金调整数额不超过概算总投资15%，并符合下列情形之一的，可以由项目建设单位调整，同时向项目审批部门备案：（一）根据党中央、国务院部署，确需改变建设内容的；（二）确需对原项目技术方案进行完善优化的；（三）根据所建政务信息化项目业务发展需要，在已批复项目建设规划的框架下调整相关建设内容及进度的。不符合上述情形的，应当按照国家有关规定履行相应手续。"

财务风险防控对策

1.建设单位要配备专业技术人员，加强信息化变更的审核把关。除了监理

工程师外，建设单位还应配备懂工程技术、懂法律，具有施工经验和良好职业道德素质的专业人员一同进行现场管理，对具体工程变更事项的充分性和必要性进行审核，按程序进行申报审批。在实施过程中，做好重大变更事项跟踪检查，确保变更签证内容记录真实和翔实。

2.强化内部审计，从源头上进行监督。主管部门和建设单位的内部审计机构，应当承担起信息化项目审核监督职责，并且突出项目变更事项的监督。在专业力量不足的情况下，通过购买服务的方式，借用社会力量完成审计，既达到了监督和服务目标，又提高了效率。

3.加大追责问责力度。对因勘察、设计、监理等单位工作失误造成的变更，应由相关主管部门进行通报，并记入不良行为记录；对因建设单位违规造成的工程变更或弄虚作假的，由相关行政监管部门予以行政处罚，对问题严重或造成严重后果的，要追究责任单位和相关责任人的责任。通过加大追责问责力度，形成高压态势和震慑效果，不断规范工程变更行为，增强责任意识，有效控制工程造价和投资规模。

审计案例088

信息化项目重复建设

广东某单位2018年制定的信息化规划与已有信息系统衔接不到位，已建成的某审核平台、某监督系统、某考评系统等信息系统，自终验起至不再使用为止，使用时间不到9个月，相关功能已被某智慧平台的系统替代，涉及投入资金734万元。

相关财经法律法规

上述做法不符合《广东省人民政府办公厅关于印发〈广东省省级政务信息化项目管理办法〉的通知》（粤府办〔2020〕9号）和《党政机关厉行节约反对浪费条例》的有关规定。

《广东省省级政务信息化项目管理办法》第三条："省级政务信息化项目管理实行统一规划、统一标准、统一实施、统一运维、统一监督、统一评价，原则上省各有关单位不再单独、分散建设。"

《党政机关厉行节约反对浪费条例》第四十五条："党政机关政务信息系统建设应当统筹规划，统一组织实施，防止重复建设和频繁升级。建立共享共用机制，加强资源整合，推动重要政务信息系统互联互通、信息共享和业务协同，降低软件开发、系统维护和升级等方面费用，防止资源浪费。……"

财务风险防控对策

加快推进政务信息系统整合共享，破解"各自为政、条块分割、烟囱林立、信息孤岛"等问题，实现最大限度的利企便民，是建设服务型政府和推进政府治理现代化的现实需要。针对政府部门间"不愿共享""不懂共享""不能共享""不敢共享"等现实问题，应采取以下措施：一是强化约束激励，营造信息共享的组织文化；二是加强顶层设计，完善信息共享平台建设；三是规范标准体系，明确信息共享的责任义务；四是提升创新能力，筑牢信息共享防火墙。

审计案例089

部分信息化项目成为"僵尸"系统

广东A单位2018年投入125.8万元建设某公共信息服务平台系统，但自2018年12月该平台系统建设完成到2023年审计时止，数据从未更新，所有数据还是开发测试阶段的测试数据，该系统未正式投入使用。审计发现，由于缺乏科学的立项论证，该系统的数据接口未与其他系统对接，无任何实际的业务数据源接入，该系统建成后直接成为"僵尸"系统，但每年仍支付运行维护费18万元，财政资金使用绩效较差。

相关财经法律法规

上述做法不符合国务院印发的《政务信息资源共享管理暂行办法》（国发〔2016〕51号）、《广东省人民政府办公厅关于印发广东“数字政府”改革建设工作推进方案的通知》（粤府办〔2018〕9号）、《党政机关厉行节约反对浪费条例》的有关规定。

《政务信息资源共享管理暂行办法》第五条：“政务信息资源共享应遵循以下原则：（一）以共享为原则，不共享为例外。各政务部门形成的政务信息资源原则上应予共享，涉及国家秘密和安全的，按相关法律法规执行。……”

《广东省人民政府办公厅关于印发广东“数字政府”改革建设工作推进方案的通知》二、（三）：“10.清理‘僵尸’信息系统和推动专网应用迁移。落实省政府信息系统整合共享工作方案要求，完成对‘僵尸’信息系统的清理工作。”

《党政机关厉行节约反对浪费条例》第四十五条：“党政机关政务信息系统建设应当统筹规划，统一组织实施，防止重复建设和频繁升级。建立共享共用机制，加强资源整合，推动重要政务信息系统互联互通、信息共享和业务协同，降低软件开发、系统维护和升级等方面费用，防止资源浪费。……”

财务风险防控对策

要把技术革命的制度建设作为“一把手”工程来抓。重点解决当前政务系统碎片化和标准不一的问题，强化省市县级各层面的统筹与协调：组织层面上，成立由省市县级主要领导任组长、副组长的网络安全和信息化领导小组，保证政策执行效果；制度层面上，建立运维规则，统筹平台整合；考核监督层面上，建立定期对信息系统运行情况进行绩效考核的机制，强化事前、事中、事后全过程链条监督。建立省市一级电子政务云平台，逐步实现存量非涉密信息系统向政务云平台的迁移。对于公共设施所采集的视频、图像等数据资源，在平台前端就进行数据分流，这样既避免了各部门涉密信息的外流，也实现了数据资源的充分利用和有效共享。

审计案例090

已建成的信息化项目不能互联互通，形成“信息孤岛”

某高校2020—2022年大搞信息化建设，各部门相继开发并应用了多套信息系统，包括项目管理系统、考勤考核及人事管理系统、资产管理使用系统、财务核算系统、学校重点地段及关键部位实时监控系统等。截至2022年底，除个别部门采用Excel管理外，其他部门已全部构建了系统且实现了信息化管理。但在信息化建设中，各部门各自为政，缺乏顶层设计和统一规划，各部门数据信息单元单独存放，部门间不能自动实现信息共享与交换，造成常常需要靠人工拷贝与外界进行信息交换的“窘相”。

相关财经法律法规

上述做法不符合《国务院办公厅关于印发国家政务信息化项目建设管理办法的通知》（国办发〔2019〕57号）和《党政机关厉行节约反对浪费条例》的有关规定。

《国家政务信息化项目建设管理办法》第三条：“国家政务信息化建设管理应当坚持统筹规划、共建共享、业务协同、安全可靠的原则。”第二十八条：“加强国家政务信息化项目建设投资和运行维护经费协同联动，坚持‘联网通办是原则，孤网是例外’。部门已建的政务信息化项目需升级改造，或者拟新建政务信息化项目，能够按要求进行信息共享的，由国家发展改革委会同有关部门进行审核；如果部门认为根据有关法律法规和党中央、国务院要求不能进行信息共享，但是确有必要建设或者保留的，由国家发展改革委报国务院，由国务院办公厅会同有关部门进行审核，经国务院批准后方可建设或者保留。”

《党政机关厉行节约反对浪费条例》第四十五条：“党政机关政务信息系统建设应当统筹规划，统一组织实施，防止重复建设和频繁升级。建立共享共用机制，加强资源整合，推动重要政务信息系统互联互通、信息共享和业务协同，降低软件开发、系统维护和升级等方面费用，防止资源浪费。……”

财务风险防控对策

结合实际情况，对信息系统进行统一规划，明确信息需求，确定统一的系统运行环境、数据库系统、接口标准和规范，通过升级替换、建立接口、接入集成平台等方式，将旧系统中产生的数据导入新系统中，从而消除“信息孤岛”，以达到资源共享和协同工作的目的。

审计案例091

信息系统数据质量不高，难以满足管理需要

截至2022年底，广东某单位资产信息系统数据与单位实物台账数据（卡片）不一致，一是资产信息系统数据部分的关键信息填写不完整、不规范，如缺乏使用人、存放地点等信息；二是相关资产数据不真实、不准确、不完整，如新购进资产未登记、当年报废资产未注销等。

相关财经法律法规

上述做法不符合《中华人民共和国会计法》《会计基础工作规范》和广东省财政厅《关于进一步加强省直部门及下属单位行政事业国有资产管理的通知》（粤财资〔2017〕3号）的有关规定。

《中华人民共和国会计法》第十七条：“各单位应当定期将会计账簿记录与实物、款项及有关资料相互核对，保证会计账簿记录与实物及款项的实有数额相符、会计账簿记录与会计凭证的有关内容相符、会计账簿之间相对应的记录相符、会计账簿记录与会计报表的有关内容相符。”

《会计基础工作规范》第六十二条：“各单位应当定期对会计账簿记录的有关数字与库存实物、货币资金、有价证券、往来单位或者个人等进行相互核对，保证账证相符、账账相符、账实相符。对账工作每年至少进行一次。（一）账证核对。核对会计账簿记录与原始凭证、记账凭证的时间、凭

证字号、内容、金额是否一致，记账方向是否相符。（二）账账核对。核对不同会计账簿之间的账簿记录是否相符，包括：总账有关账户的余额核对，总账与明细账核对，总账与日记账核对，会计部门的财产物资明细账与财产物资保管和使用部门的有关明细账核对等。（三）账实核对。核对会计账簿记录与财产等实有数额是否相符。包括：现金日记账账面余额与现金实际库存数相核对；银行存款日记账账面余额定期与银行对账单相核对；各种财物明细账账面余额与财物实存数额相核对；各种应收、应付款明细账账面余额与有关债务、债权单位或者个人核对等。”

《关于进一步加强省直部门及下属单位行政事业国有资产管理的通知》：“二、进一步加强资产处置和出租出借管理。（一）规范资产日常管理。……做好资产建账、核算和登记工作，充分利用资产管理信息系统，定期或者不定期进行清查盘点，保证账账相符、账实相符、账卡相符。年度终了，进行全面清查盘点，及时处理资产盘盈、盘亏。”

财务风险防控对策

1.在系统规划阶段，应坚持整体规划、科学适用、成本效益等原则，统一制定信息化建设规划，明确信息化总体目标和分阶段任务，有计划分步骤组织实施，做到与业务信息化规划同步、系统集成、标准统一、信息共享。

2.在系统分析和设计阶段，要注重信息系统之间的数据交换和共享，构建类似数据资源调度中心，掌握数据资源目录，即各个信息系统都有什么信息、这些信息的共享条件、信息分级标准等，然后根据这些信息，建立共享授权机制，实现信息资源的及时传输与应用。

3.在系统建设阶段，系统建设目标既要结合业务拓展方向，有适度的前瞻性，又要充分考虑基层单位的需求。在系统建设方的选择上，选择与具有丰富实践经验的建设方进行合作，这样能极大地避免系统功能建设与用户方实际业务不符的情况，同时也能减少建设方在业务调研时所花费的时间，从而提高项目建设效率。

4.在系统应用阶段，一方面要通过适时开展培训，加深工作人员对新系统的认知，提高系统操作熟练度，再结合系统信息化优势，推动业务系统根据业务发展的需要不断优化升级；另一方面要重视数据安全和系统安全，要建立系统安全监控与巡检功能，要求运维方支持按需提供7×24小时安全专家在线值守，对安全事件进行及时响应。

本章小结

借助数据工具夯实基建工程，防范风险问题发生

党的十八大以来，在以习近平同志为核心的党中央的坚强领导下，我国在新经济、新基建、5G等方面取得历史性成就，并提出创新、协调、绿色、开放、共享的新发展理念，对数字中国建设进行整体布局规划，推进数字技术与经济、政治、文化、社会、生态文明建设深度融合。

行政事业单位在基建工程、信息化建设方面取得举世瞩目的成绩，但在发展过程中仍存在一些问题，继续优化和完善行政事业单位公共服务职能、强化基建工程和信息化建设管理，成为提高单位管理水平和风险防范能力的重要一环。

问题存在的原因主要在于：一些单位、地方政府部门在项目前期立项、可行性研究阶段就敷衍了事，看钱吃饭；在项目的六大阶段（项目建议书和可行性研究阶段、初步设计阶段、施工图设计阶段、招投标阶段、合同实施阶段、竣工验收阶段），内控流于形式，不相容岗位不相分离。同时，投资控制是工程、信息化项目管理的重点和难点，在工程项目的不同阶段，项目投资有估算、概算、预算、结算和决算等，一般情况下，结算是决算的组成部分，是决算的基础，决算不能超过预算，预算不能超过概算，概算不能超过估算。但长期以来，一些领导干部违规插手干预工程、信息化招投标，导致围标串标、违法转包等现象，严重影响公平竞争的市场秩序。特别是假招标、假投标、假评标等违法行为，经过改头换面、层层包装披上看似“合法”的外衣，极具隐蔽性和迷惑性，尤其需要警惕。

1.假招标

（1）量身定制。表面上看，什么事都走了程序，但招标过程中设定了明显的倾向性条件。笔者通过梳理党的十八大以来各地通报的违规招标案例发

现，在招标条件上“搞小动作”的并不少见，有的在企业资质上做文章，有的在业绩上造假，有的在投标履约保证金上大幅提高门槛等，其目的都是限制、排斥潜在投标人，从而为意向投标人大开方便之门。

（2）找人代理。一些单位选择招标代理公司承担招投标工作，看似客观中立，实则暗藏猫腻。招投标期间，单位串通多家公司多名人员，通过安排招标代理机构、泄露招标信息等方式，帮助意向投标人以最低价中标。

2.假投标

招标的目的是通过公开发布信息，获得多家投标者参与竞争，以择优中标。然而，在招投标市场上，少数违法分子却大肆围标串标牟取利益，如一些具有施工资质的企业出卖“资质”供他人投标，为围标串标提供生存土壤，除了雇人假投标，还出现了标书靠复制、业绩靠拼凑的现象；有的招标代理公司为了争抢市场，甚至甘当建设单位的“白手套”。

3.假评标

评标专家是招投标过程中对提交的资格预审申请文件和投标文件进行审查或评审的专业人员。在实际工作中，一些企业通过各种渠道“围猎”评标专家，少数评标专家底线失守，坐收渔利，没有做到公平公正。目前采取评标前随机抽选专家的方式，但是在一些地方，数据库的专家人数有限，获得专家名单并不难，评标专家一旦收受贿赂，招投标结果也就少了悬念，所以打点关系、“勾兑专家”成了工程、信息化招投标的潜规则。

针对上述问题，应持续加大力度整治，进一步提高招投标管理透明度，防止“暗箱操作”。特别要管住领导干部这个“关键少数”，深入查找其在招投标各环节的廉政风险点。进一步完善评标专家行为监督，严格招投标过程中专家的抽取、通知和进场程序，同时建立健全违规违纪取消资格的清出机制，对职业道德差的专家要严肃处理，确保评标公平公正。

作为一项综合性经济活动，我们在进行基建、信息化项目建设时，要综合施策，科学防范风险，不仅要从经济方面审查项目，而且要从管理程序、项目质量、投资效益等多个方面监督、评价项目本身的规范性、合理性、科学性以及交付使用后的效益性，这是一项监督环节多、流程长、内容较为复杂的工作。通过找准项目建设中的薄弱环节，达到规范建设行为，促进项目工期、质量、功能和投资最佳化，提高项目管理水平的目的。这些措施对于防止国有资产流失、杜绝“暗箱操作”、预防职务犯罪等都将起到积极而有效的作用。

社会主义是干出来的，新时代是奋斗出来的。在中国式现代化的前进道路和时代坐标下，高质量发展至关重要。德鲁克说：“动荡时代最大的危险不是动荡本身，而是你仍然用过去的逻辑在做事。”在这百年未有之大变局、世界形势更加复杂严峻的情形下，面对时代跃迁的数字未来，我们更应用数据思维去观察、分析和研判，锐意进取，应变求变，借助数据工具科学决策，优化流程与制度，防范各类风险问题的发生。实现全面贯彻新发展理念，借助数智工具创新驱动带动制度创新、管理创新、监督考核创新，从而更好地形成发展新质生产力。

第5章 公务支出和公款消费管理

矩不正，不可为方；规不正，不可为圆。

——汉·刘安《淮南子·诠言训》

常见问题及表现：

1.违规发放津补贴
2.隐匿列支“三公经费”及会议费
3.出国考察团擅自改变行程，公款旅游
4.转嫁、摊派“三公经费”及会议费
5.违规配备、使用公务用车
6.借用、占用、换用下属单位或其他单位车辆
7.超标准购置公务车辆，豪华高档装修公务用车
8.违规“私车公养、公车私用”
9.违规组织或参加饭局
10.潜藏在机关食堂的公务接待
11.公款旅游
12.超标准装修办公场所
13.违规在五星级宾馆、风景名胜区开会培训
14.以培训为名召开会议，组织会餐、安排宴请、公款旅游及其他与会议、培训无关的参观活动
15.未经批准举办节会、庆典、论坛、研讨会、博览会、展会、运动会、赛会活动以及开展评比达标表彰活动等
16.超规定面积占有、使用办公用房，违规出租出借、租用办公用房，领导干部长期租用宾馆、酒店房间作为办公用房；超标准配置办公家具，擅自改变办公用房使用功能等
……

扫码获取
✔ 风险防控大讲堂
✔ 法条全文筑防线
✔ 审计课程助提升

审计案例092

违规发放津补贴——考核、考勤、评比等奖励金

某区党工委书记、管委会主任郝某某在已兑现市级目标责任考核奖金的情况下，以高新区目标责任考核为名，依据自行制定的标准，对管委会机关干部进行奖励，2020年至2022年累计发放奖金1309.6万元。

相关财经法律法规

上述做法不符合《中国共产党廉洁自律准则》和《中央纪委、中央组织部、监察部、财政部、人事部、审计署关于严肃纪律加强公务员工资管理的通知》的有关规定。

《中国共产党廉洁自律准则》第九十七条："违反有关规定自定薪酬或者滥发津贴、补贴、奖金等，对直接责任者和领导责任者，情节较轻的，给予警告或者严重警告处分；情节较重的，给予撤销党内职务或者留党察看处分；情节严重的，给予开除党籍处分。"

《中央纪委、中央组织部、监察部、财政部、人事部、审计署关于严肃纪律加强公务员工资管理的通知》："一、各地区、各部门、各单位必须坚决维护国家公务员工资政策的严肃性，自本通知下发之日起，一律不准以任何借口、任何名义、任何方式在国家统一工资政策之外新设津贴、补贴、奖金项目，一律不准提高现有津贴、补贴、奖金的标准和水平；一律不准以现金或其他任何形式发放新的福利。"

财务风险防控对策

1.召开党委（党组）会议专题研究，制定整改措施，进一步核查是否存在违规违纪行为，根据具体情况进行处理处罚，追究相关人员责任，形成会议记录。

2.建立健全内部管理制度。

3.退回多发的加班费、津补贴等。

4.在今后的工作中，严格执行工资津贴发放标准，严禁超标准、无依据发放行为的再次产生。

审计案例093

违规发放津补贴——值班、伙食补助

广东某局自行制定的《关于夜间值班补助纳入预算执行的通知》规定，自2016年起，按照工作日每人每晚50元、双休日每人每晚100元、节假日每人每晚150元的标准，发放夜班值班补助。截至2022年底，共发放补助123.40万元。同时，因单位没有食堂，无法解决工作餐问题，为此，该局自行参照出差伙食补助标准，以出差伙食补助形式为部分非本地正式职工发放工作津贴，其中2022年共发放15.03万元。

相关财经法律法规

上述做法不符合广东省人事厅、广东省财政厅《关于省直机关统一岗位津补贴有关经费使用管理的补充通知》（粤人发〔2003〕199号）的有关规定。

《关于省直机关统一岗位津补贴有关经费使用管理的补充通知》："五、关于加班值班的规定。机关工作人员（含编制内司机、后勤服务人员）因工作需要超时工作和节假日值班的，不发放加班费和值班费，由单位安排补休时间；符合条件的可以领取误餐费、夜餐费。"

财务风险防控对策

1.紧跟形势，做好单位的自查清理工作。进一步核查是否存在违规违纪行为，根据具体情况进行处理处罚，追究相关人员责任，退回多发的加班费、津补贴等。

2.做好单位内部的培训工作，统一思想。在今后的工作中，严格执行工资津贴发放标准，严禁超标准、无依据发放行为的再次发生。

3.做好单位业务的研究工作，具体问题具体分析，解决好单位职工的福利问题。

审计案例094

违规发放津补贴——招生工作补助

2012年至2019年，某县招生办擅自截留高考考生体检费、成人高考报名费等合计11.41万元，分设三个“小金库”，由徐某本人及安排他人分别保管，并从中列支招生工作补助5.32万元，徐某违规领取工作补助1.26万元。

相关财经法律法规

上述做法不符合《关于规范公务员津贴补贴问题的通知》（中纪发〔2006〕17号）的有关规定。

《关于规范公务员津贴补贴问题的通知》中的“实施办法”部分：“……（二）规范津贴补贴的资金来源和发放办法。1.收支脱钩。严格实行‘收支两条线管理’，实现个人收入与单位占有的国有资产和掌握的行政权力脱钩，对各项政府非税收入（含经营性收入），要坚决按照国家有关规定上缴国库或财政专户，由财政部门统收统支，统筹安排。……”

财务风险防控对策

1.政府采购、项目开发等行业主管部门要健全评审专家选聘、抽取、使用、监管、退出机制，防止利益冲突和廉洁风险。人社、财政等部门要加强调查研究，强化政策指导，在区分对象、行业特点及劳务内容的基础上，明确不同类别劳务费发放的范围、标准等要求，从制度层面规范劳务费的发放工作。

2.对于公职人员获取的劳务费是否合规，可从以下几个方面综合判断：一是是否经过单位批准。二是是否实际提供了劳务。三是提供的劳务是否是本职工作。四是是否影响公职人员的职务廉洁性，是否影响本职工作。五是资金来源是否合规，发放和领取行为是否有明确的政策依据，发放标准是否符合相关规定或行业标准。

3.对国有企事业单位专业技术人员领取劳务费的行为，要着眼于激发科研人员干事创业的积极性、创造性，此类人员经批准参加劳务活动，利用专业技术获取劳务报酬应依法予以保护。

审计案例095

违规发放津补贴——学校巧立名目

某公立学院2016年1月至2019年6月，巧立名目，滥发补贴酬金230万元。一是按照每人每月200元的标准，发放在职教职工福利补助费合计90万元，发放退休职工福利补助费15万元；二是按照每人500元的标准，发放校庆慰问金70万元；三是发放部门加班费和管理费合计45万元；四是发放寒假开门红、暑假开门红合计10万元。

相关财经法律法规

上述做法是按照《违规发放津贴补贴行为处分规定》（中华人民共和国监察部、中华人民共和国人力资源和社会保障部、中华人民共和国财政部、中华人民共和国审计署第31号令）应给予处分的行为。

《违规发放津贴补贴行为处分规定》第四条："有下列行为之一的，给予警告处分；情节较重的，给予记过或者记大过处分；情节严重的，给予降级或者撤职处分：（一）违反规定自行新设项目或者继续发放已经明令取消的津贴补贴的……"

财务风险防控对策

面对各类违规风险，单位应加强内部管理，规范职工福利发放项目，明确发放标准，严格发放审批程序，加强财务管理和内部控制，并建立长效化监督机制，从而为津补贴合规使用提供有力保障。

审计案例096

违规发放津补贴——重复领取津补贴

某杂志社2022年有3名在编人员已在其上级机关单位领取工资和补贴，但仍在杂志社重复领取绩效工资等其他补贴共65.28万元，其中，绩效奖励62.02万元、其他补贴2.23万元、通信费1.03万元。

相关财经法律法规

上述做法是按照《违规发放津贴补贴行为处分规定》（中华人民共和国监察部、中华人民共和国人力资源和社会保障部、中华人民共和国财政部、中华人民共和国审计署第31号令）应给予处分的行为。

《违规发放津贴补贴行为处分规定》第四条："有下列行为之一的，给予警告处分；情节较重的，给予记过或者记大过处分；情节严重的，给予降级或者撤职处分：……（十二）其他违反规定发放津贴补贴的。"

财务风险防控对策

1.规范津补贴发放项目。针对巧立名目违规发放津补贴问题，相关单位应出台有关规定，一律不准以任何借口、任何名义、任何形式自行新设津贴补贴项目；一律不准违反国家有关奖励规定，以各种名义向工作人员发放各类奖金；一律不准违反规定发放工作补贴、加班费、值班费等。

2.明确津补贴发放标准。对正当职工福利制定发放标准，明确不得违纪发放有价证券、实物或报销相关费用，不得以现金或其他非银行卡方式发放津补贴和绩效工资等。

3.严格津补贴发放审批程序。明确要求奖励性津补贴的发放须由所在单位提出，报经财政部门和组织部门、人力资源和社会保障部门批准后实施。同时，资金来源须严格遵守人社、财政部门规定，避免利用下属或管理服务对象进行“绕道”发放。

4.加强监督检查和建立长效机制。各单位要对津补贴政策进行全面梳理，列出国家机关和事业单位依法依规可发放的津补贴项目名录，划出政策界限和纪律红线，并在此基础上成立专门工作组，运用财政检查、审计监督、纪律检查、明察暗访等方式，加大日常监督检查力度。

审计案例097

违规发放津补贴——评审费、劳务费、稿酬、编辑费

2018年至2022年，某文联先后7次在其牵头组织开展的各类活动中，用单位办公经费和摄影、绘画大赛等活动经费违规向本单位干部职工发放评审费、劳务费5.13万元，违规发放信息奖2.46万元；在组织编印的某刊物中，虚列撰稿数量，以稿酬和编辑费的名义违规向干部职工发放福利7.16万元。

相关财经法律法规

上述做法不符合《关于规范公务员津贴补贴问题的通知》（中纪发〔2006〕17号）的有关规定。

《关于规范公务员津贴补贴问题的通知》：“三、工作要求……规范公务员津贴补贴后，各部门、各单位一律不准自行新设津贴补贴项目；一律不准自行提高津贴补贴标准和扩大实施范围；一律不准自行扩大有关经费开支范围和提高开支标准发放津贴补贴、奖金和福利；一律不准发放有价证券和实物。”

财务风险防控对策

报销业务财务核算违规，实行“处罚制”。报销业务核算违规包括不按会计制度规定的科目核算、有意隐瞒费用支出、对报销业务内容不审核把关、资金管理不规范等，对这些违规问题实行双重处罚，既处罚责任单位，也处罚相关责任人。通过加重处罚，促使责任单位和责任人重视核算和监管，杜绝核算违规行为发生。

审计案例098

无预算、超预算列支会议费

某单位2020年9月28日至30日在某国际会议中心召开“代表大会”，会期为2天，报到和返程各半天，合计3天；全程参会人数350人，另有80名特邀嘉宾参会半天（未住宿）。按照二类会议每人每天650元的标准，350名全程参会人员3天的会议费综合定额为68.25万元，80名特邀嘉宾半天的会议费综合定额为2.6万元，此次会议的会议费上限应为70.85万元，而该单位实际列支会议费83.85万元，超标准列支会议费13万元。

审计发现，造成会议费超标的主要原因是财务人员按照430人全程参会计算会议费预算。该次会议在实际执行中，还存在不注意节约支出、造成损失浪费的情况：一是租用的会议场地超出实际需求，各会场上座率均不足50%；二是未合理安排会议议程，由于对会议场地按照每节（4个小时）进行收费的要求考虑不充分，存在个别会地仅使用15分钟也支付4个小时费用的情况。

相关财经法律法规

上述做法不符合《中华人民共和国预算法》的有关规定。

《中华人民共和国预算法》第五十七条：“……各级政府、各部门、各单位的支出必须按照预算执行。……”

财务风险防控对策

1.召开党委（党组）会议专题研究，制定整改措施，进一步核查是否存在违规违纪行为，根据具体情况进行处理处罚，追究相关人员责任，形成会议记录。

2.建立健全支出内部管理制度。

3.编制下年预算时做好经费测算，在核定的经费预算内安排支出，确需调整预算的，要按规定程序报批。

审计案例099

变通手法——在物业管理费中隐匿车辆运行维护费

某单位2022年在向所属机关服务中心支付的物业管理费中，列支了1笔车辆保管费41万元，这笔费用实际为公务车停车费。

相关财经法律法规

上述做法不符合《中共中央办公厅 国务院办公厅关于党政机关厉行节约若干问题的通知》（中办发〔2009〕11号）的有关规定。

《中共中央办公厅 国务院办公厅关于党政机关厉行节约若干问题的通知》："八、严禁党政机关以各种名义向企事业单位转嫁、摊派和报销费用。……"

财务风险防控对策

1.加强思想教育，转变行政理念。"三公"经费管理存在问题，首要责任在于领导干部。相关部门应不断开展法制与廉政教育，对讲排场、比奢侈、比阔气的"享乐主义"思想和挥霍浪费行为进行作风整顿，促使各级干部自觉抵制各种诱惑，牢固树立艰苦奋斗、勤俭节约的良好作风，真正做到清正廉明、洁身自好。

2.强化预算管理，加强源头控制。一是完善预算管理机制。改进预算核算机制，改变基数法的预算核定方式，应在充分了解各部门、各单位情况的基础上，根据实际情况，合理确定“三公”经费的基本数字及定额，从而核定预算。二是严格预算执行。始终坚持预算刚性原则，强化预算的约束作用，防止资金使用过程中的随意性。严格按照预算安排支出资金，只有列入预算的“三公”经费，才能进行支付。三是严控预算追加。强化资金使用的计划性、科学性和严肃性，原则上预算不得追加“三公”经费。

审计案例100

变通手法——在往来科目中隐匿“三公”经费及会议费

某单位2023年2月冲销上年度挂账的往来款5万元，在车辆运行维护费中列支。审计发现，相关发票时间和审批时间均在2022年底，该单位2022年度公车运行维护费超出年度预算，通过延迟报销、挂账等方式隐匿实际已经支出的公车运行维护费5万元。

相关财经法律法规

上述做法不符合《行政单位会计制度》和《中华人民共和国预算法实施条例》（中华人民共和国国务院令第729号）的有关规定。

《行政单位会计制度》第十五条：“行政单位对于已经发生的经济业务或者事项，应当及时进行会计核算，不得提前或者延后。”

《中华人民共和国预算法实施条例》第八十三条：“各级政府财政部门、各部门、各单位在每一预算年度终了时，应当清理核实全年预算收入、支出数据和往来款项，做好决算数据对账工作。决算各项数据应当以经核实的各级政府、各部门、各单位会计数据为准，不得以估计数据替代，不得弄虚作假。……”

财务风险防控对策

无规矩不成方圆，要做好“三公”经费管理工作，必须建立健全相应的“三公”经费管理制度体系，让“三公”经费管理有规矩可循。

1.严格贯彻落实中央八项规定精神，加强“三公”经费管理。各行政事业单位应贯彻落实中央八项规定、“六项禁令”和反“四风”精神，切实采取有力措施，持续推动广大公职人员特别是领导干部把中央八项规定内化于心、外化于行。深刻领会习近平总书记关于厉行勤俭节约反对铺张浪费的重要批示精神，严格执行公务接待、公务用车配备使用、因公出国（境）等各项管理制度。

2.加大公车管理力度，加快推进公车改革步伐。严格按规定配备专车，不得擅自扩大专车配备范围或变相配备专车。坚持社会化、市场化方向，合理有效地配置公务用车资源，取消一般公务用车，适度发放公务交通补贴。对于保留的公务用车实行一车一档，对每一辆公车的加油、保险、维修进行详细记录，严格审核每辆公车的运行成本，保证公车购置、运行科学合理。同时，还应对公车实行标志管理，在车上喷涂专门的颜色和图案，并标注“仅供公务使用”字样和隶属部门的名称，接受社会监督，最大限度地减少公车私用现象的发生。

审计案例101

变通手法——向下属单位转嫁公务接待费用

某市文化局下属服务中心2023年支付公务接待费4万元，所附接待公函所列的接待单位为市文化局，接待审批清单上的经手人及审批人均为市文化局有关人员，并非服务中心人员。这笔费用实际上是市文化局的接待费用，市文化局当年接待费超出预算限额，便将相关费用转嫁给下属单位承担。

相关财经法律法规

上述做法不符合《行政单位会计制度》《中华人民共和国预算法实施条例》（中华人民共和国国务院令第729号和《关于进一步加强“三公”经费管理的通知》（粤财行〔2018〕153号）的有关规定。

《行政单位会计制度》第十五条：“行政单位对于已经发生的经济业务或者事项，应当及时进行会计核算，不得提前或者延后。”

《中华人民共和国预算法实施条例》第八十三条：“各级政府财政部门、各部门、各单位在每一预算年度终了时，应当清理核实全年预算收入、支出数据和往来款项，做好决算数据对账工作。决算各项数据应当以经核实的各级政府、各部门、各单位会计数据为准，不得以估计数据替代，不得弄虚作假。……”

《关于进一步加强“三公”经费管理的通知》：“四、规范公务接待行为和经费支出……禁止向下级单位及其他单位、企业、个人转嫁接待费用，禁止将违规公款吃喝费用混入饭堂等其他开支，禁止在非税收入中坐支接待费用。”

财务风险防控对策

公开“三公”经费是防止隐匿列支“三公”经费及会议费的一项有效措施，将“三公”经费晒在阳光下，公开透明地接受社会和民众的监督，是打造一个清正、廉洁、高效、透明政府的必然要求，也是提升政府公信力的必然要求。为了避免“三公”经费公开流于形式，应做好以下五个方面的工作。

1.在细化政府部门支出预算的基础上，向社会公开“三公”经费预算，让公众知道财政每年安排了某个单位多少资金用于“三公”消费，并附上详细说明。

2.公开“三公”经费预算执行结果，不仅要公开部门单位“三公”经费总体支出情况，还要公开“三公”经费每一笔支出的数额，并解释每一笔支出的用途，便于公众判断其是否合理、合规。

3.将专业的财务表格和术语转化为公众看得懂的格式和用词，让公众看得清楚、明白。

4.规范“三公”经费的公开内容，公布“三公”经费总数及人均数据。将出国费、接待费精确到“人次”，公车经费精确到具体“车辆”，公务接待费精确到“平均每餐”。

5.统一“三公”经费公开方式，建立定时定点公开公示制度。“三公”经费支出单位内部按月公开，每季度向社会公开，不仅在各自的门户网站上公布，还应在政府网站和机关媒体上统一发布，接受社会公众的广泛监督，使“三公”经费公开制度化、规范化。

审计案例102

通过旅行社或中介机构为出国（境）团组联系邀请函

某单位于2022年9月至12月先后两次向北京某公司支付赴法国、以色列的出国费用共247025元。该单位提供的资料显示，以色列方面的邀请函于2022年11月25日发出，法国方面的邀请函于2022年12月1日发出。

相关财经法律法规

上述做法不符合《中共中央办公厅 国务院办公厅关于坚决制止公款出国（境）旅游的通知》（中办发〔2009〕12号）的有关规定。

《中共中央办公厅 国务院办公厅关于坚决制止公款出国（境）旅游的通知》：“各级领导干部……不组织不参加各类公款出国（境）旅游活动。……审核审批部门要对因公出国（境）团组任务的必要性、报批材料的真实性、行程安排的合理性严格审核，切实防止以公务为名，行公款旅游之实。……五、严厉打击旅行社及中介机构为因公出国（境）团组联系或购买邀请函、编造虚假日程等行为。”

财务风险防控对策

随着“三公”经费预算的不断压缩，部门可支配的“三公”经费额度不断减少，有关部门对出国（境）管理也越来越严格，应当对国外行程、停留时间做重点审核。

1.按照谁派出谁负责的原则，强化因公出国（境）团组派出单位的责任。各派出单位要高度重视因公出国（境）管理工作，严格执行有关规定，杜绝弄虚作假和违规操作。

2.严厉打击旅行社及中介机构为因公出国（境）团组联系或购买邀请函、编造虚假日程等行为。旅游、工商等职能部门要加强监管，对违规操作的要依法处罚，情节严重的要取消其经营资格。

审计案例103

出国考察团擅自改变行程，公款旅游

某单位赴美国考察B团组共5人，考察行程安排是2023年8月10日启程到美国Y城市，8月25日返程，行程共15天。审计发现，该团组延长返程时间2天，实际报销经费16万元，超出批复的预算23%。报销凭单没有附相关住宿费、境外城市间交通费票据，只有一张旅行社开具的发票。审计延伸至相关旅行社，根据旅行社提供的行程单和相关的机票等资料，发现该考察团在美国考察期间，擅自改变原经审批的行程安排，于8月15日至17日专程前往美国拉斯维加斯，停留3天时间。该考察团提交的考察报告显示，8月15日至17日该考察团尚在执行考察任务。

相关财经法律法规

上述做法不符合《党政机关厉行节约反对浪费条例》的有关规定。

《党政机关厉行节约反对浪费条例》第十五条：“统筹安排年度因公临

时出国计划，严格控制团组数量和规模，不得安排照顾性、无实质内容的一般性出访，不得安排考察性出访，严禁集中安排赴热门国家和地区出访，严禁以各种名义变相公款出国旅游。严格执行因公临时出国限量管理规定，不得把出国作为个人待遇、安排轮流出国。严格控制跨地区、跨部门团组。”

财务风险防控对策

1.进一步提高对因公出访管理工作的认识，特别是要及时向各级党政机关、直属单位和相关部门传达中央、省等关于因公出访管理工作方面的文件及会议精神。各级党政领导干部要严格自律，带头学习和严格遵守因公出国（境）的各项规定。要把预防违规违纪的关口前移，在出访前加强对出访团组和人员的外事政策和纪律教育，提醒和督促出访人员在国外自觉遵守各项纪律规定。

2.经费要合规。财政部门要严格执行经费先行审核制度，从经费上严格约束，对无预算、超预算和使用预算外资金的因公出访申请，一律不得审核同意。不得挪用其他公共资金或由企事业单位出资或补助，不得向下属单位、企业或地方摊派、转嫁出国（境）费用。双跨团组参团人员出国（境）经费纳入其所在单位因公出国（境）经费预算。

3.出访团组负责人要切实负起责任，不得擅自更改行程，增加出访国家、地区或城市，延长境外停留时间。要将制止公款出国（境）旅游作为党风廉政建设责任制考核的一项重要内容，对发生用公款出国（境）旅游问题的，严肃追责问责。

审计案例104

将出国经费转嫁给下属单位

广东某单位2023年因公出国出访行程，仅报销了住宿费、伙食费、公杂费和其他费用共3万元，来回机票费用5万元在下属单位报销，未在本单位报销。

相关财经法律法规

上述做法不符合《关于进一步加强因公出国（境）管理的若干规定》（中办发〔2008〕9号），《因公临时出国经费管理办法》（财行〔2013〕516号），《中华人民共和国预算法》和《关于进一步加强“三公”经费管理的通知》（粤财行〔2018〕153号）的有关规定。

《关于进一步加强因公出国（境）管理的若干规定》：“（一）预算管理……（二）经费核销管理。财务部门应严格根据经费预算和财政部制定的临时出国人员费用开支标准及管理办法审核出国（境）费用。出国（境）人员报销时，应提供出国（境）任务批件和护照等证件（包括签证、签注和出入境记录）复印件及费用明细单据。财务部门按照批准的人数、天数、路线、公务活动情况、经费计划等进行核销，不得核报与公务无关的开支和计划外发生的费用。党政机关干部因公出国（境）不得以任何形式由企事业单位出资或补助，不得向下属单位、企业和地方摊派、转嫁出国（境）费用。”

《因公临时出国经费管理办法》第四条：“因公临时出国经费应当全部纳入预算管理，并按照下列规定执行：……（二）各地区各部门各单位应当加强预算硬约束，认真贯彻落实厉行节约的要求，在核定的年度因公临时出国经费预算内，务实高效、精简节约地安排因公临时出国活动，不得超预算或无预算安排出访团组。确有特殊需要的，按规定程序报批。”第六条：“各地区各部门各单位出国经费的支付，应当严格按照国库集中支付制度和公务卡管理制度的有关规定执行。各地区各部门各单位应当严格执行各项经费开支标准，不得擅自突破，严禁接受或变相接受企事业单位资助，严禁向同级机关、下级机关、下属单位、企业、驻外机构等摊派或转嫁出访费用。”

《中华人民共和国预算法》第十三条：“经人民代表大会批准的预算，非经法定程序，不得调整。各级政府、各部门、各单位的支出必须以经批准的预算为依据，未列入预算的不得支出。”第五十七条：“……各级政府、各部门、各单位的支出必须按照预算执行，不得虚假列支。”

《关于进一步加强“三公”经费管理的通知》：“二、抓好因公出国（境）经费管理和控制……严禁接受或者变相接受企事业单位资助，严禁向同级机关、下级机关、下属单位、企业、驻外机构等摊派或转嫁出访费用。”

财务风险防控对策

财政部门要严格执行经费先行审核制度，从经费上严格约束，对无预算、超预算和使用预算外资金的因公出访申请，一律不得审核同意。不得挪用其他公共资金或由企事业单位出资或补助，不得向下属单位、企业或地方摊派、转嫁出国（境）费用。双跨团组参团人员出国（境）经费纳入其所在单位因公出国（境）经费预算。

审计案例105

违规配备、使用公务用车

公车主管部门核定H部门一般公务用车编制为8辆，财政部核定其执法执勤用车编制为45辆。截至2021年底，H部门本级实有车辆61辆，超编制配备公务用车8辆。另外，H部门超标准配备公务用车7辆，有4辆排气量超标准，3辆价格超标准。此外，该单位党组成员、副局长王某某2022年在操办其母亲丧事过程中违规使用公务用车。

相关财经法律法规

上述做法不符合《机关事务管理条例》《党政机关厉行节约反对浪费条例》和《党政机关公务用车管理办法》的有关规定。

《机关事务管理条例》第三十二条：“违反本条例规定，有下列情形之一的，由上级机关责令改正，并由任免机关或者监察机关对责任人员给予警告处分；情节较重的，给予记过或者记大过处分；情节严重的，给予降级或者撤职处分：（一）超预算、超标准开支公务接待费、公务用车购置和运行费、因公出国（境）费，或者挪用其他预算资金用于公务接待、公务用车购置和运行……”

《党政机关厉行节约反对浪费条例》第二十九条：“根据公务活动需要，严格按规定使用公务用车，严禁以任何理由挪用或者固定给个人使用执法执勤、机要通信等公务用车，领导干部亲属和身边工作人员不得因私使用配备给领导干部的公务用车。”

《党政机关公务用车管理办法》第十六条：“党政机关应当加强公务用车使用管理，严格按照规定使用公务用车，严禁公车私用、私车公养，不得既领取公务交通补贴又违规使用公务用车。”

财务风险防控对策

公务用车改革的编制批复后，部门应严格按照批复的编制数配备公务用车。严格按照公务用车编制数控制部门实有公务用车数量，是压缩公务用车运行维护费的基础。如发现超编车辆非本部门自行购置，还应进一步追查车辆的来源，并对车辆的运行维护费的支出渠道进行深入追查，以查证是否存在违规占用其他单位车辆、转移摊派公车运行维护费等问题。

审计案例106

借用、占用下属单位或其他单位车辆

2020年5月6日，广东S局下属事业单位所属的企业××公司向该局提出购买越野车申请，该局局长在申请书上签字同意。2020年7月，该公司购入大切诺基一辆，裸车价65.59万元。该车辆自当年8月完成挂牌后，一直由S局局长使用，车辆运行维护费由该局和下属单位分担，其中2021年支付的保险费、维修费、路桥费等费用3.3万元由下属单位承担，燃油费、停车费等其他运行费用2.5万元由司机在该局其他商务车名下报销。

相关财经法律法规

上述做法不符合《机关事务管理条例》和《关于进一步加强“三公”经费管理的通知》（粤财行〔2018〕153号）的有关规定。

《机关事务管理条例》第二十五条：“政府各部门……不得为公务用车增加高档配置或者豪华内饰，不得借用、占用下级单位和其他单位的车辆，不得接受企业事业单位和个人捐赠的车辆。”

《关于进一步加强“三公”经费管理的通知》：“三、严守公务用车配备及使用管理纪律……严禁违规占用下级机关、下属企事业单位车辆作为单位公务用车或供个人使用。……”

财务风险防控对策

1.强化集中统一管理。统一车辆权属和运行经费管理，权属、经费统一划拨至公务用车主管部门名下，确保有效统筹调剂使用。建立车辆派驻动态调整机制，对使用率不高的派驻车辆及时收归平台统一调度使用，对公车不能满足使用需求的单位增加派驻车辆。

2.建立用车监管平台。依托市公务车管理信息平台，将企事业单位公务用车纳入平台统一管理，完善车辆“档案”，实行从车辆购置到拍卖处置的全过程、全生命周期信息化管理，逐步打造“一个平台管所有”的信息化体系，实现车辆申请派遣自动化、数据信息采集实时化、车辆购置审批无纸化、车辆全生命周期管理智能化、公务出行车辆租赁透明化。

3.强化日常监督管理。一是推进国有企事业单位公务用车“三化”管理。全面推行国有企事业单位公务用车标识化管理，形成国有企事业单位公务用车管理常态化、规范化新局面。二是开展业务培训。定期组织管理人员、从业人员进行专题培训，提升政策法规水平，使其当好政策法规制度的明白人、执行人、宣传人和监督人。三是持续开展专项整治。会同市纪委监委，常态化开展“公车私用、私车公养”专项整治，不断规范用车行为。四是消除管理盲区。机关事务管理部门作为公车主管部门，应将注意力、监管力下移到各级事业单位、基层单位，做到全市公务用车监管常态化、广泛化。

审计案例107

车改后保留的车辆闲置现象较为突出

某单位2020年度车改后保留的公务车使用效率低下，平均行驶里程为2000公里，有4台公务车全年行驶里程不足500公里，其中最少的行驶0公里。与此同时，大量公务活动通过向社会租赁车辆解决，当年社会化租赁车辆的相关费用为50万元。

相关财经法律法规

上述做法不符合国务院机关事务管理局《中央行政事业单位国有资产管理暂行办法》（国管资〔2009〕167号）的有关规定。

《中央行政事业单位国有资产管理暂行办法》第四十三条：“各部门违反本办法规定，有下列情形之一的，由国管局和相关部门责令限期改正，逾期不改的予以通报批评，并按《财政违法行为处罚处分条例》和国家有关规定处理：（一）超计划、超标准配置资产的；（二）违反政府采购和招标投标规定配置资产的；（三）拒绝对长期闲置、低效运转的资产进行调剂处置的；……”

财务风险防控对策

1.建立健全公务用车使用管理制度，并严格执行，加强监督，降低运行成本。

2.厘清职能边界。进一步明确机关事务管理部门作为公车主管部门的职责，厘清相关部门的职责分工，真正做到“五统一”管理。

3.建立车辆派驻动态调整机制，对使用率不高的派驻车辆及时收归平台统一调度使用，对公车不能满足使用需求的单位增加派驻车辆。

审计案例108

出行派车不符合厉行节约的原则

某单位2022年度共有80次市内派车不足5人和50次出差派车不足3人，在已领取公务交通补贴的情况下，违规使用公务用车，不符合厉行节约的原则。

相关财经法律法规

上述做法不符合《党政机关公务用车管理办法》和广东省公务用车制度改革领导小组办公室、广东省财政厅印发的《关于进一步规范公务用车使用的通知》（粤车改办〔2017〕7号）的有关规定。

《党政机关公务用车管理办法》第二十条：“党政机关应当建立健全公务用车使用管理制度，严格执行，加强监督，降低运行成本。”

《关于进一步规范公务用车使用的通知》：“符合以下公务出行情形的，各单位可以安排使用机要通信、应急用车：……（五）其他公务人员5人以上集体出行和3人以上因公出差等公务活动。”

财务风险防控对策

1.各单位应加强公务租车内控管理。建立健全公务租车审批报销制度，按程序从严审批、报销。租车时要根据乘坐人数、经费预算、使用地点等因素，合理确定租用车辆的类型，公务用车尽量使用本单位现有车辆进行公务出行保障，只有当本单位没有申请所需的车型，或者有该车型但是该型车辆保障数量不足时才可以租车。租车结束后，认真进行费用核算和确认，报销时严格审核用车发票、租车明细表等资料。

2.机关事务管理部门应不定期对平台租车情况进行检查分析，抽查各单位用车情况，对不按规定租车的进行公示、批评。

审计案例109

超标准购置公务车辆

某单位2022年10月购置一台丰田柯斯达中巴车，该车购买价及车辆购置税共计48.85万元。购置时要求厂家变更车辆出厂座位数，由20座改为17座，同时借改装之机，对车辆内部进行豪华装修，涉及费用12.47万元。经查，豪华装修的项目主要包括：一是高于原车配置装修。豪华手动蜂巢窗帘、立柱导轨包皮装饰及窗帘上方仿樱桃木装饰，座椅更改汽车真皮及背后加装皮背带，车厢两侧加装桃木压条装饰及车厢两侧板重做更换格子皮，全车铺游艇木地板，发动机舱盖及后面轮毂位包皮，中门门泵装饰与上门不锈钢压条及新配不锈钢轮毂罩。二是增设与汽车行驶性能无关的设备。增加了豪华全桃木首长办公桌及脚踏板、杂物柜与不锈钢雨伞架、虎牌保温壶，安装底座、手机支架及USB接口11个，新配12V转220V逆变器、高清流媒体行车记录仪（前后）、倒车雷达及逃生窗防爆膜等。

相关财经法律法规

上述做法不符合《党政机关公务用车管理办法》和《中央纪委办公厅 监察部办公厅关于禁止对普通轿车进行豪华装修的通知》的有关规定。

《党政机关公务用车管理办法》第二十六条："党政机关有下列情形之一的，依纪依法追究相关人员责任：（一）超编制、超标准配备公务用车的；……（六）为公务用车增加高档配置或者豪华内饰的；……"

《中央纪委办公厅 监察部办公厅关于禁止对普通轿车进行豪华装修的通知》："党政机关领导干部的工作用车及国有企业事业单位领导干部的工作用车一律不得进行豪华装修，即购车时不得要求售车单位高于原车配置设计进行装修，也不得借修车之机进行高于原车配置的装修，如增改天窗、电动门窗；调换真皮座椅；增设车载冰箱、电视、CD音响，以及其他与汽车行驶性能无关的设备。"

财务风险防控对策

1.各行政事业单位要严肃公务用车制度改革和公务用车管理使用纪律，任何单位、个人不得以特殊用途等理由，为公务用车增加高档配置或豪华内饰，不得在车辆维修保养等费用中虚列名目或夹带其他费用。

2.车辆购入后，其实无须装饰也基本可以满足使用需要，要区分正常的保养和刻意的装饰。公务用车花的是纳税人的钱，花公款豪华装修既浪费公款，又纵容奢靡腐败，损坏党和政府形象。单位配备公车后，一般不得在车辆原有配置上增设、调换其他配置，或假借修车保养的名义进行非必要的装修装潢，比如中控台装饰、贴昂贵的车膜等。

审计案例110

豪华高档装修公务用车

某单位1台公务车2020年的维修费用为5.5万元，超出同款同一车龄车辆的正常水平。审计人员对该台车的维修内容进行跟进检查发现，当年6月15日，该车发生维修费用24270元，主要维修内容包括：迈腾座椅包皮5600元，仪表台包皮5040元，更换全车地毯及脚垫3240元，车顶拉皮1530元，拆装后窗台1180元，门板拉皮1080元，天窗拉板900元，拆装更换四门内饰条640元，除菌600元，拆装车顶300元，其他服务费4160元。9月12日，该单位以车内有异味为由，再次将该车送往维修点维修，产生费用15500元。主要维修内容包括：全车底盘隔间铲除并换新8800元，拆除更换仪表1800元，新装车载空气净化器1700元，拆除更换全车内饰、座椅及除菌清洁1600元，拆除更换全车地毯及海绵800元等。9月的部分维修内容与6月重复，6月部分高档内饰使用时间不足3个月，造成财政资金损失浪费。

相关财经法律法规

上述做法不符合《党政机关公务用车管理办法》和《中央纪委办公厅 监察部办公厅关于禁止对普通轿车进行豪华装修的通知》的有关规定。

《党政机关公务用车管理办法》第二十六条："党政机关有下列情形之一的，依纪依法追究相关人员责任：（一）超编制、超标准配备公务用车的；……（六）为公务用车增加高档配置或者豪华内饰的；……"

《中央纪委办公厅 监察部办公厅关于禁止对普通轿车进行豪华装修的通知》："党政机关领导干部的工作用车及国有企业事业单位领导干部的工作用车一律不得进行豪华装修，即购车时不得要求售车单位高于原车配置设计进行装修，也不得借修车之机进行高于原车配置的装修，如增改天窗、电动门窗；调换真皮座椅；增设车载冰箱、电视、CD音响，以及其他与汽车行驶性能无关的设备。"

财务风险防控对策

党政机关应当严格执行公务用车配备使用管理各项规定，建立公务用车单车核算台账，将公务用车配备更新、使用、处置和经费预算执行等情况纳入内部审计、政务公开和政务诚信建设范围；主管部门应当加强对党政机关公务用车配备更新、使用、维修保养、处置等情况的监督检查，依法处理、督促整改违规问题，并将涉嫌违纪违法问题移送有关部门查处，坚决杜绝车轮上的不正之风。

在日常的公务用车管理和使用中还应注意以下问题：不准购买和更换超过规定标准的小轿车；不得以特殊用途等理由变相超编制、超标准配备公务用车；不得以任何方式换用、借用、占用下属单位或协作单位和其他个人的车辆；不得接受协作单位和个人赠送的车辆；不得以任何理由违反用途使用和固定或相对固定给个人使用公务用车；不得对外出租或出借公务用车；不得以公务交通补贴的名义变相发放福利；不得“公车私用”。同时，要严格执行公务用车定点停放、定点保险、定点维修、定点加油等规定。

审计案例111

违规“私车公养、公车私用”

某单位某辆公务用车对应的加油卡记录异常，在2019年8月至9月两个月内无派车记录但有加油记录，其中8月1日当天连续加油3次。由于该单位未执行单车核算制度，未定期统计所有公务用车的使用记录、行驶里程数和油耗等信息，审计组根据2019年7月27日凭证和2019年12月27日凭证所附维修单记录的行驶里程，结合同期加油记录，计算得出该车的平均每公里油耗是同款车型平均每公里油耗的3倍以上。审计进一步追查，最终核实该车司机违规使用公务用车加油卡为其朋友的车辆加油33次，涉及金额1.8万元。

相关财经法律法规

上述做法不符合《党政机关公务用车管理办法》的有关规定。

《党政机关公务用车管理办法》第十六条：“党政机关应当加强公务用车使用管理，严格按照规定使用公务用车，严禁公车私用、私车公养，不得既领取公务交通补贴又违规使用公务用车。”

财务风险防控对策

1.召开党委（党组）会议专题研究，制定整改措施，进一步核查是否存在违规违纪行为，根据具体情况进行处理处罚，追究相关人员责任，形成会议记录。

2.建立健全支出内部管理制度。

3.对于单位扩大开支范围的问题，按规定进行会计调账处理。

4.对于个人超标准报销费用的问题，退还有关财政资金。

5.在今后的公务用车管理工作中，严格按照国家规定的开支范围及标准执行。

6.常态化开展“公车私用、私车公养”专项整治，不断规范用车行为。

审计案例112

违规报销洗车费、停车费

审计发现，某单位2021年度个别车辆报销的洗车票据来源异常、次数偏多。审计人员列表分析该单位洗车发票报销情况发现：一是洗车发票来源复杂，部分开票单位并无洗车业务。如部分洗车费发票为某停车场、某物业管理有限公司、某餐饮有限公司出具的定额发票，相关单位并不具有洗车业务，相关事项真实性存疑。二是部分不同月份的发票出现连号的情况，如2020年2月、3月、8月报销的洗车费发票连号，2020年7月、10月、11月报销的发票连号，疑似购买假发票在不同月份报销。三是洗车频次偏多，2020年度有一台车全年未出车，另外一台车出车20天，但两台车平均2~3天洗一次车。审计指出后，该单位组织清查发现，个别司机存在以虚假票据套取财政资金的行为，已清退并依法依规进行处理。

相关财经法律法规

上述做法是按照《会计基础工作规范（2019年修订）》（中华人民共和国财政部令第98号）有关规定应进行处理的行为。

《会计基础工作规范（2019年修订）》第七十四条："会计机构、会计人员应当对原始凭证进行审核和监督。对不真实、不合法的原始凭证，不予受理。对弄虚作假、严重违法的原始凭证，在不予受理的同时，应当予以扣留，并及时向单位领导人报告，请求查明原因，追究当事人的责任。"

财务风险防控对策

1.各单位应严格执行公务用车制度改革有关要求，加强公务用车制度改革后保留公务用车的开支管理和财务核算，从严控制公务用车运行维护费；报废更新公务用车，应按规定报批并严格按照配备标准进行购置。

2.严格按规定发放公务交通补贴或实行公务交通费用定额报销，不得超范围、超标准发放公务交通补贴，不得超额度报销公务交通费用。

3.严禁出现未参加公务用车改革的单位普遍发放交通补贴或允许限额报销

的福利化倾向，发放公务交通补贴的岗位和人员要严格按照事业单位公务用车改革有关政策确定；实行公务交通费用报销的岗位和人员，报销的费用必须是真实公务出行的正常开支，严禁实行每月或其他定期固定数额报销。

4.省直部门通过车辆租赁等社会化方式保障公务出行的，应当在保证节约的前提下，按照规定选择车辆租赁公司等社会化力量提供车辆出行服务。

审计案例113

利用公务接待组织休假、探亲、旅游、娱乐活动

2018年清明节，某单位领导高某某一家人去妻子娘家为亲属扫墓，该市商务局领导刘某某是其同学，为高某某一家人安排到宾馆住宿，并在酒店宴请高某某一家人，第二天刘某某陪同高某某在该市风景区游玩一天。高某某的住宿等费用，商务局以公务接待的名义共列支礼品和景点门票等支出7万元，其中购买礼品4万元，交响乐专场演出门票1万元，风景区酒店住宿费及门票支出1万元，还有一张1万元餐费发票。

相关财经法律法规

上述做法不符合《党政机关国内公务接待管理规定》的有关规定。

《党政机关国内公务接待管理规定》第五条：“各级党政机关应当加强公务外出计划管理，科学安排和严格控制外出的时间、内容、路线、频率、人员数量，禁止异地部门间没有特别需要的一般性学习交流、考察调研，禁止重复性考察，禁止以各种的名义和方式变相旅游，禁止违反规定到风景名胜区举办会议和活动。”第六条：“接待单位应当严格控制国内公务接待范围，不得用公款报销或者支付应由个人负担的费用。国家工作人员不得要求将休假、探亲、旅游等活动纳入国内公务接待范围。”

财务风险防控对策

有关部门应根据《党政机关国内公务接待管理规定》，尽快出台党政机关公务接待管理实施细则，对公务接待的程序、对象、报批手续、经费来源、经费开支标准以及违反公务接待管理规定的处理处罚办法作出具体规定。各单位要结合实际，制定具体的管理制度。接待单位应当严格控制国内公务接待范围，不得用公款报销或者支付应由个人负担的费用。

审计案例114

违规组织或参加饭局

某单位工作人员赵某、黄某2023年前往某企业实地勘察沼气项目，两人中午接受企业负责人安排的宴请且饮用白酒，共花费餐费1935元。

相关财经法律法规

上述做法不符合《党政机关国内公务接待管理规定》的有关规定。

《党政机关国内公务接待管理规定》第六条："接待单位应当严格控制国内公务接待范围，不得用公款报销或者支付应由个人负担的费用。……"

财务风险防控对策

1.公务人员不得参加以下几种饭局：一是不准接受企业安排的宴请；二是不准到企业搞变相吃喝；三是不准接受管理服务对象的吃请；四是不准接受影响公务执行的吃请；五是不准用公款宴请私客；六是不准参加大操大办带有敛财性质的宴席；七是不准参加以同学会、老乡会、战友会等名义举办的明显带有小圈子性质的聚餐活动，应明确拒绝或自觉回避，更不得以权谋私、用公款买单；八是对于其他一些明显违反纪律规定、违反风俗习惯、违背公序良俗、可能损害党员干部队伍形象的饭局，应自觉回避。

2.不准上下级之间搞相互吃请，不应安排无实质性公务活动的相互吃请。不准同城之间安排公务接待，到异地和基层单位（组织）开展公务活动，应当按照公务出差有关规定自行安排用餐，确因条件所限无法自行安排用餐而需对方协助安排的，应自行支付餐费。以任何理由产生的夜宵费用，均应由个人支付。单位内部接待场所不得用于接待本单位干部职工的私客，公务接待不得使用私人或企业会所、高消费餐饮场所。

审计案例115

潜藏在机关食堂的公务接待

2018年至2019年，经广东某市交通局党委书记、局长李某某批准，交通局办公室从拨付机关食堂的补助中，以信息宣传等名义违规列支2.95万元用于公务接待，先后在机关食堂组织宴请11次，每次都从大饭店聘请厨师，采购名贵菜肴和高档酒水，费用全部以食堂补助开支。

相关财经法律法规

上述做法不符合《党政机关厉行节约反对浪费条例》《中华人民共和国预算法实施条例》（中华人民共和国国务院令第729号）和《关于进一步加强“三公”经费管理的通知》（粤财行〔2018〕153号）的有关规定。

《党政机关厉行节约反对浪费条例》第八条：“党政机关应当遵循先有预算、后有支出的原则，严格执行预算，严禁超预算或者无预算安排支出，严禁虚列支出、转移或者套取预算资金。……”

《中华人民共和国预算法实施条例》第六十条：“各级政府、各部门、各单位应当加强对预算支出的管理，严格执行预算，遵守财政制度，强化预算约束，不得擅自扩大支出范围、提高开支标准；严格按照预算规定的支出用途使用资金，合理安排支出进度。”

《关于进一步加强“三公”经费管理的通知》：“四、规范公务接待行为和经费支出……禁止将违规公款吃喝费用混入饭堂等其他开支……接待工作餐不得提供鱼翅、燕窝等高档菜肴和用野生保护动物制作的菜肴，不上烟酒，不得使用私人会所、高消费餐饮场所。”

财务风险防控对策

应警惕三种形式的公款吃喝：一是交际性吃喝。这种吃喝一般无实质性内容，大多以个人名义宴请，公款报销。比较突出的有：一些领导干部在集中学习、培训期间，轮流做东，相互宴请；一些参会人员在召开地方党代会、人代会、政协会等期间相互宴请。二是交易性吃喝。用公款宴请上级部门，用公款宴请管钱、管物、管项目的主管人员等。三是纯粹的吃喝。一些部门的领导干部认为吃点喝点不算啥，时不时地以各种名义组织公款吃喝活动。各单位应当严格遵守相关规定，严肃追究相关人员责任，杜绝公款吃喝行为。

审计案例116

以办公费的名义隐藏接待费

审计人员在某单位年度部门预算执行审计项目中，发现一张金额为4000余元的增值税发票，发票显示购买内容为办公用品，但据审计组了解，开票单位为某超市，该超市并不销售办公用品。经过分析研判，审计人员前往开票单位实地了解货物购销情况，最终超市销售人员承认，这4000多元支出大部分是该单位在该超市购买公务接待用烟用酒产生的费用。为了便于报账，该单位要求超市以购买办公用品为内容开具了发票。

相关财经法律法规

上述做法不符合国务院机关事务管理局、发展改革委、财政部、中央国家机关工委《关于中央国家机关带头厉行节约发挥表率作用的通知》（国管办〔2011〕310号）的有关规定。

《关于中央国家机关带头厉行节约发挥表率作用的通知》："……认真落实党政机关国内公务接待管理规定，进一步规范公务接待管理，建立健全接待管理制度，明确接待规范和标准，严格接待审批程序。公务接待一般安排在机关食堂，按标准提供工作餐，工作日午餐不饮酒，尽量减少陪餐人数。严禁以举办会议、培训为名，列支、转移、隐匿接待费开支，不得向下级单位或其他关联单位转嫁接待费负担。认真落实差旅费管理规定，严格执行出差审批管理和出差定点住宿制度，尽量压缩出差人数、天数和次数。……"

财务风险防控对策

报销公务接待费用实行"编号制"，对公务接待行为和开支情况实行编号管理。

1.对公务联系函实行编号管理，凡外出公务活动所携带的公务联系函，实行存根和联系函同编号、同事由、同参与公务人员的有机统一，并加盖骑缝印章。凡是无编号的公函视同无效公函，不予受理，不予接待，杜绝空白函、无效函的使用。

2.对公务接待审批单实行编号管理，审批单不仅要有连续的编号，还要标明与联系函相对应的接待事由、人员、编号，确保公务接待"一一对应""一事一议"，杜绝非经审批的接待行为。

3.实行报销清单时间与接待函、审批单时间一致性审核，核算好就餐人数和支出标准，确保公务接待支出真实，杜绝超标准支出。

审计案例117

内部会议未按要求优先选择本单位会议场所

2022年10月，某单位召开本系统财务管理业务交流会议，参会人员范围为机关各处室全体人员，以及下属事业单位领导班子及办公室、人事、财务人员等，会议地点为某度假村，会议时间为两天，会议签到人员为95人，涉及会议费支出20万元。审计发现，该单位有一间大会议室，可容纳150人的会议规模，此次业务交流会议无外地代表，具备在市内本单位开会的条件；会议内容不够紧凑，主要内容可在一天内完成，其他时间为自由交流环节，会议活动没有厉行节约。

相关财经法律法规

上述做法不符合财政部、国家机关事务管理局、中共中央直属机关事务管理局《关于印发〈中央和国家机关会议费管理办法〉的通知》（财行〔2016〕214号）和财政部《党政机关会议定点管理办法》（财行〔2015〕1号）的有关规定。

《中央和国家机关会议费管理办法》第十二条："不能够采用电视电话、网络视频召开的会议实行定点管理。各单位会议应当到定点会议场所召开，按照协议价格结算费用。未纳入定点范围，价格低于会议综合定额标准的单位内部会议室、礼堂、宾馆、招待所、培训中心，可优先作为本单位或本系统会议场所。"

《党政机关会议定点管理办法》第三条："各级党政机关举办的会议，除采用电视电话、网络视频方式以及在本单位或本系统内部会议室、礼堂、宾馆、招待所、培训（会议）中心等举办的外，应当在会议定点场所召开。"

财务风险防控对策

1.完善会议（活动）经费管理制度，明确规范会议（活动）经费支出的责任界限。建立健全会议（活动）经费管理的各项规章制度，以文件形式明确责任和奖惩机制。要针对不同类型的会议活动，制定印刷费、培训费、材料费、场租费、餐费、住宿费等人均指导标准，各种标准应切合实际，不过高或过低，过高会造成浪费，过低会形同虚设。文件执行过程中要随市场形势变化不断调整执行标准，确保行政权力运行的可信度。

2.合理编制并严格执行部门预算，明确会议（活动）经费管理责任人的法律责任。财政与各行政部门紧密配合，积极做好部门预算编制工作，提高预算编制的科学性和可操作性，尽可能细化预算；举办单位要严格按照预算批复的项目和数额控制支出，减少会议（活动）经费支出的随意性和盲目性，单位分管财务的领导要严把会议（活动）经费的审批关，只有台账资料显示没有超标的会议（活动）经费才可确认签字予以支付。单位领导、财务人员及会议经办人要明确各自在会议（活动）经费管理工作中的责任，知晓违反会议（活动）经费管理制度会承担什么样的法律责任、受到什么样的处罚。

3.规范会议（活动）经费台账。各部门财务人员在支付会议（活动）经费的同时，必须建立会议（活动）经费台账，与记账凭证、原始凭证相关内容对应。台账须包含会议（活动）名称、会议（活动）类别、举办地点、参加会议（活动）人员名单、召开天数，印刷费、材料费、场租费、餐费、住宿费等实际的明细支出，并对照支出标准，注明是否超标。

4.加强行政督查和行政监察力度，实行严格的责任追究制度。对违反会议（活动）经费管理规定的相关人员，要加大惩处力度，追究其行政责任和法律责任。要明确会议举办单位和承办单位的会议（活动）经费结算原始单据及相应电子数据的保存期限，明确会议（活动）定点饭店未按规定保存相关资料或拒绝接受审计检查应负的法律责任，对会议（活动）定点饭店为会议组织单位和人员提供虚假票据的行为，要加大经济处罚力度，提高违法成本。

审计案例118

虚列会议支出转移财政资金

审计抽查广东某单位2020年度工作会议相关报账材料，该单位虽提供了会议通知、会议签到表、发票等资料，但无法提供对应会议的酒店结算明细单据。审计组延伸检查酒店发现，该年度工作会议并未按照计划举办，该单位已将会议经费50万元转至酒店账户。截至2022年底，该单位已支用40万元，其中20万元用于以后年度的会议；3万元套现后用于购买礼品；7万元由干部职工以虚假票据报账提现，但去向不明；10万元未能提供资料证明实际使用情况，长期在酒店结存。

相关财经法律法规

上述做法不符合《党政机关厉行节约反对浪费条例》、财政部、国家机关事务管理局、中共中央直属机关事务管理局《关于印发〈中央和国家机关会议费管理办法〉的通知》（财行〔2016〕214号）和《关于印发〈省直党政机关和事业单位会议费管理办法〉的通知》（粤财行〔2017〕283号）的有关规定。

《党政机关厉行节约反对浪费条例》第八条：“党政机关应当遵循先有预算、后有支出的原则，严格执行预算，严禁超预算或者无预算安排支出，严禁虚列支出、转移或者套取预算资金。……”

《中央和国家机关会议费管理办法》第五条：“各单位应当严格会议费预算管理，控制会议费预算规模。会议费预算应当细化到具体会议项目，执行中不得突破。会议费应当纳入部门预算，并单独列示。”第十七条：“各单位在会议结束后应当及时办理报销手续。会议费报销时应当提供会议审批文件、会议通知及实际参会人员签到表、定点会议场所等会议服务单位提供的费用原始明细单据、电子结算单等凭证。财务部门要严格按规定审核会议费开支，对未列入年度会议计划，以及超范围、超标准开支的经费不予报销。”

《省直党政机关和事业单位会议费管理办法》第二十四条：“违反本办法规定，有下列行为之一的，依法依规追究会议举办单位和相关人员的责任：……（二）以虚报、冒领手段骗取会议费的；（三）虚报会议人数、天数等进行报销的；……”

财务风险防控对策

1.强化制度管理意识。有关部门应完善会议费管理办法，出台有关规定及标准。各地应建立健全会议费管理的各项规章制度，针对不同类型的会议，制定印刷费、培训费、材料费、场租费、餐费、住宿费等指导标准。

2.规范完善会议费报销流程。提高会议费管理制度的执行力，确保原始凭证齐全，如会议通知及内容、规格、会期、参加人员签到表及经费预算等资料，预算需细化，票据要求规范性及真实性。既让政府部门在执行过程中有规可依、有章可循，也防止政府部门打“擦边球”或故意“搅浑水”。

3.合理编制会议预算并严格执行。在执行中，严格按照预算批复的项目和数额控制支出，减少会议费支出的随意性和盲目性。财务人员要把好会议费支出财务结算关，并规范会计核算，确保会计信息真实、准确、完整。

4.加强监督，构建综合监管体系。一方面，要充分发挥执法机构、纪检监察机关、审计机关和财政部门的职能作用，加大对会议费支出的监督管理力度，对会议费支出中存在的违法违纪问题予以严肃处理；另一方面，全面、真实地将会议费支出情况予以公开，增加公务开支的透明度和社会能见度，杜绝因会议费支出衍生的其他腐败行为，确保公共财政支出的纯洁性，充分发挥财政资金的使用效益。

审计案例119

公款旅游——借红色教育名义

2023年3月，某局副局长孙某在“三八”妇女节期间，带领单位女职工到某地接受红色教育。行至途中，孙某听闻附近有某温泉风景区，遂临时起意，带领单位女职工泡温泉，产生费用共计0.64万元。事后，以差旅费、住宿费的名义报销了这笔费用。

相关财经法律法规

上述做法是按照《中国共产党纪律处分条例》应给予处分的行为。

《中国共产党纪律处分条例》第一百零五条：“有下列行为之一，对直接责任者和领导责任者，情节较轻的，给予警告或者严重警告处分；情节较重的，给予撤销党内职务或者留党察看处分；情节严重的，给予开除党籍处分：（一）公款旅游或者以学习培训、考察调研、职工疗养等为名变相公款旅游的；（二）改变公务行程，借机旅游的；（三）参加所管理企业、下属单位组织的考察活动，借机旅游的。……”

财务风险防控对策

1.严格经费管理，严肃财经纪律。财务审计部门要加大对部门单位各项财务活动的管理、检查和审计力度，严格执行财经纪律，严格按制度办事，把好经费监管关，对没有履行报告审批手续的外出活动一律不予报销，堵塞公款旅游和变相公款旅游漏洞。

2.切实加强外出管理，完善报告审批制度。严肃上班纪律，因事因病不能正常上班的，必须按管理权限履行请假手续。各处室不得组织一般性的学习考察和没有明确实质内容的学习考察活动；确有必要组织外出考察学习的，应提前一周向办公室写出书面报告，经批准后方可组织实施。

审计案例120

公款旅游——借考察调研名义

2022年5月6日至14日，广东某县文化局局长曹某某带队，组织有关人员到千里之外的江浙考察当地文化发展情况。考察团组擅自变更路线和更改行程，除2天的公务活动外，其余5天时间到太湖、周庄、同里、普陀山等地的旅游景点参观游览，共计消费2.85万元。为逃避监督，曹某某指示工作人员事先准备好两份行程单，一份报账用，一份是实际行程，但费用全在公款中列支。

相关财经法律法规

以上做法不符合广东省财政厅《关于印发〈省直党政机关和事业单位差

旅费管理办法〉的通知》（粤财行〔2014〕67号）的有关规定。

《省直党政机关和事业单位差旅费管理办法》第三条：“省直单位应当建立健全国内出差内部审批制度，因公出差必须按规定履行报批手续，从严控制出差人数和天数，严禁无实质内容、无明确公务目的的学习、交流、考察、调研等活动，严禁以公务差旅为名变相旅游。”

财务风险防控对策

相关费用报销实行“清单制”管理。对办公费、资料费、会议费、培训费、电脑耗材费、差旅费等实行费用预算清单、附件明细清单、审核审批清单、报销程序清单等“清单制”管理。清单具有销号制、目的性、完整性等特点。

1.费用预算清单，包括办公费、资料费、会议费、培训费、电脑耗材费、差旅费等，凡费用支出必须有预算、有开支计划，无预算、无开支计划的不予报销。

2.附件明细清单，包括附件页码编号、附件内容、附件时间、附件金额、附件品名等，确保附件与票据所列的时间、内容、数量和金额等完整、一致。

3.审核审批清单，包括审核审批的事项、审核审批的流程、审核审批的适用法规和相应的合同协议等，确保审核审批完整、合规。

4.报销程序清单，包括报销的流程、费用的登记、报销批次的管理、核算的检查等，费用报销流程不越线不越规、对费用支出进行登记、加强报销批次的管理、完善核算前的检查，就能确保费用开支不超标、不浪费，费用入账核算不越规。

审计案例121

公款旅游——单位组织

某单位于2022年12月与成都某大学合作举办“干部综合能力专题培训班”，培训共5天（不含往返），其中在校学习2.5天，参观教学2.5天，外出参观教学地点为某旅游景区，在培训费中列支旅游相关费用40万元。

相关财经法律法规

上述做法不符合《关于印发〈省直党政机关和事业单位培训费管理办法〉的通知》（粤财行〔2017〕260号）的有关规定。

《省直党政机关和事业单位培训费管理办法》第十四条：“严禁借培训名义安排公款旅游；……除必要的现场教学外，7日以内的培训不得组织调研、考察、参观。”

财务风险防控对策

对查出的问题，根据问题的性质和违规违纪程度进行分类处理处罚、追责问责。

1.严肃处理处罚。对查出的违规违纪资金，该退还的一律退还，该追缴的一律追缴，该处罚的一律处罚。对查出的违规违纪行为，该整改的坚决予以限期整改到位。

2.严肃追责问责。对查出的违规违纪责任人员，按照相关法律法规进行追责问责。对查出的问题整改落实不力或不进行整改落实的，予以通报曝光。

3.加大对严重违纪的惩处力度。对查出的违规违纪资金数额巨大、行为恶劣、性质严重的违规违纪问题和人员，直接移交纪检监察或司法机关予以党纪政纪处理，或追究法律责任。

审计案例122

公款旅游——个人借机

2022年8月22日至31日，某单位领导周某某到北京参加学习培训。培训期间，周某某借口另有公务要办，未办理请假手续即离开培训场所，至黑龙江参加亲戚的婚礼，顺便携带全家到五大连池、长白山等地旅游。培训结束后，周某某让财务人员以公务差旅的名义，将私人出行旅游开支予以公款报销。

相关财经法律法规

上述做法不符合《中国共产党廉洁自律准则》的有关规定。

《中国共产党廉洁自律准则》第九十八条："有下列行为之一，对直接责任者和领导责任者，情节较轻的，给予警告或者严重警告处分；情节较重的，给予撤销党内职务或者留党察看处分；情节严重的，给予开除党籍处分：（一）用公款旅游、借公务差旅之机旅游或者以公务差旅为名变相旅游的；（二）以考察、学习、培训、研讨、招商、参展等名义变相用公款出国（境）旅游的。"

财务风险防控对策

行政事业单位举办培训应强化厉行节约、反对浪费的意识，尽量利用网络、视频等信息化手段，充分利用内部培训场地和既有条件，大力推行干部选学、在职自学等方式，降低培训成本，提高培训效率，保证培训效果。谨防借培训的名义，安排外出旅游参观，使培训活动变味、成为腐败的温床。

审计案例123

超标准装修办公场所

某单位2022年对6间办公室及卫生间、外墙等办公用房进行修缮改造，未严格执行机关有关公用设施装修标准。对照《广东省省直行政单位常用公用设施配置标准》规定的装修价格，这6个项目的维修标准总额为204.54万元，实际装修造价为362.65万元。审计延伸发现，在改造过程中，该单位领导指示有关人员借机对办公楼内部进行超标准豪华装修，大量采用进口材质，并更换配备高档办公家具。

相关财经法律法规

上述做法不符合中共中央办公厅、国务院办公厅《党政机关办公用房管理办法》和《中国共产党纪律处分条例》的有关规定。

《党政机关办公用房管理办法》第三十五条："建立健全党政机关办公用房管理责任追究制度，对有令不行、有禁不止的，依照有关规定严肃追究相关人员责任。……（三）为使用单位超标准配置办公用房的；（四）不按照规定处置办公用房的……"

《中国共产党纪律处分条例》第一百零九条："违反办公用房管理等规定，有下列行为之一，对直接责任者和领导责任者，情节较重的，给予警告或者严重警告处分；情节严重的，给予撤销党内职务处分：……（二）超标准配备、使用办公用房的……"

财务风险防控对策

"超标准配备、使用办公用房"，主要是指违反规定，配备使用超过规定面积、装修标准的办公用房。"超标准"，主要是指超过国家发展改革委、住房城乡建设部发布的《党政机关办公用房建设标准》及相关规定所规定的办公用房建筑面积、装饰装修、建筑设备等标准。"配备"，既包括单位向具体使用人配备办公用房，也包括以新建、改建、扩建、购置、置换、维修改造、租赁等方式向单位配给办公用房的行为。

防范超标准配备、使用办公用房行为，须对领导干部和机关事业单位工作人员加强思想教育，使其牢记宗旨意识，养成勤俭节约、艰苦奋斗的习惯。要弘扬正气，对责任心强、大公无私、勤俭节约、一心为民、不与民争利的好干部予以奖励，对铺张浪费纳税人的血汗钱、不爱惜财物、大手大脚的反面人物予以严厉打击，使其得不偿失。

本章小结1

贯彻落实中央八项规定精神，严肃财经纪律

从总体情况看，各地区、各部门认真贯彻落实中央八项规定精神，不断完善相关制度规定，有效促进了八项规定精神和厉行节约相关制度的落实，“三公”经费支出总体执行状况良好。但从审计的情况（含延伸审计以前年度）来看，在公务支出和公款消费预算管理方面，依然有部分部门单位对“先有预算、后有开支”认识不到位，未能根据年度工作开展情况编报预算；一些部门单位未能按照批复的预算执行，对超预算、超标准部分采用变通手法违规列支。

审计发现的主要问题有：在公务用车费方面，有的单位违规长期占用企业及所属单位车辆；有的单位在公车改革后，违规保留公务车；有的单位超预算列支公车费用；有的单位公务用车管理制度不健全，未实行单车核算或内部公示制度。在公务接待费方面，有的单位接待活动没有公函或邀请函；有的单位超预算列支接待费；有的部门公务接待费内部制度不健全；有的单位接待费报销凭证不完整，在其他科目列支公务接待费，违规列支接待对象的交通费并赠送礼品，在公务接待中违规购买土特产品及列支景点门票；有的单位在公务接待中提供高档酒水，坐支资产出租收入用于接待支出；有的单位陪餐人员超过规定人数。在因公出国（境）费用方面，有些基层单位超预算列支因公出国（境）费用；有的单位在其他科目列支出国（境）费用；有的单位因公出国（境）费用报销凭证不完整，出国（境）费用管理制度不健全。在会议费方面，有的部门计划外召开会议；有的部门超预算列支会议费；有的单位存在会议费用报销凭证不完整等问题。

总的来看，上述问题的产生，既有上级主管部门督促指导不足的责任，也有下属单位制度执行不严的责任。主要表现在：一是部分单位“三公”经费及会议费方面的内部制度缺失，有些部门单位对于已经建立的制度未能有效地执行，贯彻执行中央八项规定的长效机制有待巩固。二是有些单位对预算刚性约束认识不足，无预算、超预算问题发生较多，甚至存在在其他科目列支或向下属单位甚至企业转嫁费用的变通行为。三是有些单位财经法规意识淡薄，对下属单位监管不到位。下属单位超范围、超标准接待以及违规赠送礼品的问题时有发生。

各单位应当按照“坚持、巩固、深化、拓展”的工作方针，进一步加大对公务支出和公款消费的管理力度，健全完善长效机制，不断巩固贯彻落实中央八项规定及其实施细则精神成果，持之以恒加强作风建设。

1. 加大延伸审计力度，强化对基层及下属单位的监督

充分利用大数据审计方法，提高数据利用能力和审计工作效率，加强对基层单位公务支出和公款消费管理使用情况的审计，重点关注相关部门单位压减一般性支出的落实情况，促进完善厉行节约反对浪费相关制度体系。

2. 强化预算刚性约束，严肃财经纪律

以问题为导向，强化部门预算管理意识，促进预算法相关法规落实，严格按照批复的预算加强经费管理，发挥预算管控作用。不断加大对违法违规问题的查处力度，督促违规问题整改到位。

3. 推动完善内部控制制度体系，促进加强廉政风险防控机制建设

推动相关部门单位认真贯彻执行行政事业单位内部控制规范的相关规定，不断规范和完善相关部门单位内部控制，提高行政事业单位内部管理水平。加大审计结果及整改情况的公开力度，强化与纪委监委、组织、督查等部门的协调配合，形成监督合力。

4. 完善监督管理及责任追究

细化相关流程与制度，监督好重要节点，加强对重点部门、重点岗位、重点领域、重点环节的监督检查，严防深查。对触碰纪律红线心存侥幸，不收敛不收手，顶风违纪，违反廉洁纪律、利用职务便利吃拿卡要、谋取私利等行为严肃追责，绝不手软。

本章小结2

降低公务出行成本，不断巩固公车改革成果

实行公车改革是贯彻落实中央八项规定的重要任务之一，也是推进党政机关厉行节约反对浪费的重要举措，通过减少一般公务用车、安置司勤人员，公务用车运行维护费明显下降，公车管理更加规范有序，有效地促进了廉政建设。需要警惕的是，改革后出现了保留的公务车辆使用效率低下、向社会租赁车辆损失浪费等新现象，影响了改革效果，且与当前过紧日子的要求不相符，须引起高度重视并采取措施加以完善。

1. 公务用车使用效率低下，运行成本较高

据统计，各部门单位保留的公务用车年均行驶里程为1万公里，平均每万公里运行成本为2.5万元。改革后，行驶里程逐年下降，平均每公里行驶成本不断增加。公务车辆使用效率低下的情况较为突出，有七成的公务车辆全年行驶里程不足1万公里，甚至有个别车辆行驶里程为0。据了解，一般社会出租车辆年均行驶里程为8万～10万公里，运营成本仅为8000元/万公里左右。社会车辆的年均行驶效率是公务用车的8倍，而运营成本是公务用车的30%左右。

2. 社会化租车费用不断攀升，损失浪费情况严重

公车改革以来，省级部门单位社会化租车的费用增长较快，2016至2022年，年均增长率为30%。租车中存在的损失浪费问题主要包括：一是公务出行费用向社会化转嫁的趋势明显，有些单位在向社会租用车辆的同时，本单位同类型公务用车却闲置未用。二是行驶里程偏低导致租车行驶成本偏高，造成财政资金损失浪费。有些所租车辆的日均行驶里程低于50公里，还有的单位存在长期固定租同车型车辆的现象，其中租用半年和1年的平均行驶里程分别约为40公里/天、60公里/天。三是租车标准差别较大，有的远高于市场平均价格。如同一租车公司、同一年度，同为在市区内租用别克7座商务车，租赁公司向不同行政事业单位收取的租金标准不同，最低租金价格为650元/天，最高为1300元/天。据了解，考虑新旧程度不同，该类型车辆的市场平均租金价

格一般为600～800元/天。

原因分析：一是车改过程中部分管理缺失，租车配套管理机制不健全。改革中未统筹考虑车辆与司机的关系，造成“车多司机少”“有车无司机”的尴尬境况。二是各部门单位主体责任意识不强，过紧日子思想落实不到位，对公务车辆使用效率低下的问题放任自流。同时，车改政策宣传不到位，部分干部的观念未及时转变，仍存在单位派车出行的老习惯。三是对租车费用预算缺乏监督和控制，也缺乏统一的租车制度和标准，公务出行效率存在监督盲区。此外，各部门单位租车行为各自为政，租车渠道单一、缺乏市场竞争，租车价格话语权掌握在租车公司手里。

进一步深化省级公务用车制度改革，加快建立高效、便利、优质的公务出行租车模式，须在以下几个方面多下功夫。

1. 坚持运用信息化手段，降低公务车运行成本

完善省级公务用车出行服务平台，对公务用车实行集中统一的管理模式，利用信息技术手段，督促各部门单位严格通过平台办理派车审批手续，对不符合派车情况的坚决不予派车，鼓励干部职工乘坐公共交通工具出行；对于车况较差、难以保障出行的公务车辆，以及缺少司机、实质上难以使用的车辆及时予以处置，进一步降低公务用车运行维护费。

2. 规范公车租赁行为，提高公务车辆使用效率

财政部门应研究完善公务租车管理制度和公务出行费用结算标准，进一步规范租车行为；牵头与公交公司、出租车公司、网约车公司等社会化出行服务机构合作对接，采用政府集中购买服务的方式，通过市场竞争降低租车成本；加强对租车费预算的审核控制，督促各单位优先使用本单位保留的公务车辆，提高保留的公务车辆的使用效率；建立公务租车集中管理平台，强化对租车使用效率的监督管理，杜绝随意租车、租车闲置等损失浪费的行为。

3. 探索推行市区内私车公用模式，进一步降低行政成本

探索推行市区内私车公用管理模式，通过私车公用登记方式鼓励公务人员私车公用，登记申请审核通过后，可以发放一定额度的补贴，并报销公务出行的车辆燃油费、路桥费等，提升行政机关工作效率，降低行政成本。

第6章 国有资产管理

客观准确的风险评估和风险控制是决策的前奏曲，是摘得投资桂冠的利器。

——卡尔·科特根

常见问题及表现：

1.资产管理基础不扎实
2.部分资产存在流失风险
3.超标准配置国有资产
4.国有资产采购验收流程不规范
5.违规向私营企业投资、借款
6.未及时足额收取租金
7.违规低价出租国有资产
8.以不对等价值将国有资产对外置换
9.明显高于市场价租入资产
10.违规出让、划拨土地
11.以提高补偿标准等方式进行利益输送
12.擅自占有、使用、处置国有资产
13.对资产疏于管理，造成损失浪费
14.未经批准擅自实行公司制改制，或者在公司制改制过程中未按照规定执行，导致国有资产流失
15.土地批而未供
……

扫码获取
✔ 风险防控大讲堂
✔ 法条全文筑防线
✔ 审计课程助提升

审计案例124

资产管理基础不扎实，部分资产闲置浪费

广东某县48个行政事业单位有113个电话在开通后长期闲置或在机构改革后未及时注销，每月仍在继续支付套餐费用，截至2022年6月底，造成8.73万元财政资金损失浪费。

相关财经法律法规

上述做法不符合广东省财政厅《关于进一步加强省直部门及下属单位行政事业国有资产管理的通知》（粤财资〔2017〕3号）和《行政单位国有资产管理暂行办法（2017年修正）》（中华人民共和国财政部令第35号）的有关规定。

《关于进一步加强省直部门及下属单位行政事业国有资产管理的通知》："二、进一步加强资产处置和出租出借管理：（一）规范资产日常管理。……做好资产建账、核算和登记工作，充分利用资产管理信息系统，定期或者不定期进行清查盘点，保证账账相符、账实相符、账卡相符。年度终了，进行全面清查盘点，及时处理资产盘盈、盘亏。"

《行政单位国有资产管理暂行办法（2017年修正）》第十九条："行政单位应当认真做好国有资产的使用管理工作，做到物尽其用，充分发挥国有资产的使用效益；保障国有资产的安全完整，防止国有资产使用中的不当损失和浪费。"

财务风险防控对策

按照行政事业单位国有资产管理的有关法律法规，建立"国家所有、政府监管、单位占有使用"的管理体制。财政部门代表政府行使行政事业单位国有资产管理职能，负责对行政事业单位国有资产实施综合管理。各行政主管部门负责对本部门所属单位的国有资产实施监督管理。行政事业单位负责对单位占有、使用的国有资产实施具体管理，承担资产安全使用、有效运转和资产保全的责任。各级财政部门、主管部门和行政事业单位各司其职、各

负其责，形成“政府—财政部门—主管部门—行政事业单位”四个层次的行政事业单位国有资产监督管理体系。

审计案例125

未有力维护资产完整性，部分资产闲置或存在流失风险

广东某单位未开展资产盘点工作，被他人占用的资产未及时收回，有部分房产物业存在流失风险。审计抽查发现，有12处房产物业被人借用、占用。如其位于该市某区某路200号的16间商铺，有9间商铺（面积约为456平方米）被小区物业公司侵占，其中有4间商铺被该物业公司私自对外出租，并收取35.8万元出租收益，有5间商铺作为物业公司的食堂、员工临时宿舍、堆放消防及维修器材的杂物间等。有27处房产物业长期闲置。如原出借给书法家协会、象棋学会使用的某花园的5处房产，在2018年9月清退后长期闲置；有14处房产在2016年11月公开拍卖流拍后，未采取进一步盘活利用措施闲置至今。

相关财经法律法规

上述做法不符合广东省财政厅《关于进一步加强省直部门及下属单位行政事业国有资产管理的通知》（粤财资〔2017〕3号）和《行政单位国有资产管理暂行办法（2017年修正）》（中华人民共和国财政部令第35号）的有关规定。

《关于进一步加强省直部门及下属单位行政事业国有资产管理的通知》：“二、进一步加强资产处置和出租出借管理：（一）规范资产日常管理。……做好资产建账、核算和登记工作，充分利用资产管理信息系统，定期或者不定期进行清查盘点，保证账账相符、账实相符、账卡相符。年度终了，进行全面清查盘点，及时处理资产盘盈、盘亏。”

《行政单位国有资产管理暂行办法（2017年修正）》第二十条：“行政

单位对所占有、使用的国有资产应当定期清查盘点，做到家底清楚，账、卡、实相符，防止国有资产流失。”

财务风险防控对策

1.坚持资产管理与预算管理相结合。在资产配置环节，制定行政事业单位主要资产配置标准，根据单位实际占用、使用资产的数量及状况，按照单位履行职能的需要确定资产配置量；按照规定的程序，制定年度购置计划，作为单位支出项目列入部门预算。在收入管理环节，行政事业单位的资产有偿使用收入、处置收入必须按照规定纳入政府统一管理。积极探索制定实物费用定额管理办法，量化资产配置、消耗指标，纳入单位部门预算。

2.资产管理与财务管理相结合。行政事业单位必须做到占有、使用的各项国有资产账账、账实相符，实物与账目一致、资产账与财务账一致。行政事业单位要建立国有资产管理制度，把国有资产管理责任落实到部门和使用人。

3.实物管理与价值管理相结合。购置、处置资产按照财务制度的规定进行账务处理；占有、使用期间做好资产的维护保养，保证实物形态的完整性和可用性；损毁资产必须按照规定的权限，在报批手续齐备的前提下进行销账等。建立资产管理卡片，定期检查与清理。

4.资产配置与政府采购相结合。根据《中华人民共和国政府采购法》的规定，行政事业单位购置纳入政府采购目录的资产，必须实行政府采购。

审计案例126

超标准配置国有资产

审计发现，广东某单位超标准配置国有资产现象较为严重。在办公自动化设备方面，超标准配置笔记本电脑32台、台式电脑57台、打印机51台、复印机10台、投影仪10个；在办公家具方面，有2间厅级、6间处级、5间处级以下办公用房的办公家具超出价值上限；在电器设备方面，有12间办公用房的18台空调超出规定匹数。同时，该单位内部缺乏对资产配置标准的审核程序，在已经超标配置资产的情况下，仍然每年通过项目支出的方式申请新购资产，甚至虚报人数多购置资产，未能落实“过紧日子”思想要求。

相关财经法律法规

上述做法不符合《关于印发〈广东省省直行政单位常用公用设施配置标准〉的通知》（粤财资〔2011〕17号）和《行政事业性国有资产管理条例》（中华人民共和国国务院令第738号）的有关规定。

《广东省省直行政单位常用公用设施配置标准》：“三、具体配置标准……（四）办公家具配置：1.办公室家具：厅（局）级干部办公室每间不超过18000元；处级干部办公室每人不超过8000元；处级以下人员办公室每人不超过3000元。……（六）办公自动化设备配置：1.计算机：台式电脑按编制内实际人数每人1台配置，另可按编制内实际人数的50%配置单位公用台式电脑；笔记本电脑可按处级及以上干部每人1台，另可按编制内实际人数的30%配置单位公用笔记本电脑。保密工作岗位需另外配置电脑的，每个岗位配置1台电脑。2.打印机：每个50人以上（含50人）的行政单位可配置1台高档网络打印机。单位可按内设处室总数1∶1.5的比例配置网络打印机、普通激光打印机和其他打印机，根据内部实际工作需要自行调剂安排使用。”

《行政事业性国有资产管理条例》第五十三条：“各部门及其所属单位有下列行为之一的，责令改正，情节较重的，对负有直接责任的主管人员和其他直接责任人员依法给予处分：……（二）超标准配置国有资产；……”

财务风险防控对策

1.在资产配置方面，严格落实国家有关法律法规与规章制度，根据各行政事业单位具体职能，进行资产合理配置、规划资产结构，避免盲目追求数量的重复同质采购，对不符合规定的超配立即整改，结合地区和单位的实际情况和特殊岗位需求来进行资产配置，避免“一刀切”。

2.建立健全资产绩效管理制度体系，围绕资产配置、使用、处置、收益等关键环节，以预算年度为周期对行政事业单位国有资产实施年度考评。建立涵盖资产绩效目标管理、绩效评价组织实施以及评价结果应用等各环节的管理制度和操作规程，使资产绩效管理有章可循。

3.部门单位间加强联动，建立国有资产调剂和共享共用机制，加强横向流动，整合国有资产资源，解决资产配置不均、配置随意、超标准配置资产、闲置资产使用效率低等问题，实现多部门对行政事业单位资产管理的资源共享、结果共用。

审计案例127

固定资产未入账，形成账外资产

审计发现，某单位2022年实际使用的1台车辆未纳入资产账反映。据被审计单位反映，该车是上级主管部门2020年无偿划拨的车辆，由于未支付相关款项，该车漏记入资产账反映。

相关财经法律法规

上述做法不符合《内部会计控制规范——基本规范》《中华人民共和国会计法》和《行政单位国有资产管理暂行办法（2017年修正）》（中华人民共和国财政部令第35号）的有关规定。

《内部会计控制规范——基本规范》第六条：“内部会计控制应当达到以下基本目标：（一）规范单位会计行为，保证会计资料真实、完整。（二）堵塞漏洞、消除隐患，防止并及时发现、纠正错误及舞弊行为，保护单位资产的安全、完整。（三）确保国家有关法律法规和单位内部规章制度的贯彻执行。”

《中华人民共和国会计法》第二十五条：“公司、企业必须根据实际发生的经济业务事项，按照国家统一的会计制度的规定确认、计量和记录资产、负债、所有者权益、收入、费用、成本和利润。”

《行政单位国有资产管理暂行办法（2017年修正）》第二十条：“行政

单位对所占有、使用的国有资产应当定期清查盘点，做到家底清楚，账、卡、实相符，防止国有资产流失。”

财务风险防控对策

1.行政事业单位国有资产处置、出租等要按照规定程序履行报批手续，纳入相关部门监督和管理，经批准出租资产应按规定进行评估、招投标，按照规定签订合同，确保国有资产保值增值；不得违规将行政事业单位国有资产用于对外投资、举办经济实体和违反法律法规对外提供担保。同时，各行政事业单位资产管理部门要依托行政事业资产管理信息系统平台，建立完善国有资产动态管理信息系统，实时更新，强化国有资产的动态监管。

2.立行立改，及时完善手续，补计入账。

审计案例128

擅自核销债权或对外投资

某单位在未报经财政部门批复的情况下，擅自核销资产820万元。其中，长期投资267.5万元、固定资产报废损失424万元、坏账损失128.5万元。

相关财经法律法规

上述做法不符合《事业单位国有资产管理暂行办法》（中华人民共和国财政部令第100号）和《行政单位国有资产管理暂行办法（2017年修正）》（中华人民共和国财政部令第35号）的有关规定。

《事业单位国有资产管理暂行办法》第八条：“事业单位负责对本单位占有、使用的国有资产实施具体管理。其主要职责是：（一）根据事业单位国有资产管理的有关规定，制定本单位国有资产管理的具体办法并组织实施；……（四）负责本单位用于对外投资、出租、出借和担保的资产的保值增值，按照规定及时、足额缴纳国有资产收益。”第二十一条：“……事业单位应当对本单位用于对外投资、出租和出借的资产实行专项管理，并在单位财务会计报告中对相关信息进行充分披露。”第二十五条：“……事业单位处置国有资产，应当严格履行审批手续，未经批准不得自行处置。”

《行政单位国有资产管理暂行办法（2017年修正）》第二十九条：“行政单位处置国有资产应当严格履行审批手续，未经批准不得处置。”

财务风险防控对策

按规定建立健全长期投资和国有资产管理制度，加强对下属事业单位资产情况的监督检查和及时清理，强化对资产投资、购置、处置等事项的管理，按规定权限审核处置，确保国有资产安全。

审计案例129

国有资产采购验收流程不规范

广东某单位国有资产采购验收入库把关不严，采购手提电脑50台、空调20台，涉及金额63万元，无验收单等书面记录。经审计延伸发现，相关资产仍存放在供应商处未供货，属于被审计单位为提高项目执行率而进行的违规操作。

相关财经法律法规

上述做法不符合《事业单位国有资产管理暂行办法》（中华人民共和国财政部令第100号）、《会计基础工作规范（2019年修订）》（中华人民共和国财政部令第98号）和《关于进一步加强省直部门及下属单位行政事业国有资产管理的通知》（粤财资〔2017〕3号）的有关规定。

《事业单位国有资产管理暂行办法》第七条：“事业单位的主管部门（以下简称主管部门）负责对本部门所属事业单位的国有资产实施监督管理。其主要职责是：……（四）负责本部门所属事业单位长期闲置、低效运转和超标准配置资产的调剂工作，优化事业单位国有资产配置，推动事业单位国有资产共享、共用。”第二十条：“事业单位应当建立健全资产购置、验收、保管、使用等内部管理制度。事业单位应当对实物资产进行定期清查，做到账账、账卡、账实相符，加强对本单位专利权、商标权、著作权、土地使用权、非专利技术、商誉等无形资产的管理，防止无形资产流失。”

《会计基础工作规范（2019年修订）》第四十八条：“原始凭证的基本要求是：……（三）……购买实物的原始凭证，必须有验收证明。支付款项的原始凭证，必须有收款单位和收款人的收款证明。”

《关于进一步加强省直部门及下属单位行政事业国有资产管理的通知》：“……建立健全重大资产购建、资产入库验收登记、资产保管清查、资产领用和交回等日常管理制度。……”

财务风险防控对策

1.在购置国有资产时，应当实施政府采购制度。政府采购是指各级政府为了满足日常政务的需求，以定时规范的方式购买物品、工程和服务的行为。实践表明，实施政府采购制度可以有效降低国有资产的流失。

2.在国有资产验收方面，行政事业单位应对新购置国有资产的验收和使用流向进行审查与登记，对国有资产由谁使用、由谁保管、资产发生闲置，以及丢失损毁是否应该承担责任等问题应进行严格明确的界定，对于报废的国有资产应进行拍卖或租赁处理，最大限度地确保国有资产实现增值。

审计案例130

提前购入国有资产且长期闲置

某公办学校2019年购入了价值35万元的表面肌电分析系统和价值32万元的平衡能力测试系统。因学校不具备医疗资质，不能使用相关医疗设备，这两套系统从购置起一直闲置，截至2022年底仍未拆封并投入使用，造成国有资产损失浪费。

相关财经法律法规

上述做法不符合《事业单位国有资产管理暂行办法》（中华人民共和国财政部令第100号）和《行政单位国有资产管理暂行办法（2017年修正）》（中华人民共和国财政部令第35号）的有关规定。

《事业单位国有资产管理暂行办法》第十三条："事业单位国有资产配置应当符合规定的配置标准；没有规定配置标准的，应当从严控制，合理配置。"第十四条："对于事业单位长期闲置、低效运转或者超标准配置的资产，原则上由主管部门进行调剂，并报同级财政部门备案；跨部门、跨地区的资产调剂应当报同级或者共同上一级的财政部门批准。法律、行政法规另有规定的，依照其规定。"

《行政单位国有资产管理暂行办法（2017年修正）》第二十六条："对行政单位中超标配置、低效运转或者长期闲置的国有资产，同级财政部门有权调剂使用或者处置。"

财务风险防控对策

在国有资产配置方面，行政事业单位应对政府捐助、经营性收入等来源的资产做好登记，相关部门应对现有资产及预算管理进行严格的检查与监督，合理配置国有资产，对弄虚作假的行政事业单位进行严厉处罚，并追究相关责任人员的责任。

审计案例131

违规出借财政资金

2013年12月，广东某园区管委会采用BT（building-transfer，建设-移交）模式与某公司签订BT合同。为加快项目实施进度，2014年6月，园区管委会违规分两笔共向该公司出借2500万元作为项目建设资金。2016年该项目竣工验收并交付使用，2019年经第三方工程结算审核，确定BT项目总回购款为2200万元。截至2022年底，园区管委会既未及时办理该BT工程暂借款抵扣手续，也未向该公司追索2500万元借款的利息。按同期贷款基准利率6.55%计算，有1370万元利息款存在流失风险。

相关财经法律法规

上述做法不符合《行政单位国有资产管理暂行办法（2017年修正）》（中华人民共和国财政部令第35号）、《中共中央办公厅 国务院办公厅关于印发〈党政机关办公用房管理办法〉的通知》（中办发〔2017〕70号）和《广东省财政厅关于省直行政事业单位国有资产使用管理的暂行办法》（粤财资〔2011〕18号）的有关规定。

《行政单位国有资产管理暂行办法（2017年修正）》第二十四条："行政单位拟将占有、使用的国有资产对外出租、出借的，必须事先上报同级财政部门审核批准。未经批准，不得对外出租、出借。同级财政部门应当根据实际情况对行政单位国有资产对外出租、出借事项严格控制，从严审批。"

《党政机关办公用房管理办法》第二十一条："……公益二类事业单位已经占用的机关办公用房，应当按照规定予以腾退；确有困难的，经机关事务管理部门批准，可以继续有偿使用，租金收益按照非税收入有关规定管理。"

《广东省财政厅关于省直行政事业单位国有资产使用管理的暂行办法》第三十七条："……省直行政事业单位利用国有资产出租、出借的，期限一般不得超过5年。"

财务风险防控对策

及时转变国有资产管理理念，消除思想上对国有资产管理的误区，严格履行资产管理职责，基于内部控制规范及单位实际情况，完善国有资产管理制度及方法，强化人员的国有资产管理意识。重视对资产管理人员的培训，增强管理人员的专业能力。同时，要加强信息化建设，基于财务系统信息化数据，进行资产登记管理等工作，利用计算机技术及系统平台，实现电子化台账管理。

审计案例132

违规向私营企业投资、借款

2020年11月4日，某地交通部门向财政部门申请对外投资。在财政部门未批复同意的情况下，12月3日，该交通部门即使用财政资金，对某客运联网服务中心有限公司进行投资，计划长期股权投资总额为750万元，该次注入资金450万元。

相关财经法律法规

上述做法不符合《事业单位国有资产管理暂行办法》（中华人民共和国财政部令第100号修订）、《行政单位国有资产管理暂行办法（2017年修正）》（中华人民共和国财政部令第35号）和《行政事业性国有资产管理条例》（中华人民共和国国务院令第738号）的有关规定。

《事业单位国有资产管理暂行办法》第二十一条："事业单位利用国有资产对外投资、出租、出借和担保等应当进行必要的可行性论证，并提出申请，经主管部门审核同意后，报同级财政部门审批。法律、行政法规和本办法第五十六条另有规定的，依照其规定。事业单位应当对本单位用于对外投资、出租和出借的资产实行专项管理，并在单位财务会计报告中对相关信息进行充分披露。"

《行政单位国有资产管理暂行办法（2017年修正）》第二十四条："行政单位拟将占有、使用的国有资产对外出租、出借的，必须事先上报同级财政部门审核批准。未经批准，不得对外出租、出借。同级财政部门应当根据实际情况对行政单位国有资产对外出租、出借事项严格控制，从严审批。"

《行政事业性国有资产管理条例》第十二条："行政单位国有资产应当用于本单位履行职能的需要。除法律另有规定外，行政单位不得以任何形式将国有资产用于对外投资或者设立营利性组织。"

财务风险防控对策

严格按照有关规定建立健全长期投资和国有资产管理制度，加强对下属事业单位资产情况的监督检查和及时清理，强化资产投资、购置、处置等事项的管理，按规定的权限审核处置，确保国有资产安全。

审计案例133

未及时足额收取资产或房屋租金

2016年1月，广东某县科学研究所将其面积合计1.3万平方米的3块土地和面积3000平方米的6处房产，出租给了许某某个人，合同约定租金为每年36万元，每5年在原有基础上上浮10%。2021年4月，该科学研究所将相关出租资产移交给县财政局，但自办理移交手续至审计时止，该科学研究所和县财政局均未对相关实物资产进行管理，也未收取租金，涉及租金约318万元。

相关财经法律法规

上述做法不符合财政部《事业单位国有资产管理暂行办法》（中华人民共和国财政部令第100号修订）和广东省财政厅《关于进一步加强省直部门及下属单位行政事业国有资产管理的通知》（粤财资〔2017〕3号）的有关规定。

《事业单位国有资产管理暂行办法》第二十一条：“事业单位利用国有资产对外投资、出租、出借和担保等应当进行必要的可行性论证，并提出申请，经主管部门审核同意后，报同级财政部门审批。法律、行政法规和本办法第五十六条另有规定的，依照其规定。……”

《关于进一步加强省直部门及下属单位行政事业国有资产管理的通知》：“二、进一步加强资产处置和出租出借管理……（三）严格资产出租出借管理。省直部门及下属单位要严格执行资产对外出租、出借规定。严格履行报批程序。资产单项或批量价值在50万元以下或出租出借期限在6个月以内（含6个月）的，由主管部门进行审批；资产单项或批量价值在50万元以上（含50万元）及出租出借期限在6个月以上的，经主管部门审核后由省财政厅审批。未经批准，不得擅自对外出租、出借。……严格按规定确定租价、期限。经批准对外出租出借的，要在严格论证的基础上以‘公开、公平、公正’的方式进行，招租信息应在公开媒介进行披露，对外出租、出借价格必须通过评审或资产评估的方法确定，出租期限原则不超过5年，不得超年限出租。严格执行出租出借收入‘收支两条线’管理。国有资产处置、出租出借等产生的收入属于政府非税收入，应严格按照‘收支两条线’管理，相关收入均应通过省级非税收入管理系统上缴省财政。……”

财务风险防控对策

制定适合本部门和单位实际的行政事业性国有资产购置制度、验收制度、处置制度、责任制度等管理制度，为国有资产管理各环节提供相对应的制度规范，为强化内控机制、健全分工协作机制、促进国有资产规范管理提供制度保障。

审计案例134

违规低价出租国有资产

2021年，在未经省财政厅批准，未按规定对资产进行评估并履行公开招租程序，也未经单位集体会议研究的情况下，广东某单位负责人擅自将某处2200平方米1至3层房产对外出租，签订的租赁合同期限长达20年，合同约定前10年每年收取固定租金50万元（每月每平方米租金约19元），后10年每年收取固定租金60万元（每月每平方米租金约23元）。

审计对该处物业周边房屋历史出租价格进行调查发现，合同签订时，市场平均出租单价为每月每平方米45元，该处物业所在市房管局公布的同一年份同地段的房屋出租参考价为每月每平方米43元。该出租行为涉嫌造成国有资产收益流失。

相关财经法律法规

上述做法不符合财政部《事业单位国有资产管理暂行办法》和广东省财政厅《关于进一步加强省直部门及下属单位行政事业国有资产管理的通知》（粤财资〔2017〕3号）的有关规定。

《事业单位国有资产管理暂行办法》第二十一条："事业单位利用国有资产对外投资、出租、出借和担保等应当进行必要的可行性论证，并提出申请，经主管部门审核同意后，报同级财政部门审批。法律、行政法规和本办法第五十六条另有规定的，依照其规定。……"

《关于进一步加强省直部门及下属单位行政事业国有资产管理的通知》："二、进一步加强资产处置和出租出借管理……（三）严格资产出租出借管理。省直部门及下属单位要严格执行资产对外出租、出借规定。严格履行报批程序。资产单项或批量价值在50万元以下或出租出借期限在6个月以内（含6个月）的，由主管部门进行审批；资产单项或批量价值在50万元以上（含50万元）及出租出借期限在6个月以上的，经主管部门审核后由省财政厅审批。未经批准，不得擅自对外出租、出借。……严格按规定确定租价、期限。经批准对外出租出借的，要在严格论证的基础上以'公开、公平、公正'的方式进行，招租信息应在公开媒介进行披露，对外出租、出借价格必须通过评审或资产评估的方法确定，出租期限原则不超过5年，不得超年限出租。严格执行出租出借收入'收支两条线'管理。国有资产处置、出租出借等产生的收入属于政府非税收入，应严格按照'收支两条线'管理，相关收入均应通过省级非税收入管理系统上缴省财政。……"

财务风险防控对策

1.单位应当提高对国有资产管理的重视程度，严格按照国有资产出租的规定程序执行，在办理国有资产出租事项时，必须将相关情况向财政部门提出申请且获得批准，并按要求在公开平台招租。

2.进一步细化出租资产管理流程，设立出租资产管理专职人员，专门负责出租资产管理全部环节，不能由财务人员兼任资产专管员。资产专管员负责出租资产资料台账管理，以及招租、签约、日常维护等，财务人员负责资产的账务处理，资产专管员与财务人员形成相互制约和监督。

审计案例135

“三旧”改造中违规参股，涉嫌侵害职工利益

广东A集团是经省政府批准、某厅行政单位托管的全民所有制企业。2019年9月，A集团和B资产有限公司（民营企业）进行资产重组，B资产有限公司占股90%，A集团持股10%。2020年11月，重组后的新A集团启动“三旧”改造申请，2020年12月顺利获得三旧办批复同意“三旧”改造。在签订收地补偿协议和土地移交确认书，并将该地块涉及的土地及房产证书移交当地土地储备中心后，土地储备中心共向新A集团支付补偿款12.28亿元，其中A集团获得补偿8.98亿元、B资产有限公司获得补偿3.30亿元。

相关财经法律法规

上述做法不符合广东省财政厅《广东省省直行政事业单位国有资产对外出租出借管理暂行办法》（粤财资〔2018〕22号）的有关规定。

《广东省省直行政事业单位国有资产对外出租出借管理暂行办法》第十条：“省直行政事业单位出租出借，应当组织开展可行性研究，在单位内进行公示（公示期不少于5个工作日），在严格论证的基础上提出申请，附上相关材料，由主管部门按照有关规定进行审批。……”第十四条：“省直行政事业单位经审批同意出租出借的资产，除涉及国家秘密，短期、临时性出租，以及国家法律法规规定不得进行公开交易外，必须进入省公共资源交易平台进行公开招租。……”第十七条：“经省公共资源交易平台公开招租确定承租方后，省直行政事业单位应当凭加盖省公共资源交易中心见证章的成交凭证与承租方签订租赁合同以及其他法律、法规和文件规定必须签订的文书，并将签订后的租赁合同报主管部门进行备案，同时到有关部门办理承租

人登记备案及缴纳税费。租赁合同中应当约定出租出借资产的用途，且与出租出借事项报批时提交的书面申请招租内容相一致，合同期间的租金水平应与同期社会经济发展状况和市场水平保持一致。”

财务风险防控对策

从制度入手，进一步建立健全固定资产管理相关制度，使固定资产无论是采购、使用，还是处置等，都有据可循。

1.建立健全物资管理机制。对于固定资产实物，财务部门要建立总账及明细分类账，从财务角度严肃物资管理。无论是资产的采购、入库，还是使用、报废、处置等，均应由专人负责。固定资产明细账要及时更新和登记，管理责任要落实到个人。

2.建立健全资产增减变化机制。无论是固定资产盘亏、盘盈，还是报废、处置，都应设计严格的审核、审批、处置制度，实物的增减变动要时刻与账面相匹配、相一致。

3.建立健全固定资产清查制度。行政事业单位要对单位现有的固定资产进行定期和不定期的盘点清查，一旦发现问题，及时反映和反馈，第一时间予以处理。

审计案例136

以不对等价值将国有资产对外置换

2019年12月21日，广东某局与A公司经协商，按照B房地产评估有限公司出具的《房地产租赁估价报告》，将该局名下的部分商铺及停车场、住宅楼合计5302.27平方米的资产，以评估价值共4254.35万元，置换了A公司所拥有的首层鱼肉菜市场摊位面积243.2平方米的资产（评估价值为4310.48万元）。

审计发现，该局上述物业的市场价值曾在2018年12月2日受该县建设局委托，由同一家评估公司做过评估，当时的评估报告反映，该局上述5302.27平方米物业的评估价值为3012.52万元，A公司上述243.2平方米物业的评估价值为327.41万元。置换资产的价值差额为2685.11万元，该项资产置换涉嫌造成国有资产流失。

相关财经法律法规

上述做法不符合《地方行政单位国有资产处置管理暂行办法》（财行〔2014〕228号）和《广东省省直行政事业单位国有资产处置管理暂行办法（2019年修订）》（粤财资〔2019〕40号）[①]的有关规定。

《地方行政单位国有资产处置管理暂行办法》第十九条："资产有偿转让或置换，应当经具备相应资质的中介机构评估。"

《广东省省直行政事业单位国有资产处置管理暂行办法（2019年修订）》第二十三条："资产有偿转让或置换，应当经具备相应资质的资产评估机构进行评估。评估报告经主管部门核准后，以评估价作为资产出售、出让的底价。"

财务风险防控对策

行政事业单位应健全国有资产管理与监督体制，切实提高国有资产管理工作效率。

1.行政事业单位应建立独立的部门对国有资产进行管理，并确保该部门不受其他部门的利益干扰，能够独立完成国有资产管理工作，杜绝国有资产管理过程中的违规操作。

2.贯彻"政事分开、管办分离、分类管理"的原则，继续完善行政事业单位国有资产管理监督机制，以民主监督与定期检查相结合的方式确保国有资产安全。

3.对违反国有资产管理规定从而造成国有资产损失的人员，采取严厉的惩罚措施，借此警示各从业人员。

① 2023年6月20日，广东省机关事务管理局、广东省财政厅印发《广东省省直行政事业单位国有资产处置管理暂行办法（2023年修订）》，该暂行办法自印发之日起执行，《广东省省直行政事业单位国有资产处置管理暂行办法（2019年修订）》（粤财资〔2019〕40号）同时废止。

审计案例137

与民营企业合作开发房地产项目，未按合同取得投资分成

广东某县××局下属A事业单位2021年度向县发改局立项备案一栋建筑面积2.68万平方米的综合楼，2021年12月与某公司签订《市场合作建设合同书》。合同约定，该局以原市场5000平方米商住用地使用权作为股本投入，享有25%的股份权利；合作公司负责建设资金，享有75%的股份权利。至2023年6月8日，实际建设完成综合楼的建筑面积为4.70万平方米。按照合同约定，A事业单位应分得商铺、住宅等物业合计11773平方米。但A事业单位实际根据县发改局立项备案的建筑面积2.68万平方米作基数分成，仅分得物业5564平方米，少分得6209平方米的物业，价值约4067万元，涉嫌造成国有资产流失。

相关财经法律法规

上述做法不符合《广东省省直行政事业单位国有资产处置管理暂行办法（2019年修订）》（粤财资〔2019〕40号）的有关规定。

《广东省省直行政事业单位国有资产处置管理暂行办法（2019年修订）》第四十条：资产处置过程中，存在下列行为的，按照《财政违法行为处罚处分条例》等有关规定处理：……（二）在处置过程中弄虚作假，人为造成资产损失的；（四）隐瞒、截留、挤占、坐支和挪用资产处置收入的。

财务风险防控对策

1.行政事业单位应对固定资产进行整合，物尽其用，着力提高固定资产的使用效率。随着改革的推进，很多固定资产需要被重新调配和整合。有些资产的调配与整合是在单位内部，有些则是在系统内部，固定资产的调配与整合可能需要跨部门，甚至跨系统。对有些固定资产，比如电脑、汽车等通用资产，系统内的各单位应同意调配和整合，以发挥资产的最优使用效率。

2.加强对固定资产的监督检查。行政事业单位在固定资产管理中，还应加强监督检查，并将其纳入对管理者的离任审计之中。将资产管理情况与领导

干部的离任审计联系起来，凡是行政事业单位的管理者调任或离职，都应对其在任期间的固定资产管理情况进行清查盘点和实施必要的审计程序，严防固定资产管理漏洞。此外，要积极发挥单位内外部的审计监督检查作用，通过有力的监督手段实现优化固定资产管理的目的。

审计案例138

明显高于市场价租入资产

2020年12月13日，A税局解决办税服务大厅场地问题，直接选定C大厦为租赁对象，租赁期限为20年，租金总额为2.26亿元，A税局于2021年3月、10月、12月分三次向业主公司付清20年期全部租金2.26亿元。

审计发现，根据当地住建局提供的同期商业房产出让价，同地段商业、办公房产价格均在每平方米1.5万元左右。而A税局与C大厦业主商定的租赁价格，折合每平方米租金3.31万元，这一价格完全可以买下同样的办公楼。A税局涉嫌高价承租，造成财政资金损失。

相关财经法律法规

上述做法不符合《党政机关厉行节约反对浪费条例》的有关规定。

《党政机关厉行节约反对浪费条例》第四条："党政机关厉行节约反对浪费，应当遵循下列原则：坚持从严从简，勤俭办一切事业，降低公务活动成本；……"

财务风险防控对策

行政事业单位应围绕清产核资、资产购置、资产处置等方面进一步完善固定资产管理工作。

1.要定期进行清产核资，详细核对资产的账、实价值，在保证账实相符的同时，为资产的预算编制提供可靠依据。

2.对于资产购置，要设置限额和招投标程序，限额之下可自行购置，限额之上则须实施审核、审批和招投标程序，经政府审批后实施招投标购置。

3.要严肃对待资产处置，做到公开、公平、公正，杜绝违规操作行为。

审计案例139

向企业购置纠纷房产

2020年9月，某地市政府以2900元/米^{2}的价格，整体收购某商住小区二期2号、3号、4号楼中92套尚未销售房产作为公租房，购房款共计2365.45万元。

经核查，该商住小区户型为76.43平方米至125.58平方米不等，不符合经济适用住房“60平方米左右”和公共租赁住房“严格控制在60平方米以下”的单套面积要求，且小区二期未销售房产仍需投入约1800万元方可顺利竣工及通过各项验收。考虑到收购价格和改造费用，整体单价已超过4300元/米^2，远超该市目前自建公共租赁住房成本，且改造需一套房分割为两套房使用，通风采光、居住条件均不理想，收购价值不大。经了解，该小区的房地产开发公司与相关银行债权人存有债务纠纷，小区92套商品房自2010年开始被法院查封，2015年续封。至审计日，市政府和市住建局未能采取有效措施收回上述房产，形成“烂尾”工程，财政潜在损失2000万元购房款。

相关财经法律法规

上述做法不符合《廉租住房保障办法》（中华人民共和国建设部、国家发展和改革委员会、中华人民共和国监察部、中华人民共和国民政部、中华人民共和国财政部、中华人民共和国国土资源部、中国人民银行、国家税务总局、国家统计局令第162号）和《关于加快发展公共租赁住房的指导意见》（建保〔2010〕87号）的有关规定。

《廉租住房保障办法》第六条：“市、县人民政府应当根据当地家庭平均住房水平、财政承受能力以及城市低收入住房困难家庭的人口数量、结构等因素，以户为单位确定廉租住房保障面积标准。”第三十二条：“违反本办法规定，建设（住房保障）主管部门及有关部门的工作人员或者市、县人民政府确定的实施机构的工作人员，在廉租住房保障工作中滥用职权、玩忽职守、徇私舞弊的，依法给予处分；构成犯罪的，依法追究刑事责任。”

《关于加快发展公共租赁住房的指导意见》“四、房源筹集……（三）新建公共租赁住房主要满足基本居住需求，应符合安全卫生标准和节能环保要求，确保工程质量安全。成套建设的公共租赁住房，单套建筑面积要严格控制在60平方米以下。以集体宿舍形式建设的公共租赁住房，应认真落实宿舍建筑设计规范的有关规定。”

财务风险防控对策

单位应当根据国家有关规定加强对对外投资的管理。

1.单位对外投资，应当由单位领导班子集体研究决定。

2.合理设置岗位，明确相关岗位的职责权限，确保对外投资的可行性研究与评估、对外投资决策与执行、对外投资处置的审批与执行等不相容岗位相互分离。

3.加强对对外投资项目的追踪管理，及时、全面、准确地记录对外投资的价值变动和投资收益情况。

4.建立责任追究制度。对在对外投资中出现重大决策失误、未履行集体决策程序和不按规定执行对外投资业务的部门及人员，应当追究相应的责任。

审计案例140

国有资产被违规占用

2018年10月，登记在某县国资委名下的临时货运站场用地（4万平方米），被某汽车城物业管理有限公司（民营企业）用来兴建了某汽车市场，并引进近20家汽车销售网点，一直经营至今。上述事业单位名下国有企业所属土地存在流失风险。

相关财经法律法规

上述做法不符合《中华人民共和国土地管理法》的有关规定。

《中华人民共和国土地管理法》第五十六条："建设单位使用国有土地的，应当按照土地使用权出让等有偿使用合同的约定或者土地使用权划拨批准文件的规定使用土地；确需改变该幅土地建设用途的，应当经有关人民政府自然资源主管部门同意，报原批准用地的人民政府批准。其中，在城市规划区内改变土地用途的，在报批前，应当先经有关城市规划行政主管部门同意。"

财务风险防控对策

单位应当建立健全合同内部管理制度。合理设置岗位，明确合同的授权审批和签署权限，妥善保管和使用合同专用章，严禁未经授权擅自以单位的名义对外签订合同，严禁违规签订担保、投资和借贷合同。

审计案例141

违规调整用地性质及容积率

某管理局下属房地产开发有限公司2015年12月取得某市5万平方米的高科技工业厂房及配套用地，规划容积率1.3。2017年11月，市住建局××分局违规将用地性质由工业用地调整为商务、零售、旅馆用地，容积率由1.3调整为4.57。规划、国土等部门对该公司违规受让土地后长期不进行建设的行为坐视不理，并多次为违规项目变更土地规划用途、提高容积率和批准其延期建设，既为其规避了土地闲置责任，也事实上造成向该公司协议供应经营性用地，让该公司达到囤地增值的目的，涉嫌向企业输送利益。

相关财经法律法规

上述做法不符合《中华人民共和国土地管理法》、《中华人民共和国城镇国有土地使用权出让和转让暂行条例》（中华人民共和国国务院令第55号）和《招标拍卖挂牌出让国有建设用地使用权规定》（中华人民共和国国土资源部令第39号）的有关规定。

《中华人民共和国土地管理法》第七十九条："无权批准征收、使用土地的单位或者个人非法批准占用土地的，超越批准权限非法批准占用土地的，不按照土地利用总体规划确定的用途批准用地的，或者违反法律规定的程序批准占用、征收土地的，其批准文件无效……非法批准、使用的土地应当收回，有关当事人拒不归还的，以非法占用土地论处。非法批准征收、使用土地，对当事人造成损失的，依法应当承担赔偿责任。"

《中华人民共和国城镇国有土地使用权出让和转让暂行条例》第十九条："……未按土地使用权出让合同规定的期限和条件投资开发、利用土地的，土地使用权不得转让。"

《招标拍卖挂牌出让国有建设用地使用权规定》第四条："工业、商业、旅游、娱乐和商品住宅等经营性用地……应当以招标、拍卖或者挂牌方式出让。"

财务风险防控对策

1.召开党委（党组）会议专题研究，制定整改措施，进一步核查是否存在违规违纪行为，根据具体情况给予处理处罚，追究相关人员责任，形成会议记录。

2. 建立健全土地规划编制审批等相关管理制度，按法定程序立项、编制、出让、审批、修改城乡规划，并经主管部门审批通过。

3.立即纠正违规改变土地用途、提高容积率和批准其延期建设的行为，对造成国有资产损失及流失的行为，应追究赔偿责任。

4.在今后工作中严格执行国家法规，加大查处力度，严禁非法占地，擅自改变土地性质、用途等行为。

5.建立登记造册备案管理，可以完整、动态地管理和核实各类土地、房屋等资产，通过定期核查与清理，真正地核实和掌握实有土地资产实况，便于加强管理和强化对管理失职的追责问责。

审计案例142

以提高补偿标准等方式进行利益输送

2020年11月8日，某街道办与路某某签订《房屋征收补偿安置协议》，征收其某处房屋，并支付补偿费用1.8亿元。审计发现，该处房屋的103商铺、108商铺（共112.08平方米），原为楼梯、过道，产权应属原房地产开发公司（集体企业），路某某在购买了首层的全部有证商铺后，未报经原权属单位同意，也未办理建设手续，违规将楼梯、过道改造成103商铺、108商铺，两处商铺涉及补偿金额530.36万元。该街道办的行为涉嫌向路某某进行利益输送。

相关财经法律法规

上述做法不符合《住房城乡建设部 财政部 国土资源部关于进一步做好棚户区改造工作有关问题的通知》（建保〔2016〕156号）的有关规定。

《住房城乡建设部 财政部 国土资源部关于进一步做好棚户区改造工作有关问题的通知》："二、依法依规控制棚改成本。要树立精打细算理念，严格依法依规办事。要建立健全征收拆迁补偿标准的规则，严格评估制度，确保征收过程公开公平公正。严禁大手大脚花钱，严禁违规支出。"

财务风险防控对策

1.召开党委（党组）会议专题研究，制定整改措施，进一步核查是否存在违规违纪行为，根据具体情况给予处理处罚，追究相关人员责任，形成会议记录。

2.建立健全征收拆迁制度，严格评估制度及补偿标准。

3.单位应当加强对实物资产和无形资产的管理，明确相关部门和岗位的职责权限，强化对配置、使用和处置等关键环节的管控。按照国有资产管理相关规定，明确资产的调剂、租借、对外投资、处置的程序、审批权限和责任。对资产实施归口管理，建立资产台账，加强资产的实物管理。建立资产信息管理系统，做好资产的统计、报告、分析工作，实现对资产的动态管理。

4.因违反程序、擅自提高补偿标准等违法违规行为，立即予以纠正，追回造成的国有资产损失。

审计案例143

擅自占有、使用、处置国有资产

某单位将部分不符合报废条件的办公资产堆放在仓库，待达到规定使用年限后再批量办理报废手续，造成国有资产闲置浪费。经审计现场盘点，该单位办公楼仓库的闲置固定资产约为228万元，主要是电脑设备、电器设备、办公设备及办公家具等，上述资产实际使用时间不足两年，一直闲置到待报废状态。

相关财经法律法规

上述做法不符合《中央行政事业单位国有资产管理暂行办法》（国管资〔2009〕167号）、《行政单位国有资产管理暂行办法（2017年修正）》（中华人民共和国财政部令第35号，2017年中华人民共和国财政部令第90号修正）、财政部《中央行政单位国有资产处置收入和出租出借收入管理暂行办法》（财行〔2009〕400号）和财政部《中央垂直管理系统行政单位国有资产管理暂行实施办法》（财行〔2007〕647号）的有关规定。

《中央行政事业单位国有资产管理暂行办法》第三十条：“国管局负责

建立中央行政事业单位国有资产处置平台，各部门应当按规定通过国有资产处置平台处置资产。”第三十一条：“资产处置应当严格履行申报审批手续，未经批准不得自行处置。”

《行政单位国有资产管理暂行办法（2017年修正）》第二十九条：“行政单位处置国有资产应当严格履行审批手续，未经批准不得处置。”第三十条：“资产处置应当由行政单位资产管理部门会同财务部门、技术部门审核鉴定，提出意见，按审批权限报送审批。”

《中央行政单位国有资产处置收入和出租出借收入管理暂行办法》第四条：“中央行政单位处置国有资产，应按照规定程序履行报批手续。未经批准，不得处置。……”

《中央垂直管理系统行政单位国有资产管理暂行实施办法》第三十二条：“垂管单位处置国有资产应当严格履行审批手续，未经批准不得处置。”第三十三条：“资产处置应当由垂管单位资产管理部门会同财务部门、技术部门审核鉴定，提出意见，按审批权限报送审批。”

财务风险防控对策

要强化监管，紧抓单位内部控制管理，各单位要制定完善内部资产管理制度和处置报批程序，实现规范化、程序化管理，确保国有资产不流失。单位内部要建立完善内部监督管理体系，避免以少数人的意志为转移随意处置国有资产，强化内部制度约束，落实主体责任。同时，要完善外部监管机制。各级国有资产主管部门要履行好国有资产处置监管职责，制定完善国有资产产权转让、资产处置等事项的审批程序，明确管理职责，强化对各单位国有资产管理的监督指导。要主动接受财政部门、审计部门以及社会公众共同监督，增强资产管理和处置程序规范性，确保行政事业单位国有资产不流失、不缺损。

审计案例144

对资产疏于管理，造成损失浪费

某行政单位由于未合理预见天气变化并妥善保管有关单位资产，导致办公楼一楼有5套大班台、20套办公桌及30台电脑、打印机、复印机等，因雨水倒灌而淹泡损毁，涉及资产价值30万元。

相关财经法律法规

上述做法不符合《行政单位国有资产管理暂行办法（2017年修正）》（中华人民共和国财政部令第35号，2017年中华人民共和国财政部令第90号修正）的有关规定。

《行政单位国有资产管理暂行办法（2017年修正）》第十九条："行政单位应当认真做好国有资产的使用管理工作，做到物尽其用，充分发挥国有资产的使用效益；保障国有资产的安全完整，防止国有资产使用中的不当损失和浪费。"

财务风险防控对策

1.国有资产的采购、使用、管理、处置、清查核实等环节，应与内部控制业务层面的资产控制进行融合，优化资产管理手段和方式，要建立健全内部控制规则，确保资产管理和财务管理的各关键环节相互分离、相互制约。

2.加强与财务、资产、业务部门的联系，定期开展盘点工作，监督检查资产管理责任制落实情况。

3.加大对财务人员的培训力度，提高会计业务水平，确保账务处理及时、准确，避免有账无物、有实无账、账与实不对应情况的发生。

4.建立个人绩效考核机制，明确将资产的管理效果与个人考核挂钩，从制度上约束单位及个人的资产管理行为，促进资产管理的合理化、科学化。

本章小结1

夯实部门资产管理主体责任，着力提高行政事业性国有资产管理水平

党的十八大以来，中央及省级部门、单位的资产数量和规模不断上升。近年来，财政部门和资产管理部门以及各行政事业单位高度重视行政事业性国有资产管理工作，构建了管理制度体系，规范了资产配置、使用、处置等各环节管理，有效提升了资产管理的质量和水平，满足了行政事业单位履职和事业发展的需要。从审计情况看，行政事业单位能够认真贯彻落实党中央国务院和省委省政府决策部署，逐步健全完善各类国有资产管理体制，提升资产管理水平和使用绩效，推动相关领域深化改革，在统筹推进疫情防控和经济社会发展、促进国有资产保值增值、保障和改善民生、保护生态环境、防范化解重大风险等方面发挥了重要作用。但审计也发现，省级行政单位普遍存在超标准配置办公资产的情况，部分资产使用效率偏低，资产管控机制仍不健全，不符合当前“过紧日子”的有关要求，亟待采取有力措施予以规范。

1. 部分部门、单位资产信息不真实

一是有的部门、单位长期未对固定资产进行清查盘点，部分资产未见实物、账实不符，对无偿划拨的房屋建筑物未入账登记管理，一些账外房产物业、信息系统资产、报废的资产等未及时进行账务处理，少计工程类固定资产。二是有的部门、单位资产管理系统的部分数据信息不够真实、完整，缺乏使用人、存放地点等信息；有的固定资产未张贴资产卡片，资产登记系统数据更新不及时；有的资产实际使用人和存放地点发生变动后未及时更新信息系统，资产台账无法与实物资产一一对应；有的资产存放地点、使用人等信息填写不完整、不规范；有的报废资产未及时处置并进行账务核销。三是有的部门、单位对国有资产权益保护不到位，部分房产长期未办理产权证书。

2. 部分资产管理使用绩效不佳

一是部分资产长期闲置，有的房产物业已空置3年以上，有些新购置的扫

描仪、笔记本电脑和沙发等办公设备未开封使用，堆放在仓库中长期闲置。二是有些资产验收、处置、出租出借等审批把关不严格，有的资产未办理验收入库手续，直接分配使用；有的部门、单位未经财政部门或主管部门审批同意，擅自将房产物业无偿出借给外单位作为办公用房，将商铺对外出租也未公开招租，还有的将其投资物业对外承包经营等。

3.超标准配置办公设备

对照行政单位资产配置标准，在考虑并剔除专项工作、办案等配置的办公设备后，仍有很多部门、单位超标准配置笔记本电脑、台式电脑、打印机等。有的部门、单位未采用网络方式共享办公设备，出现一个人配置3台以上电脑、2台以上打印机的情况。还有的部门、单位有闲置或存放在仓库的备用台式电脑、笔记本电脑、打印机。此外，还存在高档配置的现象，有的部门、单位配置单价超过2万元的高档打印机，单价超过1万元的笔记本电脑、台式电脑等。

4.部分部门、单位资产管理不到位

有的部门、单位违反“三重一大”决策程序，擅自以投资形式出借款项，未按合同约定收回本金利息等；有的未按规定向下属企业收取资产有偿使用费；有的向合作公司收取的版权使用费价值偏低，造成国有资源使用收益流失。有的部门、单位对属于“三重一大”议事范围的大额支出、重大资产处置、重大基本建设等项目未明确具体标准，造成有的工程项目因决策不当而形成损失。对易燃易爆危化品等管理混乱，存在较大安全隐患；部分物业出租收入未执行“收支两条线”管理，未及时足额将出租收入上缴财政国库。

存在上述问题的主要原因：一是部分省直部门存在“重钱轻物、重购置轻管理”的思想，对行政事业性国有资产管理使用的审核和监督力度不够，对资产的出租、出借、处置审批程序执行不严，未定期开展资产清查、资产管理使用绩效考核评价工作。资产管理信息系统不够完善，功能未能充分发挥。二是部分行政单位节约配置使用资产的观念不强，未将“过紧日子”思想全面落实到位。有的部门、单位对配置标准的学习掌握不够到位，未落实配置标准有关要求；还有的部门、单位在执行配置标准时不坚决。三是资产管控机制存在薄弱环节。资产配置管理与预算管理缺乏有效衔接，导致资产配置标准约束力较差。一些单位对资产存量、资产配置管理、资产使用效率等进行监督评价的力度不够，对长期存在的超标准配置资产、资产使用效率低下的情况未能及时纠正。

解决上述问题，应从以下几个方面着手。

1.夯实部门资产管理主体责任，着力提高行政事业性国有资产管理水平

省级有关部门和单位要切实履行好国有资产管理的主体责任，认真落实“过紧日子”要求，进一步提高资产配置的科学性与合理性。加强资产规范化管理，统筹推进资产管理信息系统建设，提高国有资产信息化管理水平，优化新增资产配置和预算编报审核机制，充分盘活利用好存量资产。

2.完善资产配置标准，建立预算约束机制

财政部门应按照保障需要、厉行节约的原则，并根据单位性质、资产类别等，分类修订完善省级行政事业单位国有资产配置标准，建立与部门职责履行、事业发展相匹配的事业单位配置标准。同时，应建立资产配置的预算编报审核机制，将配置标准固化为数字化的管理程序，督促各部门、单位合理制定年度资产购置计划，从严控制资产购置数量及价格，进一步提高资产配置的科学性与合理性。

3.完善资产信息系统，提高资产规范化、精细化管理水平

推进资产管理信息系统与预算编制、非税收入、政府采购等系统的实时互联对接，进一步完善资产信息化管理系统，实现资产购置申请、资金安排、验收入库、领用和处置等的全生命周期管理，实现数据同步更新、动态管理，全面、及时掌握行政单位资产信息，提升资产信息化管理水平。

4.加强绩效考核与监督，提高资产使用效益

财政部门应研究提出对闲置资产、超标准配置资产的统筹调配使用的意见和建议，积极推动做好部门间闲置资产的统筹管理和调配使用。同时，应建立以成本管理为主体的资产全过程绩效考核体系，对部门资产管理机构人员设置、账实相符情况、配置效率、使用效果、处置程序及资产收入管理等情况进行评价、跟踪问效，不断提升资产使用效益。

本章小结2

规范房产物业管理，提升保障事业发展和提供公共服务的能力

当前，房产土地作为行政事业单位的重要国有资产，仍是资产管理中的重点和难点。对照《行政事业性国有资产管理条例》有关要求，目前，行政事业单位在房产物业管理方面还存在八个方面的突出问题，耗费相关单位大量的精力去应对解决，具体包括：

1.资产绩效意识较为薄弱，部分房产物业长期闲置

由于主体责任落实不到位，一些部门、单位职能调整或机构改革后，其房产物业缺乏日常维修维护，已不具备办公条件等，部分房产物业长期闲置。

2.部分无证房产物业形成账外资产，长期脱离财政监管

由于未及时缴纳土地出让金，或未及时对在建工程组织验收，甚至涉及违章建筑、关键资料缺失、立项规划建设使用单位不一致等情况，很多房产物业特别是尚未办理产权证的房产物业成为账外资产，既未纳入会计账核算反映，也未建立台账进行规范管理，存在管理上的漏洞。

3.部分业务用房产权不明确，影响商会、协会等脱钩改革的推进

在机构改革中，有些单位注重的是“人和财”的转移，而没有整体推进“物”的划转，导致一些脱钩单位与原单位在房产物业上掰扯不清，影响脱钩改革的进度和质量。

4.业务用房产权关系长期未理顺，影响相关事业稳步发展

在政企分开改革时，有的单位未能理顺政府和企业的产权关系，出现产权人、实际出资人和使用权人不一致的情况，一些房产物业一直未办理产权变更手续，不能列入公司资产，影响企业投融资政策的实施，不利于相关事业长期发展壮大。

5.经营性资产未彻底剥离，形成一定的廉政风险

一些以行政单位的名义取得建设规划用地，并立项建设的经营性房产物业，属于违章建筑，权属人虽属行政单位，但难以将这些房产物业纳入其会

计账核算反映，在改革时又未按要求剥离，后续对外承包经营未报经财政部门审批，相关租金标准、租期等不符合规定，同时，未按合同约定收取承包经营费，相关租金收入被用于支付解决历史遗留问题的费用或抵扣日常运作经费，形成一定的廉政风险。

6.业务用房合同条款订立不完善，容易产生一定的纠纷

有的出租合同未考虑提前解除租约的处理条款，在政策发生变化、需要所有租户提前清退时，一直未能就补偿问题达成一致意见。有些合作建房未考虑到期后使用权的划分处理，在合作到期后，双方对相关使用权的赔偿数额一直难以达成一致意见，合作方不同意交还房地产使用权。

7.职工周转房管理存在风险漏洞

住房问题关系到干部职工的切身利益。在执行房改政策之后，各单位还剩余一部分存量公房，这些存量公房逐渐演变为单位职工周转房，用于借调人员临时周转和单身无房职工在一定期限内租住。各单位存量公房的数量有多有少，且所处位置、楼龄及面积不同、条件不一，有部分职工周转房长期处于闲置状态。有些存量公房数量较多、居住条件较好的单位，部分职工在购房以后也不愿搬离，仍以较低的价格长期租住单位职工周转房，而将自有房产对外出租赚取差价，存在一定的廉政风险。

8.房改房公共区域的管理负担较重

有些符合房改条件的人员，由于种种原因错过房改待遇，相关人员对房改未尽事项意见很大，多次上访。同时，对于公共区域的管理责任，在房改政策中并未明确，虽然权属单位为行政单位，但在车库的使用和公共区域的维修维护责任上，行政单位与业主存在矛盾纠纷，居民既想占有使用停车位，又不愿承担公共区域维修维护责任而要求行政单位承担。此外，由于房改政策不允许超面积分房，且有部分房屋为砖混结构，无法彻底分割，形成“房中房”“住改租”等问题，管理较为困难。

存在上述问题的主要原因：一是相关部门多年来对资产使用绩效的认识不到位，部门责任压实不够，存在不同程度的“重构建、轻使用”的现象。二是一些部门的资产管理员变动频繁，缺乏规范的交接手续，也未对富余办公用房进行调剂使用。三是资产管理人员的业务素质有待提高，在资产核算

时不规范，资产不断折旧，背离资产市场价值；未建立台账进行全面管理，使得大量账外资产游离在监管之外；资产管理系统中关键信息缺失或错漏，资产管理的数据基础不扎实。四是目前尚未针对存量公房的管理使用出台专门的规范制度，而是由各单位自行管理，容易造成管理上的缺失。如某省委办公厅和省政府办公厅将部分存量公房移交给省委、省政府大院单位使用，但资产交接手续不完善，也未定期与相关单位开展对账、对数工作，难以判断实际掌握的房产物业是否完整、全面。

建议对标对表中共中央办公厅、国务院办公厅印发的《党政机关办公用房管理办法》和《行政单位国有资产管理暂行办法（2017年修正）》《行政事业性国有资产管理条例》的有关要求，全面提升房产物业管理水平。

1. 加大土地房产盘活利用力度，防止资产闲置浪费

相关部门、单位应根据单位职能需求和人员情况，尽快盘活利用本单位和下属单位闲置的办公楼、周转房等房产物业，合理均衡调配下属单位办公场地，提高国有资产使用效益。同时，应积极协调有关单位理顺账外土地权属关系，完成土地划转相关手续。根据单位实际情况，尽快开发盘活闲置土地，落实建设条件，对于无使用需求的土地应尽快协调处置。

2. 研究出台资金、政策、技术措施，明确办公用房权属关系

相关资产主管部门应按照规定要求，强化协作配合，争取省和市政府支持，积极研究省级有关单位土地出让金减免实施政策，加大权证办理支持力度，促进省级单位资产长期未办理权证的历史问题加快解决，推动省级单位资产合法化。

3. 规范做好国有资产处置管理工作，严格执行“收支两条线”规定

相关部门、单位资产出租收入应严格按照“收支两条线”的规定及时足额收取并上缴财政，同时纳入单位会计账规范核算，不得留存在本单位或外单位自有账户上，坐支用于其他用途。相关部门、单位应按照规定，妥善解决脱钩改革国有资产的权属问题，做好脱钩改革后续国有资产的处置管理工作，防范国有资产流失，加快推进脱钩改革工作。

4. 对无产权账外房产实行台账管理，推动解决房改遗留事项

相关部门、单位应尽快建立无产权房产台账，将未取得产权证的账外住宅房产纳入台账进行规范管理，定期对账对数，加强监督管理，防止国有资产流失。同时，对房改未竟的车库等公共区域管理问题，建议住建部门研究出台规范性文件，委托街道或社区属地管理，切实减少行政单位管理成本和负担。

5.加快完善房产物业管理使用基础数据库，逐步实现动态精准管理

目前，省直部门单位房产物业数据主要来自行政事业单位国有资产管理系统，该系统数据与省机关事务局办公用房管理系统数据存在一定的差异。存在差异的主要原因是省财政部门系统数据与省直各部门单位会计账保持一致，而纳入会计账核算的房产土地均要求产权清晰，对于部分产权不清晰的历史建筑，虽相关单位拥有使用权，但难以办理产权证，这部分房产物业达不到入账条件，一般以账外形式予以管理，未在财政部门国有资产管理系统的房产土地数据中反映。

第7章 收入管理及党费、工会费管理

确定现代与过去之分野的革命性理念是——对风险的掌握。

——伯恩斯坦

常见问题及表现：

1.违规收取应免征或已取消的行政事业性收费

2.强制向企业主体违规收费

3.通过政府信息平台违规向企业收费

4.部分机构依托行政机关借机敛财

5.隐瞒、少列非税收入

6.滥用、串用财政票据

7.违规设立“小金库”“账外账”

8.违规使用党建经费或以工会活动的名义开展旅游活动

9.违规使用党建经费或以工会活动的名义发放补贴

10.违规使用党建经费或以工会活动的名义公款吃喝

11.借授权有偿使用数据资产的名义，变相虚增财政收入

12.多收、少收、不收、少缴、不缴、侵占、私分、截留、占用、挪用、隐匿、坐支数据资产相关收入

……

扫码获取
风险防控大讲堂
法条全文筑防线
审计课程助提升

审计案例145

违规收取应免征或已取消的行政事业性收费

·广东A医院以自制的白条单据（医院其他费用收据）向住院病人收取陪住费、包房费、租床费、医疗用品等自定项目费用210万元。

·广东B培训中心在未取得国家级专业技术人员资格考试和职称收费评审的收费许可证的情况下，违规收取职称评审费30万元。

·广东C局下属单位用“×××屠宰批发市场内部结算凭证”“收据”等非正式收款收据，收取赞助款、管理费、猪肉税（费）等款项60万元。

相关财经法律法规

上述做法不符合《国务院办公厅关于进一步加强涉企收费管理减轻企业负担的通知》（国办发〔2014〕30号）和《广东省行政事业性收费管理条例》［广东省第十三届人民代表大会常务委员会公告（第52号）］的有关规定。

《国务院办公厅关于进一步加强涉企收费管理减轻企业负担的通知》：“四、坚决查处各种侵害企业合法权益的违规行为。各有关部门要加强协同配合，坚决制止各类针对企业的乱收费、乱罚款和摊派等行为，对违规设立的行政事业性收费、政府性基金和行政审批前置经营服务收费项目，一律取消。严禁擅自提高收费标准、扩大收费范围，严禁以各种方式强制企业赞助捐赠、订购报刊、参加培训、加入社团、指定服务，严禁行业协会、中介组织利用行政资源强制收取费用等行为。……”

《广东省行政事业性收费管理条例》第二十条：“收费单位有下列行为之一的，由县级以上人民政府市场监督管理部门责令限期改正，将违法所得退还原交费者，无法退还的，将违法所得上缴国库；对直接负责的主管人员和其他直接责任人员依法予以处分：……（三）对已明令取消、暂停执行或者降低标准的行政事业性收费，仍然依照原定项目、标准收取或者变换名称收取。”

财务风险防控对策

要严格收费项目和收费标准审批制度，行政事业性收费的项目和标准实行中央和省两级审批制度。省以下国家机关、事业单位等申请设立收费项目，应当依法依规向本级财政、发展改革部门提出书面申请，逐级上报，由省财政厅、省发展改革委严格按规定程序审批或报批。经批准的收费项目制定或调整收费标准的，也应提出书面申请，由省发展改革委、省财政厅按管理权限审批或授权审批。除国务院和省政府及其财政、价格主管部门外，其他各级政府及其部门均无权审批收费项目或擅自制定收费标准。取消、停征收费项目，必须按照设立收费项目的管理权限和规定程序予以批准。任何部门、单位不得违规设立收费项目、审批收费标准。

审计案例146

强制向企业主体违规收费

广东某市生态环境局在没有法律法规依据的情况下，强制要求非道路移动机械安装在线监测设备和尾气后处理装置，截至2021年9月，全市共有7703台非道路移动机械按照每套约4000元的价格安装，合计增加市场主体负担约3000万元。

相关财经法律法规

上述做法不符合《广东省行政事业性收费管理条例》［广东省第十三届人民代表大会常务委员会公告（第52号）］的有关规定。

《广东省行政事业性收费管理条例》第二十条："收费单位有下列行为之一的，由县级以上人民政府市场监督管理部门责令限期改正，将违法所得退还原交费者，无法退还的，将违法所得上缴国库；对直接负责的主管人员和其他直接责任人员依法予以处分：……（二）违反规定擅自改变行政事业性收费的范围、单位、标准、对象和期限；……"

财务风险防控对策

要加强涉企收费项目目录清单动态管理。各级财政部门会同价格主管部门负责编制本地执行的所有收费项目目录，同时单独编制涉企收费项目清单，并在官方网站上实行常态化公开。在执行中，若收费项目政策发生变化，包括取消、停征、名称和收费单位（含部门，下同）变更等，则应在按照规定程序完成收费项目政策调整后，由各级财政部门会同价格主管部门及时更新收费项目目录。未按规定程序批准的收费项目，一律不得纳入收费项目目录清单；清单之外的收费项目，一律不得执行。

审计案例147

通过政府信息平台违规向企业收费

某地公共资源交易中心要求，参与投标的单位每次通过其网上交易系统下载电子标书时，需向交易平台的软件开发公司缴纳“平台交易使用费”40元。该项收费属于违规涉企收费。据统计，2022年全年涉及违规收费220万元。

相关财经法律法规

上述做法不符合《关于规范电子政务平台收费管理的通知》（财综函〔2011〕14号）的有关规定。

《关于规范电子政务平台收费管理的通知》：“二、各级行政机关、代行政府职能的事业单位、社会团体及其他组织利用电子政务平台向社会提供公共服务过程中，需引入第三方电子认证服务的，不得以任何形式参与电子认证服务经营或收取费用，不得采取强制或变相强制的方式要求企业或个人购买第三方电子认证服务。三、各级行政机关、代行政府职能的事业单位、社会团体及其他组织通过电子政务平台提供政府公开信息和办理有关业务，应严格执行《中华人民共和国政府信息公开条例》（国务院令第492号）和《财政部 国家发展改革委关于提供政府公开信息收取费用等有关问题的通知》（财综〔2008〕44号）等有关规定，不得以技术维护费、服务费、电子介质成本费等名义向企事业单位和个人收取任何经营服务性费用。”

财务风险防控对策

要全面落实降费政策，收费单位要严格按照规定的减免范围与程序，全面落实中央和省出台的各项降费政策。对已公布取消、停征和减免的收费项目，要不折不扣落实到位，特别是要落实好对小微企业、养老和医疗服务业、高校毕业生就业等惠企利民收费的减免政策，加大对小微企业、服务业和就业创业的支持，做到应减尽减、应免尽免；不得以任何理由拖延或拒绝执行，也不得以其他名目变相继续收费。未经国务院或省政府及其财政、价格主管部门批准，各级政府及其部门一律不得擅自扩大减免范围、调整减免标准、改变减免程序或自行减免、缓征等。

审计案例148

部分机构依托行政机关借机敛财

某县公安交管部门违规将普通货车登记许可职责委托给第三方企业，该企业借机向每辆货车加收保险费60元、服务费90元，2020年至2022年合计收费870万元。

相关财经法律法规

上述做法不符合《国家发展改革委等部门关于印发〈涉企违规收费专项整治行动方案〉的通知》（发改价格〔2022〕964号）的有关规定。

《涉企违规收费专项整治行动方案》：“二、重点任务。（一）交通物流领域涉企违规收费问题专项整治。重点整治水运、公路、航空、铁路等领域落实助企纾困有关降费优惠政策不到位、继续收取已明令取消的费用或重复收费、为规避政策规定拆分收费项目、不执行或推迟执行政府指导价等问题。……”

财务风险防控对策

非税收入项目的申请和审批应依据相关法律法规的要求，履行法定的程序，行政事业性收费要严格执行中央、省两级审批的管理制度，收费项目一般按隶属关系分别报国务院和省、自治区、直辖市人民政府的财政部门会同价格主管部门批准，重要收费项目按隶属关系分别报国务院、省级政府批准；申请附加在税收、价格上征收，或者按销售（营业）收入、固定资产原值等的一定比例征收的政府性基金项目，应当由国务院所属部门或者省级政府提出书面申请，经财政部会同有关部门审核后，报国务院批准，其他政府性基金项目应报财政部审批；申请开设彩票品种，应当经国务院民政部门或者国务院体育行政部门审核同意，报国务院财政部门批准。

审计案例149

违规少征矿产资源补偿费

2020年至2022年，广东某地资源部门未按规定要求4家纳费企业填报“矿产资源补偿费纳费申报表”，并提交矿种名称、矿产品名称、产量、销售数量、销售价格和实际开采回采率等数据资料。在无纳费依据的情况下，对2家企业违规降低收费标准征收矿产资源补偿费。审计抽查发现，2020年至2022年，该资源部门违规对2家纳费企业分别按岩盐开采回采率系数0.29、0.50征收矿产资源补偿费，比《广东省矿产资源补偿费征收管理实施办法》（粤府〔1995〕62号）规定的标准（1.0～1.5）分别低0.71～1.21、0.50～1.0。按省政府规定的标准测算，共少征收上述2家企业矿产资源补偿费22.25万～40.96万元，造成国有资产流失。

相关财经法律法规

上述做法不符合广东省财政厅《关于进一步加强省直部门及下属单位行政事业国有资产管理的通知》（粤财资〔2017〕3号）和《国务院关于深化预算管理制度改革的决定》（国发〔2014〕45号）的有关规定。

《关于进一步加强省直部门及下属单位行政事业国有资产管理的通知》："二、进一步加强资产处置和出租出借管理……（三）……严格执行出租出借收入'收支两条线'管理。国有资产处置、出租出借等产生的收入属于政府非税收入，应严格按照'收支两条线'管理。"

《国务院关于深化预算管理制度改革的决定》："二、准确把握深化预算管理制度改革的总体方向……（三）……1.加强税收征管。各级税收征管部门要依照法律法规及时足额组织税收收入，并建立与相关经济指标变化情况相衔接的考核体系。切实加强税收征管，做到依法征收、应收尽收，不收过头税。严格减免税管理，不得违反法律法规的规定和超越权限多征、提前征收或者减征、免征、缓征应征税款。加强执法监督，强化税收入库管理。"

财务风险防控对策

要坚持依法依规征收，收费单位作为征收责任主体和实施主体，要严格按照收费项目目录清单公布的收费项目和规定的征收范围、征收标准进行征收，做到应收尽收、清单之外无收费；严格落实国库集中收缴制度，对欠缴、少缴收入实施催缴，确保及时足额上缴国库或财政专户，并按规定向同级财政部门报送征缴情况。未经批准，一律不得擅自增加收费项目、扩大征收范围、提高征收标准。严禁收取过头费、违规多征、提前征收、虚收空转；严禁隐瞒、截留、挤占、坐支和挪用；严禁借助行政权力垄断经营、强制服务、强行收费；严禁将政府职责范围内的事项交由事业单位或中介组织承担并收取费用；严禁政府部门借助行业协会商会向企业违规收费。

审计案例150

少计少收银行存款利息

广东某市财政局将其管理的职工养老社保基金财政专户存款存放在某银行支行，双方约定按照三个月整存整取定期存款利率（1.65%）计算利息。但审计发现，自2021年3月存放以来，该银行并未按照约定的利率计付利息，而是按照活期利率（0.25%~0.3%）计付利息，该市财政局相关工作人员长期以来未认真核对利息收入，造成收益损失。按照合同约定的利率，2021年3月至2022年底，该市财政局应收利息5756.05万元，实际收取利息4482.58万元，少收取利息1273.47万元。经审计指出，2023年7月，该市财政局收回了少收取的社会保险基金利息1273.47万元。

相关财经法律法规

上述做法不符合广东省财政厅《关于进一步加强省直部门及下属单位行政事业国有资产管理的通知》（粤财资〔2017〕3号）的有关规定。

《关于进一步加强省直部门及下属单位行政事业国有资产管理的通知》："二、进一步加强资产处置和出租出借管理（三）……严格执行出租出借收入'收支两条线'管理。国有资产处置、出租出借等产生的收入属于政府非税收入，应严格按照'收支两条线'管理。"

财务风险防控对策

1.及时做好往来账对账工作。针对社保基金规模大、产生的往来业务量较多的情况，财务人员应当加强对应付款项的日常管理，逐步建立、完善循序渐进的清理机制，落实责任人员，确定清算节点，定期开展清理，履行审批程序，按规定及时做好相应的账务处理。

2.认真做好内部对账工作。积极与出纳对接，按账套、银行、账户名称进行核对，及时分析研判，准确把握收入支付的操作，确保每笔数据合法合规。编制银行存款余额调节表也是加强单位内部控制，确保会计信息客观、准确的基本措施，银行存款余额调节表按规范程序编制，在梳理各项未达账项的基础上，及时纠正不规范的操作，避免出现跨度过长的业务账项，保障资金安全高效支付。

3.全面做好与银行对账工作。开户银行一般会在月、季、年末跟单位进行对账。财政部门应当逐笔核对，并确保账务准确。尤其要做好财政账户的对账工作，为确保每年年底财政账户核对无误打下坚实基础。

审计案例151

隐瞒、少列非税收入——通过私存外单位隐瞒

某单位的一项职责是对地方发行的××卡进行标准检测，各厂商向发卡地区提供的××卡的操作系统必须经该单位检测通过并出具合格证书。R信息中心是该单位所属全额拨款事业单位，根据该单位规定于2006年起具体承担检测工作。但是审计人员查询了该单位预算及项目文本，并未发现单位预算为R信息中心安排相关检测经费，而对××卡操作系统的检测工作量却逐年上升。R信息中心是否违规向各地厂商收取费用成了审计关注的重点问题。

经询问R信息中心相关人员，审计人员了解到，该中心已按照中心领导的要求将具体检测工作交由W公司承担。审计人员对W公司进行了延伸审计，W公司主要经营业务除承担信息中心指定的××卡操作系统检测工作外，还对外开展相关领域的检测业务。经询问W公司相关人员，了解到该公司按照R信息中心的要求，承担××卡操作系统检测工作，并按照1000元/次的标准向交付检测的各厂商收取费用，该收费是由R信息中心以通知的方式对外发布的。

经查询W公司会计账簿，发现该公司在“其他应付款”科目核算收费情况，2019年、2020年、2021年分别取得收入174万元、182万元、315万元。2019年至2021年，W公司向R信息中心54名职工累计发放补贴195万元，其余资金仍在“其他应付款”科目挂账。审计人员就上述问题向R信息中心有关人员询问，该中心承认他们未向财政及价格部门申报过收费项目，该中心未将委托检测收入作为非税收入管理，而是转移到所属公司用于发放补贴。

相关财经法律法规

上述做法不符合《事业单位财务规则》（中华人民共和国财政部令第68号）[①]和《中华人民共和国预算法》的有关规定。

《事业单位财务规则》第十七条："事业单位收入包括：……（五）经营收入，即事业单位在专业业务活动及其辅助活动之外开展非独立核算经营活动取得的收入。"第十八条："事业单位应当将各项收入全部纳入单位预算，统一核算，统一管理。……"

《中华人民共和国预算法》第五十五条："预算收入征收部门和单位，必须依照法律、行政法规的规定，及时、足额征收应征的预算收入。不得违反法律、行政法规规定，多征、提前征收或者减征、免征、缓征应征的预算收入，不得截留、占用或者挪用预算收入。……"

财务风险防控对策

各单位要提高法治意识，不得将非税收入当作单位的收入，避免随意截留和挪用，严格执行预算要求，确保财政资金及时、有效、安全地发挥效益。

1.强化征与管。一是要依据《中华人民共和国预算法》《中华人民共和国税收征收管理法》等法律法规界定征管主体，税收由税务机关征管，各种收费、政府性基金等非税收入由财政机关征管。二是健全非税收入资金征管机构，采取直接征收与委托征收相结合的办法，充分调动收费征管的社会力量。三是充分发挥财政、审计、监察、物价等职能部门的整体效能，定期或不定期联合组织专项检查，把非税收入资金纳入日常监督范围，实现全覆盖。四是强化服务意识和宗旨观念，提高办事效率、服务质量。

2.严格征缴流程管理。财政及其监督部门要注重从收缴到支用、从计划到

① 2022年1月18日，财政部公布修订后的《事业单位财务规则》（中华人民共和国财政部令第108号）。新修订的规则自2022年3月1日起施行。《事业单位财务规则》（中华人民共和国财政部令第68号）同时废止。

决算的各个环节。要加强对收费单位收费行为的管理，既要防止弄虚作假、隐瞒收入，又要监督检查收费单位扩大收费范围、提高收费标准的乱收费行为。

3.强化财政部门职能。财政部门相关职能科室要加强协调配合及监督，真正做到单位在非税执收时使用财政部门统一印制或监制的执收、执罚票据，缴款时按收入金额缴入同级财政专户，杜绝多户多头储存。使用时要分类管理，按计划规定拨付和使用，年终编制收支决算报同级财政核批。

审计案例152

房租收入未上缴国库

在对某部门年度预算执行情况的审计中，审计人员了解到，该部门建立了包括房产在内的固定资产统计台账，于是从该部门获取了该台账信息，与固定资产会计账进行了核对，发现两者信息一致，但是有6处房产（6800平方米）未位于目前办公区域。经询问得知，相关房产交由该部门所属机关服务中心具体管理。延伸审计机关服务中心发现，该中心2016年至2021年，将相关房产分别对外出租给银行等相关单位。审计人员从资产管理部门获取了全部房屋出租合同，核实出租面积为6800平方米，5年间机关服务中心共取得出租收入430万元，房产出租收入主要用于机关服务中心的食堂、车队等日常经营，未按规定上缴国库。

相关财经法律法规

上述做法不符合《财政部 国家发展改革委 监察部 审计署关于加强中央部门和单位行政事业性收费等收入“收支两条线”管理的通知》（财综〔2003〕29号）的有关规定。

《财政部 国家发展改革委 监察部 审计署关于加强中央部门和单位行政事业性收费等收入“收支两条线”管理的通知》：“中央部门和单位按照国

家有关规定收取或取得的……罚款和罚没收入……等属于政府非税收入，必须严格按照国务院或者财政部规定全额上缴国库或财政专户，不得隐瞒、截留、挤占、坐支和挪用。”

财务风险防控对策

防止财政收入被隐瞒、截留、挤占、坐支、挪用等，应采取以下措施：

1.加大领导重视程度，狠抓责任落实。单位主要负责人为财务管理的“第一责任人”，对单位财务负全责，单位领导要高度重视财务管理工作，充分认识到财务混乱对单位运转的严重影响。要严格遵守各项财经纪律，任何组织、法人、自然人都不准平调、挤占、截留、挪用、代扣各种费用和上缴款。如有违犯，将从严从重处理，决不姑息。

2.加强财务管理培训工作，提高财会干部素质。要对财务岗位的人员从知识层次、履历等方面进行全面把关审核，定期组织对财务人员的财经管理、法律知识培训，并组织考试，增强财务人员执行财务管理规定的自觉性和责任感。

3.完善财务管理制度，使监管无漏洞。要建立健全切实可行的财务管理制度，明确财务岗、业务岗人员的职责，领导干部一律不得直接经手现金及存款业务，坚决杜绝谁收款谁花钱、无人管理财务、无人审批的现象，坚持财务联签会审制度；明确财政收入应在多长时间内入账，支出票据应在多长时间内报账。对不能按时入账、报账的业务人员，要及时通知说清原因，对不能按时报账又不说明原因的，进行严肃处理。

4.充分发挥内部审计的监督作用。内部审计人员要参与财务计划制定、财务预算方案制定、集体资产处理等重大经济活动和经济合同订立等过程，并定期对本单位发生的财务收支进行全面审核，监督财务计划执行情况以及经济活动运行情况，检查财务账目记载的真实合法情况，监督财务公开内容的真实性和全面性等。

5.从严查处违纪案件，追究连带责任。对隐瞒事实、虚假做账、利用职务便利侵占集体利益的，要追究有关人员的责任。对坚持原则、按章办事的财务人员，要维护其合法权益；对不坚持财务制度、违犯财经纪律、不适合在财务岗位工作的人员要坚决清除，促进财务队伍整体素质提高。对那些有令不行、有禁不止、顶风违纪、继续坐收坐支的单位或个人要坚决进行查处，并追究有关领导的连带责任。

审计案例153

未执行“收支两条线”管理，截留、挪用非税收入

审计发现，A局2022年截留其当年收取的排污费收入和采矿权使用费，用于弥补单位公用经费支出，涉及金额42万元。

相关财经法律法规

上述做法不符合《事业单位财务规则》（中华人民共和国财政部令第108号）和《中华人民共和国预算法》的有关规定。

《事业单位财务规则》第十七条：“事业单位收入包括：……（五）经营收入，即事业单位在专业业务活动及其辅助活动之外开展非独立核算经营活动取得的收入。”第十八条：“事业单位应当将各项收入全部纳入单位预算，统一核算，统一管理，未纳入预算的收入不得安排支出。”

《中华人民共和国预算法》第五十五条：“预算收入征收部门和单位，必须依照法律、行政法规的规定，及时、足额征收应征的预算收入。不得违反法律、行政法规规定，多征、提前征收或者减征、免征、缓征应征的预算收入，不得截留、占用或者挪用预算收入。……”

财务风险防控对策

防范截留、挤占、挪用非税收入的财务风险，应重点关注以下行为：部门违规设立收费项目，擅自改变非税收入征收标准、范围及时限；滞留、截留、挪用、坐支应当上缴的非税收入；未按规定对行政事业费、罚没收入等执行“收缴分离”管理；对已明令取消、暂停征收或者降低标准的非税收入项目，仍按原项目、标准征收或者变换名称征收；等等。

审计案例154

滥用、串用财政票据

2022年在某区办事处负责人经济责任审计中，延伸发现某兽医站部分院落存在对外出租的情况，出租事项经过评估后在网上公开招租，由A公司于2018年中标，租赁时间为2018年至2021年，每年租赁费10万元，到期后未续租。该兽医站定期收取相关租赁费，并向A公司开具收据，按照“收支两条线”的规定，上缴财政部门。

审计检查收据使用情况发现，该兽医站采用的是普通三联收据，即存根联、收据联和记账联。但2020年3月收取当年租赁费10万元的收据存根联后面，却被撕去5张收据，存根联的编号与没有使用过的存根联不连号，正好缺了一个号。审计组前往A公司延伸审计了解到，A公司租约到期后，未能及时搬空腾房，被该兽医站会计人员李某索要2万元看护搬家费，A公司在支付该笔费用时，要求李某开具与租赁费一样的收据，以便公司入账报销。经过盘问询查，该兽医站会计人员李某最终承认其有一次趁出纳人员不备，偷开了一张单位收据，然后把存根联也撕掉了，本以为金额小，采用这种瞒天过海的方式，没有人会查到。

相关财经法律法规

上述做法不符合《中华人民共和国会计法》和《财政票据管理办法》（中华人民共和国财政部令第70号）的有关规定。

《中华人民共和国会计法》第三条：“各单位必须依法设置会计账簿，并保证其真实、完整。”第九条：“各单位必须根据实际发生的经济业务事项进行会计核算，填制会计凭证，登记会计账簿，编制财务会计报告。任何单位不得以虚假的经济业务事项或者资料进行会计核算。”第十三条：“……任何单位和个人不得伪造、变造会计凭证、会计账簿及其他会计资料，不得提供虚假的财务会计报告。”

《财政票据管理办法》第二十九条：“财政票据使用单位不得转让、出借、代开、买卖、擅自销毁、涂改财政票据；不得串用财政票据，不得将财

财务风险防控对策

1.召开党委（党组）会议专题研究，制定整改措施，进一步核查是否存在违规违纪行为，根据具体情况进行处理处罚，追究相关人员责任，形成会议记录。

2.建立健全内部管理制度。

3.销毁非法印制的票据，没收违法所得和作案工具。

审计案例155

侵占停车费

某大楼的停车收费分两块：地下包月车位，每个月1000元，刷月卡进出，共60个车位，含10个公务车免费停车位；地面临停车位，共50个车位，按小时收费，每小时6元，不足15分钟免费，一天36元封顶，同一辆车当天的进出不再另行收费。

审计人员在下班后突击检查了停车位使用情况，发现所停放的部分车辆并非单位职工车辆，也非单位公务车辆，经询问停车场管理人员，承认为社会车辆下班后临时停放，在第二天上班前开走。经调取监控发现，相关停车费用由保安人员私自收取，并未计入收费系统，通过这种操作，保安人员2020年至2021年共套取了6万元。

相关财经法律法规

上述做法不符合财政部《中央行政单位国有资产处置收入和出租出借收入管理暂行办法》（财行〔2009〕400号）的有关规定。

《中央行政单位国有资产处置收入和出租出借收入管理暂行办法》第六条：“国有资产处置收入上缴中央国库，纳入预算；出租出借收入上缴中央财政专户，支出从中央财政专户中拨付。国家另有规定的除外。”第七条：

“中央行政单位处置和出租、出借国有资产应缴纳的税款和所发生的相关费用（资产评估费、技术鉴定费、交易手续费等），在收入中抵扣，抵扣后的余额按照政府非税收入收缴管理有关规定上缴中央财政。”第十三条：“国有资产收入有关收支，应统一纳入部门预算统筹安排。国有资产收入原来用于发放津贴补贴的部分，上缴中央财政后，由财政部统筹安排，作为规范后中央行政单位统一发放津贴补贴的资金来源。除此之外，国有资产收入不得再用于人员经费支出。……”第十四条：“中央行政单位要如实反映和缴纳国有资产收入，不得隐瞒；不得截留、挤占、坐支和挪用国有资产收入；不得违反规定使用国有资产收入。……”

财务风险防控对策

为防止财政收入被侵占，单位应当加大对相关收入项目的审核监督力度，在票据审核中，除了对发票日期、内容、数量、金额、大小写、销售方、正式税票、证明人签字、审核人签字、审批人签字等要素的程序性审核，还应注重对支出和实际状况的相符性、匹配性、真实性方面的审核。经常性开展财务分析，从预算执行、财务漏洞等方面多作考量，切实提高理财水平，提前防范和化解财务执行风险，避免有不正之心的人在错误的道路上越走越远。

审计案例156

违规设立“小金库”“账外账”——出租出借收入

某公立学校因发展需要，2022年从A市迁至B市办学，搬迁后原A市校区的房产物业处于闲置状态。审计组盘点发现，校区办公楼悬挂C公司的标志。经询问得知，该校区办公楼及宿舍楼实际处于出租状态，审计组要求C公司提供承租合同及租金缴纳明细。根据所提供的资料，C公司已承租两年多，每年缴纳租金约15万元，相关租金交至该公立学校新设银行账户，形成“小金库”，被该校用于给中层以上干部发放寒暑假开门红包、节日补贴、校庆慰问金、加班费、招生费等。

相关财经法律法规

上述做法不符合《财政部关于印发〈中央行政事业单位国有资产处置管理办法〉的通知》（财资〔2021〕127号）的有关规定。

《中央行政事业单位国有资产处置管理办法》第三十一条：“处置收入是指在转让、置换、报废等处置国有资产过程中获得的收入，包括转让资产收入、置换差价收入、拆迁补偿收入、报废报损残值变价收入、保险理赔收入、转让土地使用权收益、所办一级企业的清算收入等。”第三十二条：“除国家另有规定外，中央行政事业单位国有资产处置收入，应当在扣除相关税金、资产评估费、拍卖佣金等费用后，按照政府非税收入和国库集中收缴管理有关规定及时上缴中央国库。土地使用权转让收益以及占地补偿收益，按照财政部有关规定上缴中央国库。各部门所属高等院校自主处置已达使用年限并且应淘汰报废的国有资产取得的收益，留归高等院校，纳入单位预算，统一核算、统一管理。国家设立的中央级研究开发机构、高等院校转化科技成果所获得的收入全部留归本单位，纳入单位预算，统一核算、统一管理，主要用于对完成和转化职务科技成果作出重要贡献人员的奖励和报酬、科学技术研发与成果转化等相关工作。”

财务风险防控对策

1.在日常的财务管理监督工作中，针对各单位主要负责人和财务人员，多讲法律政策，教育大家“小金库”是一种典型的利用职务之便，侵吞、窃取国有资产的非法行为，不论“小金库”资金大小、走向如何，是否有贪污、私分痕迹，都是违法行为。“小金库”损害的不光是单位、集体的利益，还有个人的悲欢荣辱。单位“一把手”即便自己不设“小金库”，但如果放任甚至纵容“小金库”存在，也要承担主要责任。

2.用典型案例做警示。经常用一些案例现身说法，深刻剖析思想根源，痛陈“小金库”的危害，让一些单位克服侥幸心理，增强遵纪守法意识。

3.开展经常性廉政教育，让单位领导通过学习反思和对照廉政规定进行自我教育、自我约束，增强拒腐防变的能力。

审计案例157

违规设立“小金库”“账外账”——会计交接

审计人员在检查某单位会计人员交接的资料时发现，该单位在2022年底进行了财务负责人调整，原财务处长在向新任财务处长交接工作时，一并交接了该局通过下属某中心收取的部分技术服务费100万元。2020年至2022年，这笔费用中的80万元已被用于单位公务接待，结存资金20万元存放在财务处长的保险柜里，并附有向单位领导汇报具体情况的记录。

相关财经法律法规

上述做法不符合《中央行政单位国有资产处置收入和出租出借收入管理暂行办法》（财行〔2009〕400号）的有关规定。

《中央行政单位国有资产处置收入和出租出借收入管理暂行办法》第六条：“国有资产处置收入上缴中央国库，纳入预算；出租出借收入上缴中央财政专户，支出从中央财政专户中拨付。国家另有规定的除外。”第七条：“中央行政单位处置和出租、出借国有资产应缴纳的税款和所发生的相关费用（资产评估费、技术鉴定费、交易手续费等），在收入中抵扣，抵扣后的余额按照政府非税收入收缴管理有关规定上缴中央财政。”第十三条：“国有资产收入有关收支，应统一纳入部门预算统筹安排。国有资产收入原来用于发放津贴补贴的部分，上缴中央财政后，由财政部统筹安排，作为规范后中央行政单位统一发放津贴补贴的资金来源。除此之外，国有资产收入不得再用于人员经费支出。……”第十四条：“中央行政单位要如实反映和缴纳国有资产收入，不得隐瞒；不得截留、挤占、坐支和挪用国有资产收入；不得违反规定使用国有资产收入。”

财务风险防控对策

1.通过制度，规范单位财务管理，堵塞管理的漏洞。建立和完善责任追究制度，把“小金库”问题作为党风廉政建设的责任目标之一，明确各部门、各单位“一把手”是第一责任人，一旦发现“小金库”，除了对当事人进行处罚外，还要对相关领导严格按照中纪委《设立“小金库”和使用“小金库”款项违纪行为适用〈中国共产党纪律处分条例〉若干问题的解释》的规定追究责任。

2.开展常态化监督，在管理上严查“小金库”。一是开展经常性的财务监督和审计监督。同时，推行政务公开，建立健全一系列公开制度、监督制度，加强职工内部牵制和相互制衡。二是定期或不定期地开展清理“小金库”专项检查活动，把对“小金库”的专项检查活动纳入各项监督的常态管理等，形成多渠道的监督网络。三是不断完善监督检查方法，充分利用信息化、大数据技术，促进业务与财务的相互融合。

审计案例158

违规设立“小金库”“账外账”——某些收费项目

审计发现，某公办大学教务处以现金方式向学生收取的补考费、补办学生证费，未纳入会计账核算反映，私存在新设的银行账户内，用于逢年过节按级别向教师发放节日补贴，其中2021年1月至2023年3月涉及金额45万元。

相关财经法律法规

上述做法不符合《中央行政事业单位国有资产处置管理办法》（国管资〔2009〕168号）的有关规定。

《中央行政事业单位国有资产处置管理办法》第三十二条：“中央行政事业单位国有资产处置收入包括变卖收入、置换收入和报损报废的残值变价收入等。资产处置收入应当按政府非税收入管理的规定，实行‘收支两条线’管理。”第三十三条：“各部门应当按照财务管理制度，如实反映和缴纳国有资产处置收入，不得隐瞒、截留、挤占、坐支和挪用。”

财务风险防控对策

若要从源头上堵住“小金库”，就要铲除滋生“小金库”的土壤。

1.从规范收入上杜绝“小金库”产生。做好清理收费项目及标准、清理票据、清理银行账户的“三项基本清理”工作，摸清部门单位各项经费来源渠道和收支规模。

2.从支付手段上杜绝“小金库”产生。对专项资金等尽量采用集中支付、直接支付的方式，减少中间环节，增加资金运作过程透明度，完善制约机制，减少少数单位私设“小金库”、曲线转移资金的现象。

3.从加强银行账户管理上杜绝“小金库”产生。对现有各类资金专户进行清理归并，切实解决专户开设过多、重复设置的问题。继续加强相关单位银行账户管理，严格执行开户审批及变更备案制度，认真做好单位银行账户年检工作。

4.从加强现金管理上杜绝“小金库”产生。以公务卡结算方式支付招待费、办公费、差旅费等公务支出，统一实行银行卡结算报销，防范和治理“小金库”。

5.深化“收支两条线”管理。对收费和罚没项目等要摸清底细，防止私设收费名目和虚假罚款等情况的发生，收入全部实行银行代收代缴，做到收缴分离和罚缴分离。

6.加大政务公开工作力度。充分运用网络实行公开，畅通发挥干部职工知情权、参与权的渠道，让各利益相关方互相监督、相互制约，有效防止资金分配不公或被挪用、截留等问题的发生。

审计案例159

违规使用党建经费开展旅游活动

2022年4月，某单位组织党员前往西柏坡、正定开展党日活动后，顺路游览景点，并从党建活动经费中支出景点门票费用8100元。“七一”期间，该单位违规使用党员活动经费，为党员发放运动服、运动鞋，两项共花费党员活动经费13504元。

相关财经法律法规

上述做法不符合《中国共产党纪律处分条例》的有关规定。

《中国共产党纪律处分条例》第一百零五条：“有下列行为之一，对直接责任者和领导责任者，情节较轻的，给予警告或者严重警告处分；情节较重的，给予撤销党内职务或者留党察看处分；情节严重的，给予开除党籍处分：（一）公款旅游或者以学习培训、考察调研、职工疗养等为名变相公款旅游的；（二）改变公务行程，借机旅游的；（三）参加所管理企业、下属单位组织的考察活动，借机旅游的。以考察、学习、培训、研讨、招商、参展等名义变相用公款出国（境）旅游的，依照前款规定处理。”

财务风险防控对策

1.单位应当建立健全收入内部管理制度、票据管理制度、支出内部管理制度，确保单位各项收入全部按照规定项目和标准足额征收和上缴，无任何形式的账外账、截留、挪用或者私分；按照规定办理支出事项，各项支出标准明确，报销流程清晰。

2.确保财政票据、发票等各类票据的申领、启用、核销、销毁均履行规定的手续。

审计案例160

违规使用党建经费发放补贴

2018年至2020年，某单位使用党建活动经费购买并发放电影兑换券、纪念品等，共计违规支出党建活动经费7万余元。按照党员每人500元、培养对象每人300元的标准发放支部活动经费补贴，共计6.79万元，以支部会议费的名义向党员发放会议补贴共计2.52万元。

相关财经法律法规

上述做法是按照《中国共产党纪律处分条例》应给予处分的行为。

《中国共产党纪律处分条例》第一百零四条："违反有关规定自定薪酬或者滥发津贴、补贴、奖金等，对直接责任者和领导责任者，情节较轻的，给予警告或者严重警告处分；情节较重的，给予撤销党内职务或者留党察看处分；情节严重的，给予开除党籍处分。"

财务风险防控对策

1.单位应当合理设置岗位，明确相关岗位的职责权限，确保收款和会计核算、支出申请和内部审批、付款审批和付款执行、业务经办和会计核算等不相容岗位相互分离。

2.若存在违规使用党建经费发放补贴的行为，应立行整改，清退违规发放的补贴，并及时入账，保证账实相符。

3.明确责任主体，健全完善相关制度，并强化对干部职工的警示教育和学习。

4.定期与不定期开展对党建经费的专项检查与审计，防范违规行为的发生。

审计案例161

违规使用党建经费公款吃喝

2019年，某单位打着“党员活动”的幌子，给与会代表每人发了一个电饭煲，每个价值265元。通过虚增人数的方式，违规套取活动经费共计9130元，用于冲抵主题党日活动超支费用。在2020年元旦、春节前后，3次以慰问困难党员的名义，使用党建经费账户资金6450元购买高档香烟共计11条，用于接待参观、考察、来访的人员，并以明细为花生油、牛奶、面粉、大米等内容的票据入账报销。

相关财经法律法规

上述做法不符合《财政部 中央直属机关工委 中央国家机关工委关于印发〈中央和国家机关基层党组织党建活动经费管理办法〉的通知》（财行〔2017〕324号）的有关规定。

《中央和国家机关基层党组织党建活动经费管理办法》第十六条：“开展党建活动，要严格遵守中央八项规定精神，严格执行廉洁自律各项规定。严禁借党建活动名义安排公款旅游；严禁到党中央、国务院明令禁止的风景名胜区开展党建活动；严禁借党建活动名义组织会餐或安排宴请；严禁组织高消费娱乐健身活动；严禁购置电脑、复印机、打印机、传真机等固定资产以及开支与党建活动无关的其他费用；严禁套取资金设立‘小金库’；严禁发放任何形式的个人补助；严禁转嫁党建活动费用。”

财务风险防控对策

1.在统筹管理上把好关。机关党委应坚持增强党员的政治意识、大局意识、核心意识、看齐意识的原则，注重与机关单位年度党建中心工作结合，明确党建活动主题，注重活动的政治性和庄重感，注重质量效果，防止形式主义。同时，对活动的内容、形式、时间、地点、人数、所需经费及列支渠道等方面严格把关，经单位财务部门审核后纳入预算。

2.在活动实施上把好关。党支部应充分发挥党建统领作用，将党建工作与业务工作深度融合，依据审批同意的年度活动计划，认真策划、集思广益、精心筹划活动，严格遵守中央八项规定精神，务求勤俭节俭，在差旅费标准、餐费、场地费、讲课费和资料费等方面严格按照规定和标准执行。

3.在报销结算上把好关。财务部门应在年初做好党建经费测算与部门公用经费预算。党支部报销党建活动经费，经单位机关党委审核后方可履行报销程序。党支部报销手续要规范可行，需提供审核材料、相关发票和附件说明等完整材料。

4.在监督公开上把好关。机关党委等各级党组织应对党建经费使用和管理全过程实施有力有效的监督，重点关注党建活动计划编报、经费开支范围和开支标准、经费报销和支付以及执行中央八项规定精神等具体落实情况，及时发现问题，及时要求整改。同时，机关单位党建活动经费开支情况应以适当方式公开。

审计案例162

违规使用工会经费发放津补贴

2023年“五一”期间，某县委党校以工会会员2023年度国家法定节假日慰问和生日慰问的名义购买了购物卡，一次性发放，每人1500元。同时，还以补发工会会员2022年度国家法定节假日慰问品和生日慰问品的名义一次性发放了购物卡。

相关财经法律法规

上述做法不符合《中华全国总工会办公厅关于印发〈基层工会经费收支管理办法〉的通知》（总工办发〔2017〕32号）和《中国共产党纪律处分条例》的有关规定。

《基层工会经费收支管理办法》第二十二条：“基层工会应严格执行以下规定：……（二）不准违反工会经费使用规定，滥发奖金、津贴、补贴。……”

《中国共产党纪律处分条例》第一百零四条：“违反有关规定自定薪酬或者滥发津贴、补贴、奖金等，对直接责任者和领导责任者，情节较轻的，给予警告或者严重警告处分；情节较重的，给予撤销党内职务或者留党察看处分；情节严重的，给予开除党籍处分。”

财务风险防控对策

职工活动支出奖励应以精神鼓励为主、物质奖励为辅，在设置职工活动奖励时应注意奖励类型和金额标准。

1.职工教育培训优秀学员奖励。奖励范围不得超过参加培训人员的1/3，奖品（奖金）标准为获奖人员人均不超过300元。

2.文体活动优胜者奖励。设置奖项的文体活动，奖励范围不得超过参与人员的2/3，奖品（奖金）标准为获奖人员人均不超过500元；不设置奖项的文体活动，可为参加人员发放人均不超过100元的纪念品。

3.开展非比赛类的宣传活动（如展览、座谈等），不可以发放纪念品。

审计案例163

以工会活动的名义公款旅游

2020年，某市规划设计院下属的建筑设计研究院承揽了数十个工程设计勘察项目。进入第四季度，经常有职工向院长刘某某反映，大家一直加班加点地搞业务、做项目，白天黑夜连轴转，都很疲惫，应该搞次旅游活动，让大家放松一下。2020年11月4日，刘某某召开办公会，召集其他6名党组成员商讨旅游事项。会议最终决定，以工会的名义组织旅游，费用用工会会费支出。会后，设计院工会主席王某联系了当地某旅行社，商定了两日游行程。2020年11月10日，设计院100余名职工乘车奔赴旅游景点。当天一行人爬了泰山，第二天又泡了温泉。这趟旅游共计花费6.32万元，事后用工会会费报销。

相关财经法律法规

上述做法不符合《中华全国总工会办公厅关于印发〈基层工会经费收支管理办法〉的通知》（总工办发〔2017〕32号）和《中国共产党纪律处分条例》的有关规定。

《基层工会经费收支管理办法》第八条："（二）文体活动支出。……基层工会可以用会员会费组织会员观看电影、文艺演出和体育比赛等，开展春游秋游，为会员购买当地公园年票。会费不足部分可以用工会经费弥补，弥补部分不超过基层工会当年会费收入的三倍。基层工会组织会员春游秋游应当日往返，不得到有关部门明令禁止的风景名胜区开展春游秋游活动。"

《中国共产党纪律处分条例》第一百零五条："有下列行为之一，对直接责任者和领导责任者，情节较轻的，给予警告或者严重警告处分；情节较重的，给予撤销党内职务或者留党察看处分；情节严重的，给予开除党籍处分：（一）公款旅游或者以学习培训、考察调研、职工疗养等为名变相公款旅游的；（二）改变公务行程，借机旅游的；（三）参加所管理企业、下属单位组织的考察活动，借机旅游的。以考察、学习、培训、研讨、招商、参展等名义变相用公款出国（境）旅游的，依照前款规定处理。"

财务风险防控对策

基层工会组织职工活动应严格把握以下四点：

1.明确活动范围。职工活动应当日往返，不得到有关部门明令禁止的风景名胜区开展活动，确需购买外部服务的，可根据采购管理的有关规定，履行必要的采购程序，选择旅行社承接。

2.制定标准。基层工会开展的职工教育、培训、会议等支出，必须严格执行当地财政部门制定的培训费、会议费管理办法，办法中的各项标准为工会活动的上限标准，不得超标准、超范围开支。

3.规范程序。基层工会制定的制度，须经本级工会委员会和经费审查委员会讨论通过，并报上一级工会批准或备案。

4.手续齐全。职工活动报销标准应统一，不得搞特殊化，各类费用应有详细的清单，签收、审批手续应齐全。

审计案例164

工会活动中违规借用外援参加比赛

审计抽查发现，2023年5月，某单位参加省行业职工篮球联赛，违反上级文件规定，借用外援7人，开支外援劳务费21000元、差旅费8080元、报名费5000元、保险费1075元、服装费11370元，共计46525元。

相关财经法律法规

上述做法不符合《中华全国总工会办公厅关于印发〈工会预算管理办法〉的通知》（总工办发〔2019〕26号）和《中华全国总工会办公厅关于加强基层工会经费收支管理的通知》（总工办发〔2014〕23号）的有关规定。

《工会预算管理办法》第二十八条："各级工会支出预算的编制，应当贯彻勤俭节约的原则，优化经费支出结构，保障日常运行经费，从严控制'三公'经费和一般行政性支出，重点支持维护职工权益、为职工服务和工会活动等工会中心工作。"第四十六条："……各预算单位的支出必须按照预算执行，不得擅自扩大支出范围，提高开支标准，不得擅自改变预算资金用途，不得虚假列支。"

《中华全国总工会办公厅关于加强基层工会经费收支管理的通知》："三、工会经费支出范围……文体活动方面。用于工会开展职工业余文艺活动、节日联欢、文艺创作、美术、书法、摄影等各类活动；文体活动所需设备、器材、用品购置与维修费；文艺汇演、体育比赛及奖励费；各类活动中按规定开支的伙食补助费、夜餐费等；用会费组织会员观看电影、开展春游秋游等集体活动。""四、严格控制工会经费开支……（二）不准将工会经费用于服务职工群众和开展工会活动以外的开支。1.不准用工会经费购买购物卡、代金券等，搞请客送礼等活动。……8.不准用工会经费报销与工会活动无关的费用。"

财务风险防控对策

基层工会应当严格执行“八不准”工作要求，具体内容包括：①不准使用工会经费请客送礼。②不准违反工会经费使用规定，滥发奖金、津贴、补贴。③不准使用工会经费从事高消费性娱乐和健身活动。④不准单位行政利用工会账户，违规设立“小金库”。⑤不准将工会账户并入单位行政账户，使工会经费开支失去控制。⑥不准截留、挪用工会经费。⑦不准用工会经费参与非法集资活动，或为非法集资活动提供经济担保。⑧不准用工会经费报销与工会活动无关的费用。

审计案例165

工会活动中违规扩大参加人员范围

某单位2020年1月组织职工到郊区参加户外拓展活动一天，在工会经费中列支60736元，参加人员共196人，其中本单位职工46人，违规扩大范围邀请职工家属150人，并为参加户外拓展活动人员每人发放现金100元。

相关财经法律法规

上述做法不符合《中华全国总工会办公厅关于印发〈工会预算管理办法〉的通知》（总工办发〔2019〕26号）和《中华全国总工会办公厅关于印发〈基层工会预算管理办法〉的通知》（总工办发〔2020〕29号）的有关规定。

《工会预算管理办法》第四十六条：“……各预算单位的支出必须按照预算执行，不得擅自扩大支出范围，提高开支标准，不得擅自改变预算资金用途，不得虚假列支。”

《基层工会预算管理办法》第二十一条：“经批准的预算是基层工会预算执行的依据，基层工会不得无预算，超预算列出各大项支出”。

财务风险防控对策

基层工会组织开展职工文体活动奖励范围不得超过参与人数的2/3，奖励可以为现金或实物；为了鼓励更多的工会会员参加活动，考虑到基层工会组织开展文体活动的实际情况，不设置奖项的业余文体活动，可为参加人员发放少量纪念品，但不能发放现金。具体的奖励标准，由省级工会制定，具体开支时，要严格按照《工会预算管理办法》《基层工会经费收支管理办法》的规定执行。

审计案例166

工会活动中超标准开支服装费用

某单位2020年5月参加省行业职工篮球联赛，参加人员14人，但购买运动服23套；2021年5月参加市总工会组织的跳绳比赛，为4名参赛女性开支置装费4800元，所购服装超出比赛正常需求；2022年5月参加定向越野赛，为7名参赛男性开支置装费8400元，此项置装费无购物清单明细。

相关财经法律法规

上述做法不符合《××省总工会财务部关于基层工会经费收支管理相关问题操作解答》的有关意见。

《××省总工会财务部关于基层工会经费收支管理相关问题操作解答》："9.基层工会如何确定组织文体活动购置服装标准？答：基层工会自行开展的职工文体活动所需服装的购置标准为人均不超过500元；参加上级工会组织的文体活动所需服装的购置标准为人均不超过600元。同一人员两年内参加同一类型活动不得重复购置。"

财务风险防控对策

如果上级工会有标准，购买服装时就不能超过上级工会规定的标准和范围；如果上级工会没有标准，就可以自行制定购买服装标准，通过会员代表大会或工会委员会和经费审查委员会审议通过后执行。需要注意的是，制定的标准不宜过高，可以参照500元标准制定；基层工会在上级没有规定服装标准时，购买服装的比例不宜过大。

本章小结

彻底治理“小金库”“账外账”等，谨防发生违纪违规案件

深入贯彻落实中央和各省对审计工作的部署要求，对公共资金、国有资产、国有资源和领导干部履行经济责任情况实行审计全覆盖，做到应审尽审、凡审必严、严肃问责，坚决揭露和查处国有资产流失、财政资金损失浪费、侵害人民群众利益等问题。从种种案件线索分布来看，相关案件线索主要分布在地方党政领导干部经济责任项目、部门领导干部经济责任审计项目、高校和国企领导干部经济责任审计项目，以及民生类专项资金审计项目、财政财务收支审计项目上。从案件移送对象上看，主要移送对象为纪检监察部门、主管部门和地方党委、政府。违纪违规案件线索主要有以下几种类型。

1. 在公共资金使用和公共工程建设方面，有三种类型的案件线索

一是在公共工程项目建设方面，主要查处以虚开发票、虚报工程量、虚报人数等方式弄虚作假，套骗工程款、合同款、补偿款等案件线索。二是在征地拆迁补偿方面，主要查处涉嫌以提高补偿标准等方式进行利益输送等案件线索。三是在与私营企业资金往来方面，主要查处违规减免企业相关税费，违规向私营企业投资、借款，违规向企业多付工程款、合同款等案件线索，以及违规决策，向私人企业购置资产，造成损失浪费的案件线索。

2. 在公共资源交易和公共资产运营方面，有两种类型的案件线索

一是在公共资源交易方面，查处以明显低于市场价出租国有资产、承包

经营权等，涉嫌造成国有资产收益损失的案件线索；查处不对等价值置换资产、低价转让股权、明显高于市场价购置资产等，造成国有资产流失等的案件线索。二是在公共资产运营方面，查处违规出让、划拨土地，涉嫌造成国有土地收益损失，违规审批致使林地、海域、矿石等国有资源被非法占用的案件线索。

3. 在防范违法违纪违规方面，有三种类型的案件线索

一是侵害群众利益的案件线索。查处截留挪用、虚报冒领养老保障金、遇难人员抚慰金、孤儿基本生活保障金等案件线索，查处向社会群众违规乱收费的案件线索，查处基层单位执法监管不力、行政乱作为、处理处罚程序不当等涉嫌失职渎职的案件线索，查处民生工程偷工减料、救灾物资被骗取、非法建筑向公众销售、部分危险废物及医疗垃圾污染环境等案件线索。二是违反财经纪律的案件线索。查处乱发津补贴的案件线索，查处挪用公款的案件线索，查处公款吃喝、公款旅游、公职人员经商办企业、违规新建改建扩建楼堂馆所等的案件线索。三是招投标领域的案件线索。查处化整为零、规避公开招标、虚假招标、围标串标、违规转包分包等案件线索，查处以歧视性条款或不合理招标条件为特定企业中标、不具备资质企业中标，中标价过高、中标项目被转售等案件线索。

总的来看，上述问题产生的主要原因：一是法规意识淡薄。有些单位特别是领导干部财经法规意识淡薄，采用一些变通手法"明知故犯"，试图逃避监管。二是制度执行存在软弱的情况。部分单位内部制度缺失，制度的笼子未扎牢；部分单位未能有效地执行已经建立的制度，如有的领导干部不执行集体决策制度。三是监督机制有薄弱环节。对一些重点领域和关键环节监督力度不够，有些主管部门对下属单位督促指导不到位。

进一步加强审计与党内监督的协调与配合，一体推进不敢腐、不能腐、不想腐，应从以下几个方面着手：

1. 以全面从严治党为统领，持续加强党风廉政建设

持之以恒巩固拓展作风建设成效，加强对中央八项规定及其实施细则贯彻落实情况的监督检查，重点开展对民生领域各项政策和制度执行情况的监督检查，持续开展不作为不担当专项治理，坚决铲除形式主义、官僚主义，坚决惩治群众身边的“微腐败”，严厉打击黑恶势力“保护伞”，整治解决群众反映强烈的突出问题，进一步加强党风廉政建设，推动全面从严治党向纵深发展。

2. 坚持制度建设和制度执行并重，增强纪律约束力和制度执行力

加强制度供给，以建章立制堵塞漏洞，做到风险点在哪里，制度建设就推进到哪里，进一步完善权力配置和运行制约机制。增强纪律约束力和制度执行力，坚持把纪律挺在前面，强化日常监督和专项检查，牢固树立以制度律己、按制度办事的理念，增强制度自觉和制度执行，用严明的纪律维护制度的严肃性，以严格执纪执法增强制度刚性，确保管党治党的制度时时生威、处处生效。

3. 以“关键少数”为重点，加强对权力运行的制约和监督

坚持以人民为中心的根本原则，进一步夯实党员干部的理想信念根基，以担当作为践行初心使命。加强对领导干部特别是“一把手”的监督，着力管好关键人，切实管到关键处，有效管住关键事，真正管在关键时、关键点，压实制度执行的主体责任，完善制度执行的考核运用，以有效问责强化制度执行，充分发挥领导干部带头作用，推动领导干部严格按照制度履职尽责、善于运用制度谋事干事，确保党和国家重大决策部署、重大工作安排都按照制度要求落到实处，推动制度优势转化为治理效能。

4. 完善“四个监督全覆盖”格局，推动各类监督贯通融合

强化不敢腐的震慑，扎牢不能腐的笼子，增强不想腐的自觉，以党内监督为主导，完善“四个监督全覆盖”格局，推动各类监督有机贯通、相互协调，切实提高监督全覆盖工作质量水平，消除权力监督的真空地带，综合用好监督全覆盖工作成果，实现同向发力、效应叠加，使监督体系契合党的领导体制，融入国家治理体系，把制度优势更加充分地发挥出来，以全面从严治党新成效推进国家治理体系和治理能力现代化。

5. 规范管理行为，释放资产价值

加强数据资产源头管理，在依法履职或提供公共服务的过程中，按照规定的范围、方法、技术标准等进行自主采集、生产加工数据形成资产。通过建立合理的数据资产收益分配机制，依法依规维护数据资产权益。

第8章 『三重一大』及内部控制管理

有一天，一只野猪正对着树干磨它的獠牙，被一只狐狸撞见了。狐狸问它："你为什么不躺下休息享乐？现在也没看到猎人和猎狗啊。"野猪回答："等到猎人和猎狗出现时再来磨牙就来不及了。"

【感悟】危机意识和风险意识必须时刻保持在线，如果事前不加以防范，不做好风险管控，等到真发现风险的时候，损失也就来了。

常见问题及表现：

1.未制定“三重一大”制度

2.重大经济决策事项未按要求上会集体研究

3.决策不科学、不及时，造成财政资金损失浪费

4.重大政策和决策部署落实不及时、措施不得力

5.会计报表编报不准确、会计核算信息不真实

6.对下属单位监管不到位

7.不相容职务未有效分离

8.现金“坐收坐支”

9.挪用公款

10.违规干预、插手工程建设，谋取个人利益

11.违规经商办企业、违规兼职取酬、违规从事有偿中介活动

12.违规用公款组织高消费娱乐活动

13.内部财务管理制度明显与法律、行政法规和单位财务规章制度相抵触

14.以公益事业为目的的事业单位、社会团体作为担保人进行违规担保

15.合同管理不规范

……

扫码获取
✔风险防控大讲堂
✔法条全文筑防线
✔审计课程助提升

审计案例167

未制定“三重一大”制度

截至2022年底，某单位内部控制制度不健全，虽有集体决策制度规定，但对“三重一大”中的重大经济决策、重要项目安排、大额资金使用等重大经济事项未明确认定标准，集体决策制度执行存在随意性。

相关财经法律法规

上述做法不符合财政部《关于印发〈行政事业单位内部控制规范（试行）〉的通知》（财会〔2012〕21号）的有关规定。

《行政事业单位内部控制规范（试行）》第十四条：“单位经济活动的决策、执行和监督应当相互分离。单位应当建立健全集体研究、专家论证和技术咨询相结合的议事决策机制。重大经济事项的内部决策，应当由单位领导班子集体研究决定。重大经济事项的认定标准应当根据有关规定和本单位实际情况确定，一经确定，不得随意变更。”第六十条：“单位应当建立健全内部监督制度……对内部控制建立与实施情况进行内部监督检查和自我评价。”

财务风险防控对策

1.召开党委（党组）会议专题研究，制定整改措施，形成会议记录。

2.出台“三重一大”实施细则，明确大额资金使用等重大事项的标准及审批流程。

审计案例168

重大经济决策事项未按要求上会集体研究

广东某省级主管部门负责分配管理的社会治理专项资金（公共法律服

务）共计2.1亿元，当年资金分配方案未经该部门党组会议或部门领导办公会议集体讨论审议，直接由主要负责人签批下发。

相关财经法律法规

上述做法不符合《广东省人民政府关于印发广东省省级财政专项资金管理办法（修订）的通知》（粤府〔2023〕34号）的有关规定。

《广东省省级财政专项资金管理办法（修订）》第二十二条："专项资金年度预算额度确定后，省业务主管部门将专项资金分配方案公示无异议后报省财政部门。其中，保留省级审批项目权限的专项资金分配方案应按照"三重一大"要求经部门党组（委）会议集体审议后，在公示前报分管省领导审批。"

财务风险防控对策

1.召开党委（党组）会议专题研究，制定整改措施，进一步核查是否存在违规违纪行为，根据具体情况进行处理处罚，追究相关人员责任，形成会议记录。

2.建立健全重大事项决策程序。

3.在今后的工作中，严格执行"三重一大"制度，凡属重大项目安排、大额资金使用等决策事项必须经过领导班子集体讨论决定。

审计案例169

决策不科学，造成财政资金损失浪费

广东某县未及时研究其社会养老服务中心项目的运营模式，在2021年12月完工验收后，该项目一直处于未运营状态。2022年6月，经县政府常务会议审议，决定将该项目由"公建公营"模式改为"公建民营"模式。原先投入1800万元装修的天花板、墙面、地板等以及安装的消防设施，被铲除并重新装修，相关财政资金未发挥使用效益。

相关财经法律法规

上述做法不符合《广东省重大行政决策程序规定》（广东省人民政府令第288号）和《行政单位国有资产管理暂行办法（2017年修正）》（中华人民共和国财政部令第35号）的有关规定。

《广东省重大行政决策程序规定》第三条：“本规定所称重大行政决策，具体包括下列事项：……（四）决定在本行政区域实施的重大公共建设项目；……”第十三条：“……决策承办单位应当全面梳理与重大行政决策事项有关的法律、法规、规章和政策，使决策草案合法合规、与有关政策相衔接。……”第四十四条：“决策机关应当对决策执行情况进行督促检查。有权机关在对重大行政决策执行情况进行监督时，发现决策存在问题的，应当及时向决策机关反馈，并提出改进建议。……”

《行政单位国有资产管理暂行办法（2017年修正）》第十九条：“行政单位应当认真做好国有资产的使用管理工作，做到物尽其用，充分发挥国有资产的使用效益；保障国有资产的安全完整，防止国有资产使用中的不当损失和浪费。”

财务风险防控对策

1.完善政府投资项目决策机制。没有调查就没有发言权，政府投资项目决策必须建立在深入调查研究、客观科学论证的基础上。一方面，要建立科学决策机制，实行集体研究决策，提高项目决策透明度，实行项目决策公示制度，确保政府投资项目决策的科学化、民主化和法制化，绝不能凭长官意志决策、看领导兴趣决策，搞政绩工程和形象工程。另一方面，要健全监督检查和责任追究机制，各职能部门要按照职责分工，对项目决策、组织管理、工程实施、资金使用和质量保证进行严格监督，严肃查处违法违纪行为，确保政府投资项目安全、廉洁、高效。

2.加强项目前期工作，严格基本建设程序。做好项目前期工作，对项目顺利实施、提高投资效益能起到事半功倍的效果。政府各职能部门要各司其职，严格按照国家基本建设程序办事，对那些前期工作不到位、资金来源不明确、准备不充分、条件不成熟的项目，坚决不予开工。对个别领导为了搞政绩工程和形象工程，不顾后果，强行上马的项目，要坚持原则，坚决予以制止。加强对可研评估、勘察设计、工程咨询等前期服务机构的监督管理，建立健全工程服务机构监督法规体系，提升工程服务机构的职业道德水平，增强工程服务机构从业人员的综合素质，最大限度地防止地质勘察不准确、设计质量低劣、可研报告流于形式等现象的发生。

审计案例170

决策不及时，造成财政资金损失浪费

2017年11月，广东某县在财政部门未审核入库的情况下启动某大桥PPP项目招标程序，并于2018年5月签订PPP项目合作合同。2018年7月，相关地市明确不同意该项目的入库申请，该县未及时终止所签订的PPP项目合同，自2018年11月起项目处于暂缓建设状态。2020年6月，该大桥项目已明确被纳入省高速路网规划，由省有关部门统一实施，无须地方重复建设，该县仍未研究终止PPP项目合作合同。直至2021年12月，经县政府常务会议才审定终止实施该项目。在项目暂缓至终止期间，社会资本方投资费用已形成财务成本1300万元，纳入该县财政承担，造成财政资金损失浪费。

相关财经法律法规

上述做法不符合《广东省重大行政决策程序规定》（广东省人民政府令第288号）和《行政单位国有资产管理暂行办法（2017年修正）》（中华人民共和国财政部令第35号）的有关规定。

《广东省重大行政决策程序规定》第三条：“本规定所称重大行政决策，具体包括下列事项：……（四）决定在本行政区域实施的重大公共建设项目；……”第十三条：“……决策承办单位应当全面梳理与重大行政决策事项有关的法律、法规、规章和政策，使决策草案合法合规、与有关政策相衔接。……”第四十四条：“决策机关应当对决策执行情况进行督促检查。有权机关在对重大行政决策执行情况进行监督时，发现决策存在问题的，应当及时向决策机关反馈，并提出改进建议。”

《行政单位国有资产管理暂行办法（2017年修正）》第十九条：“行政单位应当认真做好国有资产的使用管理工作，做到物尽其用，充分发挥国有资产的使用效益；保障国有资产的安全完整，防止国有资产使用中的不当损失和浪费。”

财务风险防控对策

1.加强政府投资法规体系建设。随着我国法治社会的建设，虽然政府投资领域制定了很多法律法规，但还不够完善和系统化，还不适应政府投资快速发展的要求，不符合国家投资体制改革精神。因此，必须全面系统地进一步推进政府投资法律体系建设，特别是要针对政府投资领域容易出现违法违纪问题的环节，尽快制定防止贪污贿赂和营私舞弊等违法乱纪行为的法律法规，做到有法可依。

2.加大执法力度，严格责任追究。当前，政府投资违法违规行为得不到有效遏止的主要原因是执法不严、惩处不力。因此，必须加大对违法乱纪人员的惩罚力度，发现一起，惩处一起，不含糊、不手软，让违法乱纪者的违法成本远大于收益，不论涉及谁，不论职务多高，该曝光的曝光，该制裁的制裁，该给予党纪政纪处分的决不放过，构成犯罪的，一律移交司法机关处理，让违法乱纪者得到应有的惩罚。

审计案例171

大宗国有资产处置程序倒置

2022年9月，某市在未经资产评估及市政府常务会议或市委常委会集体决策的情况下，由市财政局、市投控集团等单位提出申请，经市委书记、市长签批，将某处污水处理厂转让给市属国有企业。当月，市投控集团与市投资管理中心签订资产转让意向书，并预付了部分购买款。但相关国有资产评估至2022年11月才完成，市政府常务会议和市委常委会会议决策、正式转让协议签订、实物移交等程序均于2023年才完成。

相关财经法律法规

上述做法不符合《行政事业性国有资产管理条例》（中华人民共和国国务院令第738号）的有关规定。

《行政事业性国有资产管理条例》第十九条："各部门及其所属单位应当根据履行职能、事业发展需要和资产使用状况，经集体决策和履行审批程序，依据处置事项批复等相关文件及时处置行政事业性国有资产。"

财务风险防控对策

1.严管资产处置审批。制定国有资产处置管理制度，明确资产处置范围、方式、原则和资产处置审批手续、权限、程序，对重大资产实行集中公开处置。

2.严管资产处置交易。对批准出让的资产，一律委托第三方中介机构按照规定程序进行评估，并要求在公共资源交易网电子交易服务平台进行交易。对房屋等重点资产项目，组织专家对评估结果进行评审，进一步提升资产评估质效。

3.严管资产处置收入。严格按照政府非税收入管理规定，实行国有资产处置收入"收支两条线"管理。相关主管部门按照审批的资产处置清单，对资产处置情况及时跟踪问效，确保国有资产处置收益及时足额入库。

4.严管资产处置核销。行政事业单位在国有资产处置后及时根据有效凭证调整好账务，确保国有资产账实相符、账账相符、账卡相符，实现国有资产动态化监管。出让的国有资产，申报单位可凭核准的国有资产处置成交认定书调减有关资产、资金账务；无偿调拨、报废、报损的国有资产，申报单位可凭最终核准的国有资产划转登记表、国有资产报损报废申请审批表，调整有关资产、资金账务。

5.严肃资产处置纪律。行政事业单位对本单位、本企业资产的真实性、全面性负责，资产处置要素必须齐全、处置决策程序必须合规、处置流程必须公开透明。擅自处置国有资产并造成国有资产损失或其他严重后果的，对领导责任人、主管责任人、直接责任人依法依规给予组织处理和党纪政务处分。

审计案例172

以新合作开发模式规避项目立项决策程序，新增债务风险

广东某地为加快完善园区基础设施建设，同时为解决园区建设资金问题，2020年9月1日，当地县政府出具授权书，授权县属国企A公司承接融资、建设、运营园区整体开发项目。2021年6月2日，该公司通过省投资项目在线审批监管平台完成该项目的备案工作并启动招投标程序。但在项目具体实施中，A公司未按照可行性研究报告中所列内容投入资本金，未按照可行性研究报告中的融资计划解决项目建设资金需求，项目勘察、设计、施工总承包工作由招来的B企业具体实施，正在实施的20个子项目中，有19个子项目的建设单位为相应的政府部门，建设资金来源于财政资金，A公司仅作为代建单位并收取代建费，与区政府授权函所述的ABO模式不一致。该地通过采用这种新合作模式，规避了项目立项、审批等程序，新增了政府债务风险。

相关财经法律法规

上述做法不符合《广东省重大行政决策程序规定》（广东省人民政府令第288号）和《广东省人民政府办公厅关于进一步加强政府性债务和隐性债务管理的意见》（粤府办〔2017〕72号）的有关规定。

《广东省重大行政决策程序规定》第三条：“本规定所称重大行政决策，具体包括下列事项：……（四）决定在本行政区域实施的重大公共建设

项目；……”第十三条：“……决策承办单位应当全面梳理与重大行政决策事项有关的法律、法规、规章和政策，使决策草案合法合规、与有关政策相衔接。……”第四十四条：“决策机关应当对决策执行情况进行督促检查。有权机关在对重大行政决策执行情况进行监督时，发现决策存在问题的，应当及时向决策机关反馈，并提出改进建议。”

《广东省人民政府办公厅关于进一步加强政府性债务和隐性债务管理的意见》：“……一、依法举借政府债务。各地政府举借债务一律采用发行地方政府债券方式。各地、各部门不得以文件、会议纪要、领导批示等其他形式，要求企业为政府举债或变相为政府举债。除财政部门外，行政机关和承担行政职能的事业单位及公益一类事业单位不得举借任何债务。其他事业单位举借债务必须报本级主管部门和财政部门审核，由本级政府审批，相关债务不纳入政府性债务管理，由举债单位自行承担全部偿债责任。融资平台公司不再承担政府融资职能，并尽快转型为市场化运营的国有企业，依法依规开展市场化融资。”

财务风险防控对策

1.地方政府应当树立正确的政绩观和科学发展观，将政府债务偿还纳入单位考核事项，党政领导需提高政治站位，对政府债券负总责，财政部门要增强风控意识，会同发改、审计等有关单位持续关注专项债项目实施情况，建立风险预警机制，在债务风险防控工作上形成合力。

2.严格落实发行地方政府专项债券“终身负责制”，严防法定政府债务风险，杜绝出现一届领导发债、一届领导还债的尴尬情况。

3.结合省对市政府债务管理指标内容，制定对各县（市、区）政府债务管理综合考核指标和目标考核值，强化树立“化债也是政绩”的观念。

4.科学制定县（市、区）政府债务管控差异化考核目标和存量债务压减计划，确保将债务风险等级控制在黄色区域，实现风险管控目标。

审计案例173

虚增营业收入和利润，帮助国企获取融资贷款

2020年10月，某市为做实做大市融资平台，满足国家开发银行相关贷款政策的要求，将行政事业性资产——市财政大楼划入该市投资建设总公司（国有企业）。在该处物业办公的5家行政事业单位与投资建设总公司签订虚假租赁合同，约定向该公司租入办公大楼，并按照每年1200万元的租金价格向国有企业缴纳租金，实际上这5家行政事业单位均未缴纳该租金，而投资建设总公司每年将该房产租金收入以计提方式挂列应收账款，虚增营业收入和利润。截至2023年6月底，投资建设总公司共虚增该项房屋租金收入2.76亿元。该公司由此获得贷款8.3亿元。

相关财经法律法规

上述做法不符合《行政事业性国有资产管理条例》（中华人民共和国国务院令第738号）和《中华人民共和国会计法》的有关规定。

《行政事业性国有资产管理条例》第十二条："行政单位国有资产应当用于本单位履行职能的需要。除法律另有规定外，行政单位不得以任何形式将国有资产用于对外投资或者设立营利性组织。"

《中华人民共和国会计法》第二十五条："公司、企业必须根据实际发生的经济业务事项，按照国家统一的会计制度的规定确认、计量和记录资产、负债、所有者权益、收入、费用、成本和利润。"第二十六条："公司、企业进行会计核算不得有下列行为：……（二）虚列或者隐瞒收入，推迟或者提前确认收入；……"

财务风险防控对策

1.落实党政机关办公用房管理责任。使用单位应当建立办公用房资产管理台账，资产信息发生变更的，及时调整台账信息，确保办公用房实际状况账实相符，并与权属证书信息账证相符。

2.全面细化和完善资产管理系统，做到一物一卡、信息完善，特别是资产

的现状应当与实际盘点情况相符，包括在用、出租、闲置等信息。对于由于历史原因无法处理的问题，应进行集中汇总，统一研究处理方案。

3.建立党政机关办公用房管理制度，特别是资产配置、资产使用、资产交接等制度，用制度来规范办公用房管理，如工作交接应当包括所使用或管理的资产的交接，并编制交接单，由资产管理员进行盘点核实后，变更资产管理、使用人。

审计案例174

审核把关不严，不符合条件的家庭骗取公租房保障待遇

审计发现，截至2023年6月，广东某市共有940户不符合条件的家庭隐瞒收入或财产状况，骗取公租房保障待遇。造成上述问题的主要原因是：该市困难群众救助信息核对机制不够完善，未能全面调查核实保障对象的经济状况，且未实行动态管理；部分保障对象在保障期内因家庭住房、收入、车辆等条件发生变化不再符合保障要求，但未及时退出，仍在享受公租房保障待遇。

相关财经法律法规

上述做法不符合《广东省城镇住房保障办法》（广东省人民政府令第181号）的有关规定。

《广东省城镇住房保障办法》第十八条：“申请租住保障房或者领取租赁补贴，应当符合以下条件：（一）在本地无住房或者住房面积低于规定标准；（二）收入、财产低于规定标准。”第二十二条：“住房保障主管部门和实施机构可以通过入户调查、邻里访问、信函索证、信息查证等方式，对申请人及其家庭成员的收入、车辆、存款、有价证券等有关财产情况进行调查核实。公安、银行、证券、国土、房管、税务、工商等部门根据各自职责，依法向住房保障主管部门和实施机构出具申请人有关财产证明。”

财务风险防控对策

住建部门应当加强对住房保障申请对象收入及财产状况的审核把关力度，对保障申请人及其家庭成员的收入、车辆、存款、有价证券等有关财产情况进行全面调查核实。同时，建立住建、自然资源、公安、人社、市场监督管理等部门信息共享机制，采用信息化手段，动态核实保障申请人及其家庭成员的收入、车辆、存款、有价证券等有关财产情况。发现保障申请人及其家庭成员以弄虚作假方式骗取保障待遇的，应当加大惩罚力度；对于家庭收入情况发生变化不再符合保障要求的，应当及时清退。

审计案例175

会计基础工作薄弱

审计发现，某学校会计基础工作薄弱，部分支出未附原始凭证，如支付实习基地的费用，后仅附付款申请书和合作协议，未见相关发票；支付校车维修费未取得维修清单；支付教师活动聚餐费未附就餐人员名单；购买教师节比赛服未附领用签收单；支付音体室设备款未附验收单。此外，还存在部分报销发票抬头为空白，购买水果、牛奶等支出发票无销货单位盖章等情况。

相关财经法律法规

上述做法不符合《会计基础工作规范（2019年修订）》（中华人民共和国财政部令第98号）和《中华人民共和国会计法》的有关规定。

《会计基础工作规范（2019年修订）》第四十八条：“原始凭证的基本要求是：……（三）……购买实物的原始凭证，必须有验收证明。支付款项的原始凭证，必须有收款单位和收款人的收款证明。”

《中华人民共和国会计法》第十四条：“……会计机构、会计人员必须按照国家统一的会计制度的规定对原始凭证进行审核，对不真实、不合法的原始凭证有权不予接受，并向单位负责人报告；对记载不准确、不完整的原始凭证予以退回，并要求按照国家统一的会计制度的规定更正、补充。原始凭证记载的各项内容均不得涂改；原始凭证有错误的，应当由出具单位重开或者更正，更正处应当加盖出具单位印章。原始凭证金额有错误的，应当由出具单位重开，不得在原始凭证上更正。记账凭证应当根据经过审核的原始凭证及有关资料编制。”

财务风险防控对策

1.从宏观角度出发，加大审计监督力度，加强对财务工作的检查，严格处罚信息造假人员，提高会计信息质量。

2.从微观角度出发，充分展开对会计人员相关技能的培训，加强对会计人员的职业道德教育，提高会计人员综合素质，保证会计信息的真实性。

审计案例176

会计报表编报不准确、会计核算信息不真实

2019年至2021年，某县财政局对财政支出数据进行账务调整，包括在功能科目间调整支出，以及将实际支出进行挂账处理，造成决算数据不真实。一是为完成考核任务，在功能科目间随意调整支出事项，涉及金额11.26亿元。如2021年12月，将“其他政府办公厅（室）及相关机构事务支出”，分别调整为科学技术支出2.56亿元、文化旅游体育与传媒支出1.83亿元、交通运输支出1.05亿元。二是因收入未达预期，为实现当年决算收支平衡，将实际已发生的支出进行挂账处理，导致支出决算数据不真实。如2020年将实际支出1.32亿元先做挂账处理，导致当年支出决算减少1.32亿元，在2021年6月全部调整为支出。截至2022年6月底，该县财政局仍有10.36亿元的历年支出做挂账处理。

相关财经法律法规

上述做法不符合《中华人民共和国会计法》、《中华人民共和国预算法实施条例》（中华人民共和国国务院令第729号）和《事业单位会计准则》（中华人民共和国财政部令第72号）的有关规定。

《中华人民共和国会计法》第九条：“……任何单位不得以虚假的经济业务事项或者资料进行会计核算。”

《中华人民共和国预算法实施条例》第八十三条：“各级政府财政部门、各部门、各单位在每一预算年度终了时，应当清理核实全年预算收入、支出数据和往来款项，做好决算数据对账工作。……”

《事业单位会计准则》第十二条：“事业单位应当以实际发生的经济业务或者事项为依据进行会计核算，如实反映各项会计要素的情况和结果，保证会计信息真实可靠。”

财务风险防控对策

在历年部门决算中，一些部门、单位普遍存在项目资金以拨代支的问题，为了提高项目执行进度，采取库款搬家的方式，使国库资金表面上形成支付，造成决算支出多列。同时，财政资金脱离了国库的监管，也极易发生违规支付、使用效益低下等问题。各部门、各单位应确保财务数据的真实、完整、准确，切实降低政府运行成本。针对此类问题，应召开党委（党组）会议，制定整改措施，追究相关人员责任，通过建立健全财务管理制度并严格执行，确保会计核算真实、合法。

审计案例177

往来款长期未清理

截至2022年底，某单位有干部职工借款余额120万元，部分资金长期未清理。如罗某、王某以支付相关工程款的名义，于2018年9月分别借款20万元和35万元，长期未办理核销手续。再如，李某、梁某以前年度各借款10万元，借款期限已超过10年，既未归还也未办理核销手续，现借款人已退休。

相关财经法律法规

上述做法不符合《关于加强地方财政结余结转资金管理的通知》（财预〔2010〕383号）、《行政单位财务规则》（中华人民共和国财政部令第71号）和《关于进一步加强地方财政结余结转资金管理的通知》（财预〔2013〕372号）的有关规定。

《关于加强地方财政结余结转资金管理的通知》："四、对财政暂存款和财政暂付款要全面清理，及时做好资金拨付和清算工作，该收回的要尽快收回，该核销的要按程序尽快核销。"

《行政单位财务规则》第三十七条："行政单位应当加强应收及暂付款项的管理，严格控制规模，并及时进行清理，不得长期挂账。"第四十七条："行政单位应当加强对暂存款项的管理，不得将应当纳入单位收入管理的款项列入暂存款项；对各种暂存款项应当及时清理、结算，不得长期挂账。"

《关于进一步加强地方财政结余结转资金管理的通知》："四、……（十二）清理和控制部门暂付款。各级财政部门全面清理本级部门暂付款、应收账款、其他应收款等。严禁部门利用财政拨款资金对外借款，违反法律法规规定的，要按照有关规定追究相关人员责任。……"

财务风险防控对策

1.建立完善的内部管理制度，及时清理往来款项。首先，要查清既有往来款项存在问题的根本原因，最大限度地可清尽清。如果有关款项确实是坏账、呆账，则严格依据有关程序报给财政部门或主管部门进行审批后办理核销手续。同时，要对年初结余的实际消化能力进行分析，对收入支出进行合理调整。其次，要分析为何新增往来款项，及时核对，尽早核销。在当年年底，全部核对好本年各项新增往来款项，尽量全部核销，如果有当年不能核销的往来款项，要查明原因，将其和计划核销时间等信息全部附于报表后面。最后，在行政事业单位领导调动或财务人员调整期间，需对往来挂账的真实原因加以调查，并采取有效措施进行会计处理。

2.贯彻领导和财务会计离任交接制度，依法清查往来资金。在对往来资金管理期间，行政事业单位要始终坚持哪个人员审批或同意就由相应人员负责，以保证单位内所有领导干部和财务人员都能在任期内将往来事项全面清理完成。审计部门要把往来款项管理纳入经济责任审计的必查范围区间，对其任期内往来资金增减情况实现量化反映，同时对款项是否合法进行严格考量。单位如果有财务人员岗位调整的，相关主管单位和监督部门需要全面清查其经手的往来款项情况，对财务处理是否合规与合法进行分析，若发现违规行为，须严格处罚，以增强财务工作者的个人责任意识。

3.严控往来资金发生区间和处理权限。首先，财政部门要着重对行政事业单位往来款项管理的必要性和重要价值进行大力宣传，安排行政事业单位有关领导和财务工作者学习国家财经法规，建立科学的往来款项管理理念，并将往来款项的相关管理制度融入单位制度建设中。其次，事业单位财务人员要严格把控往来款项的规模和具体清理时间，单位领导要将产生往来资金事项的意见具体签批在相关票据上，明确还款条件、还款方式、还款日期等。最后，财务部门要严格审核每一笔新发生的借款，确保其审批手续符合规定，所有没有标注具体用途和还款日期的要予以退回，以强化借款人的还款意识和领导责任意识。

4.对往来资金加强监管，依规处理往来资金。首先，财政部门相关科室要对预算外收入的具体范围进行明确，防止其和往来资金核算范围出现混淆，并对各自的银行收入账户进行清晰的区分管理。其次，要对票据使用情况加强监管。所有票据都要在专门科室进行扎口管理，确保职责明确。要定期或不定期地检查并清缴领用单位相关票据，对票据所开内容的合法性和合理性进行重点检查。若单位没有领用票据，须通过相应的扎口科室代为开具相应的票据。最后，单位要充分重视预算管理。将往来资金纳入国库集中支付平台相关项目中，明确定额标准，建立并实施零基预算管理体系。行政事业单位要对工会账、食堂账、基建账“三本账”之间的往来以及支出进行严格核算，确保相关支出在规范区间内加以核算，严禁超范围核算，从而确保规范核算，提高财务信息质量。

审计案例178

对下属单位监管不到位

某单位一直未制订对下属单位的管理办法，也未按规定对下属单位进行监督检查，既未开展对下属单位财政财务情况的全面审计，也未开展对下属单位负责人的经济责任审计。

相关财经法律法规

上述做法不符合《财政部关于修改〈事业单位国有资产管理暂行办法〉的决定》的有关规定。

《财政部关于修改〈事业单位国有资产管理暂行办法〉的决定》第七条："事业单位的主管部门（以下简称主管部门）负责对本部门所属事业单位的国有资产实施监督管理。其主要职责是：（一）根据本级和上级财政部门有关国有资产管理的规定，制定本部门事业单位国有资产管理的实施办法，并组织实施和监督检查；（二）组织本部门事业单位国有资产的清查、登记、统计汇总及日常监督检查工作；（三）审核本部门所属事业单位利用国有资产对外投资、出租、出借和担保等事项，按规定权限审核或者审批有关资产购置、处置事项；（四）负责本部门所属事业单位长期闲置、低效运转和超标准配置资产的调剂工作，优化事业单位国有资产配置，推动事业单位国有资产共享、共用；（五）督促本部门所属事业单位按规定缴纳国有资产收益；（六）组织实施对本部门所属事业单位国有资产管理和使用情况的评价考核；（七）接受同级财政部门的监督、指导并向其报告有关事业单位国有资产管理工作。"

财务风险防控对策

一级预算单位应从以下几个方面加强对下级单位的监管：

1.通过建立健全内部控制制度，把对二级单位的监督管理制度化、常态化，定期对二级单位进行财务及业务检查。

2.对于下属二级单位较多的单位，应加强内部审计监督，强化对二级单位的监督检查。

3.加强对二级单位财务人员的业务指导和培训，从财务核算这个重要关口对下级单位的业务进行把关。

审计案例179

银行账户应清理但未清理

某单位以青年联谊会的名义开立银行账户，由于该青年联谊会属社团法人，未实行独立财务核算，也并未将开设的银行账户支出情况在该单位会计账上反映，相关开户资料及印鉴实际上由该单位会计人员李某某一人掌管。经对账发现，相关支出均无支出依据，截至2022年底，疑似列支私人费用73万元。

相关财经法律法规

上述做法不符合广东省财政厅、中国人民银行广州分行《关于印发〈广东省省级预算单位银行账户管理暂行办法〉的通知》的有关规定。

《广东省省级预算单位银行账户管理暂行办法》第十条：“省级预算单位财政审批类账户包括：（一）基本存款账户。一个省级预算单位开立一个基本存款账户。……”第二十六条：“……（三）……2.省级预算单位合并组建一个新的省级预算单位，合并前各单位原账户应全部撤销，按本办法规定重新开立新预算单位的银行账户，由新单位办理账户备案；……”

财务风险防控对策

单位应当定期提请中国人民银行协助查清单位名下全部银行账户，按照“一个单位原则上只保留一个基本存款账户”的要求，确认久悬账户、睡眠账户、未按规定程序审批设立的银行账户等，对需要变更或撤销的银行账户，认真分析其资金性质，及时做好清理前后账户的衔接工作。如出现因印鉴丢失、法人变更导致银行账户难以办理销户手续的情况，应积极与相关商业银行沟通，以开证明、登报等符合法律规定的方式协调解决，并填写预算单位银行账户备案表，及时向财政部门备案。

审计案例180

不相容职务未有效分离

某单位法人章由会计陈某管理，财务章和出纳章由出纳黄某保管。陈某为了工作便利，提前在空白支票上加盖单位法人章，然后交给出纳黄某进行支票打印。该单位虽然在形式上设置了由不同岗位的人管理收付款业务的印章，实际操作却与一个人保管收付款业务的全部印章没有区别。

相关财经法律法规

上述做法不符合《财政部关于印发〈行政事业单位内部控制规范（试行）〉的通知》（财会〔2012〕21号）的有关规定。

《行政事业单位内部控制规范（试行）》第十五条：“单位应当建立健全内部控制关键岗位责任制，明确岗位职责及分工，确保不相容岗位相互分离、相互制约和相互监督。单位应当实行内部控制关键岗位工作人员的轮岗制度，明确轮岗周期。不具备轮岗条件的单位应当采取专项审计等控制措施。内部控制关键岗位主要包括预算业务管理、收支业务管理、政府采购业务管理、资产管理、建设项目管理、合同管理以及内部监督等经济活动的关键岗位。"第六十三条："单位负责人应当指定专门部门或专人负责对单位内部控制的有效性进行评价并出具单位内部控制自我评价报告。"

财务风险防控对策

1.不相容职务分离的核心是内部牵制，单位在设计内部控制制度时，首先要考虑哪些岗位和职务是不相容的。一般来说，经济业务的授权者和执行者要分离，执行者与记录者、监督者要分离，货币资金、实物资产的保管者和使用者及记录者要分离。如货币资金业务的不相容岗位至少应当包括：①货币资金支付的审批与执行；②货币资金的保管与盘点清查；③货币资金的会计记录与审计监督。出纳人员不得兼任稽核、会计档案保管和收入、支出、费用、债权债务账目的登记工作。固定资产业务不相容岗位至少包括：①固定资产投资预算的编制与审批、审批与执行；②固定资产采购、验收与款项支付；③固定资产投保的申请与审批；④固定资产处置的申请与审批、审批与执行；⑤固定资产取得与处置业务的执行与相关会计记录。政府采购业务不相容岗位至少包括：①政府预算编制和执行分离；②采购方式决定与执行分离；③采购经办、项目技术参数的需求确定与审核分离；④政府采购招标人与使用人分离；⑤项目需求确定与评标定标分离；⑥评标定标与签订审核采购合同岗位分离；⑦采购合同签订审核与项目验收分离；⑧项目验收与采购结算审批分离；⑨付款审批与付款执行分离；⑩政府采购政策制定与督促检查分离。

2.要明确规定各个机构和岗位的职责与权限，使不相容岗位和职务之间能够相互监督、相互制约，形成有效的制衡机制。

审计案例181

违规发放/领取兼职报酬

广东某学校私下邀请某教育局的公职人员进行业务指导、试卷命题、考试监考等事项，并通过银行转账、现金、实物等方式向相关公职人员发放劳务报酬及补贴，2021年1月至2023年5月，合计发放15万元。

相关财经法律法规

上述做法不符合广东省人事厅、广东省财政厅《关于省直机关统一岗位津贴后有关经费使用管理的补充通知》（粤人发〔2003〕199号）和广东省人力资源和社会保障厅《关于清理公务员在行业协会商会中任职、兼职行为的通知》的有关规定。

《关于省直机关统一岗位津贴后有关经费使用管理的补充通知》：“……七、关于机关工作人员个人工资津贴外收入问题的规定。凡工作人员履行工作职责和本单位交办工作所取得的收入，均需上交本单位财务，纳入本单位的其他收入管理，个人不得占为己有。机关工作人员工作时间以外非履行工作职责所取得的正当收入，应向组织申报，并依法缴纳个人所得税……”

《关于清理公务员在行业协会商会中任职、兼职行为的通知》：“各地各单位应对已在行业协会商会中任职、兼职的公务员进行一次清理……本人自愿继续留在行业协会商会工作的，退出公务员管理，不再保留公务员身份，按照干部管理权限，由任免机关办理。”

财务风险防控对策

补贴补助奖励发放实行“承诺制”。补贴补助奖励的发放是敏感问题，弄不好就会违规违纪。单位、部门应成立以人事、纪检和财务人员为主的审核小组，对需要发放的各类补贴补助奖励进行合法合规性审核，并对其发放的政策依据、发放对象、发放金额等进行责任承诺，杜绝踩线和越线发放行为，确保发放的补贴补助奖励合理、合规。

审计案例182

违规制定奖励政策

广东某公办高校2017年经院长办公会审议，制定了《××学院差旅费管理办法》，设有交通节约奖励条款，对出差人员的住宿费、市内交通费、伙食补助费等，实行分项计算、总额包干、调剂使用、节约奖励、超支不补的办法，对于节约部分，给予出差人员发放节约部分30%的奖励。经统计，2018年至2021年，该学院违规发放出差人员交通节约奖励金约42万元。

相关财经法律法规

上述做法不符合广东省财政厅《关于进一步加强差旅费等公务支出管理有关事项的通知》（粤财行〔2018〕158号）的有关规定。

《关于进一步加强差旅费等公务支出管理有关事项的通知》："四、严格执行报销制度。公务支出报销必须以实际发生为前提，报销项目的设置、计发办法和标准必须严格依法依规，不得随意设立各种报销补助项目，不得实行每月或其他定期固定数额报销，不得将财务类补助项目变相为工资性补贴定期定额随工资发放。"

财务风险防控对策

1.强化对财经法规制度的学习，及时更新单位制度体系，在制定制度前应当深入调查研究，涉及大额经费支出、国有资产处置、重大物资采购、重大基建工程等事项，应进行充分的前期调研，履行必要的研究和论证程序；对于专业性、技术性较强的事项，应当履行专家咨询程序，防止由于政策法规学习不及时、不到位，受到个别人员影响而制定违反财经纪律的内部管理文件。

2.调整有关会计账目，退还违规所得，并举一反三，防止再犯。

审计案例183

现金“坐收坐支”

2023年2月，审计人员对某学校出纳保管的学生饭卡充值款项进行检查发现：当年饭卡充值已收1600万元，与餐饮公司结算1400万元，应结存200万元，实际结存120万元。实际结存的款项分别存放在出纳处（80万元）和饭堂收款员处（40万元），既无账务记录，也未及时送存银行；其余80万元差额部分被坐支、挪用。

相关财经法律法规

上述做法不符合《现金管理暂行条例》和《现金管理暂行条例实施细则》的有关规定。

《现金管理暂行条例》第十一条：“开户单位现金收支应当依照下列规定办理：（一）开户单位现金收入应当于当日送存开户银行。当日送存确有困难的，由开户银行确定送存时间；（二）开户单位支付现金，可以从本单位库存现金限额中支付或者从开户银行提取，不得从本单位的现金收入中直接支付（即坐支）。因特殊情况需要坐支现金的，应当事先报经开户银行审查批准，由开户银行核定坐支范围和限额。坐支单位应当定期向开户银行报送坐支金额和使用情况；（三）开户单位根据本条例第五条和第六条的规定，从开户银行提取现金，应当写明用途，由本单位财会部门负责人签字盖章，经开户银行审核后，予以支付现金；……”

《现金管理暂行条例实施细则》第十一条：“开户单位现金收支按下列规定办理：……（二）开户单位支付现金，可以从本单位的现金库存中支付或者从开户银行提取，不得从本单位的现金收入中直接支付（即坐支）；……”

财务风险防控对策

现金管理包括收付和保管两个环节。各单位的现金必须全部纳入财务核算和管理，在规定的范围内使用现金，不得从现金收入中直接坐支，要设立现金日记账，做到日清月结、账款相符。出纳人员和会计人员要实行岗位分离。

审计案例184

挪用公款

某单位出纳人员以发工资、退押金、退摊位费等名义，先后21次挪用单位资金1100万元用于投资，亏损800多万元，到案发时，该出纳人员用于投资的账户中只剩下200多万元。

相关财经法律法规

上述做法不符合《中华人民共和国会计法》的有关规定。

《中华人民共和国会计法》第三条：“各单位必须依法设置会计账簿，并保证其真实、完整。”第九条：“各单位必须根据实际发生的经济业务事项进行会计核算，填制会计凭证，登记会计账簿，编制财务会计报告。任何单位不得以虚假的经济业务事项或者资料进行会计核算。”第四十条：“因有提供虚假财务会计报告，做假账，隐匿或者故意销毁会计凭证、会计账簿、财务会计报告，贪污，挪用公款，职务侵占等与会计职务有关的违法行为被依法追究刑事责任的人员，不得再从事会计工作。”

财务风险防控对策

单位应加强对财政资金的会计系统控制，严格规范资金的支付条件、程序和审批权限，明确支出款项的用途、金额、预算、限额、支付方式等内容，并要求完整附上原始单据和相关证明材料，在履行严格的授权审批程序后方可安排资金支出。同时，要严格遵守现金和银行存款管理的有关规定，不得由同一个人办理货币资金全过程业务，严禁将办理货币资金支付业务的相关印章和票据集中交由同一个人保管。

审计案例185

购买高档烟酒食品和购物卡

某单位2022年违规消费高档酒水（单价500元以上），包括2021年飞天茅台、五粮液、软盒中华等，在友谊商店购置购物预付卡，涉及金额7.54万元。

相关财经法律法规

上述做法不符合财政部《关于切实做好岁末年初有关财政工作的通知》（财办〔2012〕52号）和《关于树立过紧日子思想 严控一般性支出的意见》（粤财行〔2019〕37号）的有关规定。

《关于切实做好岁末年初有关财政工作的通知》："五、严格执行改进作风和加强廉洁自律各项规定……大力弘扬艰苦奋斗、勤俭节约作风，本着简约、俭朴原则安排好节日期间各种活动。大力精简各种茶话会、联欢会，严格控制年终评比达标表彰活动，严禁用公款购买香烟、高档酒和礼品，严禁用公款搞相互走访、送礼、宴请等拜年活动，未经批准不得举办各类节日庆典活动。……"

《关于树立过紧日子思想 严控一般性支出的意见》："加强部门预算支出标准定额控制，坚持集约利用资源，节约办公费用，严禁违规购买高档烟酒等名贵特产类特殊资源。"

财务风险防控对策

对财务票据及相关附件实行"审核制"，成立以单位财务和审计人员为主的财务报销审核小组，对进行财务报销的财务票据及其附件，在报销入账前进行可行性、真实性、合法性、完整性、规范性、准确性、时效性等审核，确保报销入账的财务票据及其附件能切实证明所报销业务支出的真实性、合法性、可信性。

审计案例186

违规干预、插手工程建设，谋取个人利益

2017年至2020年，某市粮食局党委书记、局长徐某某为化解家族债务危机，动起了歪脑筋。作为“点将招商”项目领办人，他利用审核、监管招商引资主体的职务便利，隐瞒相关事实，误导市政府同意引入其家族成员经营的A电商公司，并由该公司成立的B电商公司投资建设该市电商创业基地项目，骗取各项优惠政策补助款822.84万元。在电商创业基地建成前后，徐某某还违规预售项目房产，并召集股东对大部分项目房产进行分割，通过出售、以房抵债等方式套现，偿还了家族成员3000余万元的债务。

相关财经法律法规

上述做法是按照《中国共产党纪律处分条例》和《党员领导干部违反规定插手干预工程建设领域行为适用〈中国共产党纪律处分条例〉若干问题的解释》应给予处分的行为。

《中国共产党纪律处分条例》第一百二十六条：“党员领导干部违反有关规定干预和插手市场经济活动，有下列行为之一，造成不良影响的，给予警告或者严重警告处分；情节较重的，给予撤销党内职务或者留党察看处分；情节严重的，给予开除党籍处分：（一）干预和插手建设工程项目承发包、土地使用权出让、政府采购、房地产开发与经营、矿产资源开发利用、中介机构服务等活动的；……”

《党员领导干部违反规定插手干预工程建设领域行为适用〈中国共产党纪律处分条例〉若干问题的解释》：“一、党和国家机关中副科级以上党员领导干部，有违反规定插手干预工程建设领域行为的，依照本解释处理。人民团体、事业单位中相当于副科级以上党员领导干部，国有和国有控股企业（含国有和国有控股金融企业）及其分支机构领导人员中的党员，有违反规定插手干预工程建设领域行为的，适用本解释。二、本解释所称违反规定插手干预工程建设领域行为，是指党员领导干部违反法律、法规、规章、政策性规定或者议事规则，利用职权或者职务上的影响，向相关部门、单位或者

有关人员以指定、授意、暗示等方式提出要求，影响工程建设正常开展或者干扰正常监管、执法活动的行为。”

财务风险防控对策

预防和惩治领导干部违规插手干预工程建设，要坚持“标本兼治、惩防结合”。持续深化廉政风险防控机制建设，建立领导干部违规插手干预工程建设项目记录、通报和责任追究制度，对工程建设项目审批、招标投标、施工建设、竣工验收、资金支付等各个环节进行全程记录，出现问题倒查追责。实行施工企业及项目负责人、监理企业及总监信用评价制度，推动公共资源交易市场与建筑业市场信息公开，防止招标人“萝卜坑”式定标和唯价格定标。

审计案例187

违规经商办企业、违规持股、违规兼职取酬、违规从事有偿中介活动

截至2022年12月底，广东某单位有3名在职局领导和2名退休局领导（退休未满3年）未经组织部门批准，在14个社会组织中兼职取酬，其中2名在职局领导还在已脱钩的4个社会组织中兼职取酬，且未向人力资源和社会保障部门如实报告。

相关财经法律法规

上述做法不符合《中华人民共和国公务员法》（中华人民共和国主席令第二十号）和《关于进一步规范党政领导干部在企业兼职（任职）问题的意见》（中组发〔2013〕18号）的有关规定。

《中华人民共和国公务员法》第五十九条：“公务员应当遵纪守法，不得有下列行为：……（十六）违反有关规定从事或者参与营利性活动，在企

业或者其他营利性组织中兼任职务。……”第一百一十二条：“法律、法规授权的具有公共事务管理职能的事业单位中除工勤人员以外的工作人员，经批准参照本法进行管理。”

《关于进一步规范党政领导干部在企业兼职（任职）问题的意见》：“二、对辞去公职或者退（离）休的党政领导干部到企业兼职（任职）必须从严掌握、从严把关，确因工作需要到企业兼职（任职）的，应当按照干部管理权限严格审批。辞去公职或者退（离）休后三年内，不得到本人原任职务管辖的地区和业务范围内的企业兼职（任职），也不得从事与原任职务管辖业务相关的营利性活动。辞去公职或者退（离）休后三年内，拟到本人原任职务管辖的地区和业务范围外的企业兼职（任职）的，必须由本人事先向其原所在单位党委（党组）报告，由拟兼职（任职）企业出具兼职（任职）理由说明材料，所在单位党委（党组）按规定审核并按照干部管理权限征得相应的组织（人事）部门同意后，方可兼职（任职）。辞去公职或者退（离）休三年后到企业兼职（任职）的，应由本人向其原所在单位党委（党组）报告，由拟兼职（任职）企业出具兼职（任职）理由说明材料，所在单位党委（党组）按规定审批并按照干部管理权限向相应的组织（人事）部门备案。……八、党政领导干部在其他营利性组织兼职（任职），按照本意见执行。参照公务员法管理的人民团体和群众团体、事业单位领导干部，按照本意见执行；其他领导干部，参照本意见执行。”

财务风险防控对策

1.部门和单位要完善内部监管制度。对本部门、本单位的财务报销及其相关财务情况进行定期与不定期的监督检查，对查出的问题及时予以整改。同时，加强本部门、本单位的财务信息公开公示，接受干部职工监督，减少财务违规问题的发生。

2.建立单位与监督部门共同监督制度。部门和单位要联合监督部门对本部门、本单位的财务情况进行监督检查，通过专业的检查，对存在的问题实行清单式整改，并举一反三，切实规范财务行为。

3.建立长期监督检查制度。把对财务报销以及其他财务核算、财务监管行为的监督检查，作为一项工作固定下来，形成制度，经常查、反复查、事事查、件件查，切实杜绝违规行为。

审计案例188

承办单位未落实集体决策的事项，也未按规定程序请示报告

某单位2020年党组会议决定当年购置网络举报系统、拍摄宣传片和投资自来水厂（扶贫项目）等3个事项，相关承办部门实际未执行，也未按规定程序书面请示报告，涉及计划支出金额361.87万元。

相关财经法律法规

上述做法不符合中共中央印发的《中国共产党党和国家机关基层组织工作条例》以及《关于新形势下党内政治生活的若干准则》的有关规定。

《中国共产党党和国家机关基层组织工作条例》第二十四条："坚持集体领导制度，凡属重要事项都应当按照集体领导、民主集中、个别酝酿、会议决定的原则，由集体讨论、按少数服从多数作出决定。……"

《关于新形势下党内政治生活的若干准则》："六、坚持民主集中制原则……各级党委（党组）必须坚持集体领导制度。……落实党委常委会（或党组）议事规则和决策程序……坚决反对和防止议而不决、决而不行……领导班子成员必须增强全局观念和责任意识……决策形成后一抓到底，不得违背集体决定自作主张、自行其是。……"

财务风险防控对策

相关部门及单位应严格按照有关规定和要求，结合实际情况，进一步修订完善常委会议事规则，明确应提交常委会决议的事项范围，并加大对重大经济事项的跟踪检查力度，避免出现先执行后决策或决策后不执行、执行中变形走样等情况，督促相关部门严格执行集体决策议定事项。

本章小结

加强内部控制体系建设，防范“小官大贪”现象

良好的行政事业单位内部控制是提高行政事业单位管理水平和风险防控能力、推进廉政建设的重要手段。党的十九届四中全会审议通过的《中共中央关于坚持和完善中国特色社会主义制度 推进国家治理体系和治理能力现代化若干重大问题的决定》提出：“坚持权责法定，健全分事行权、分岗设权、分级授权、定期轮岗制度，明晰权力边界，规范工作流程，强化权力制约。”

近年来，纪检监察机关通报了多起“小官大贪”典型案例。“小官大贪”损害的是老百姓的切身利益，啃食的是党的执政根基。多起“小官大贪”典型案例虽然所涉及地域、部门、岗位各有不同，但呈现出一些共同的特点：一是作案金额大。多起案例的作案金额达上千万元、上亿元，大部分被用于炒股、买房、购买理财产品、赌博、五星级酒店高消费、吃请送礼等而挥霍一空。二是作案时间长、跨度大。多起案例的作案时间达3年至5年，有的达10年甚至更长，还有的直至查处前仍在作案，因长期未被发现，使得“蝇贪”变为“硕鼠”。三是出现不少低职务作案人员。作案人员多为会计、出纳人员，也有街道办主任、房产局局长等，级别均为县区科级干部或乡镇股级干部。

亡羊补牢，未为晚也。在坚决查处“小官大贪”之余，必须认真反思问题产生的原因：这些典型案例反映出相关单位内部控制制度不健全，制度的“笼子”未扎紧。同时，也反映出相关单位在内控管理及监督方面存在的不足，特别是在“三重一大”方面，存在“三重一大”集体决策制度不完善、决策范围不明确、程序不规范、执行不严格、监督检查和责任追究不力等问题。

1. 内部控制意识不强

案例反映出相关行政事业单位没有统一思想，充分认识，提高民主决策意识。单位领导重事业发展、轻内部管理，对内部控制重要性和现实意义的

认识不到位，整个单位尚未建立起健全有效的内控制度。有的领导甚至认为内部控制是对自己的控制，有了内部控制就是对自己的束缚，对内部控制建设漠不关心。一些行政事业单位的负责人也缺乏对内部会计控制知识的基本了解，把会计的职能仅理解为记账、算账、报账，不重视内部控制制度的组织建设、人员配备和经费投入，致使财务核算与监督流于形式。有的行政事业单位编制有限，人手紧张，出现不合理、不合法的兼岗现象，不相容岗位未能合理分离，从事财务管理工作的经办人员、保管人员、验收人员之间没有实行职务分离，或实行了职务分离而没有互相制约。

2.会计基础管理存在漏洞

案例反映出相关行政事业单位财务管理混乱，内部控制问题突出，相互制约关系未建立或失效，监督机制不健全。财务部门和业务部门沟通协调不到位，支出流程和审核、审批不严密，资产管理、交接、领用记载不清，没有形成有效的监督制约机制。有的单位会计、出纳由同一个人担任，缺乏监督，连资产定期盘点、定期账目核对、账款相符的基本财务制度要求都没做到；有的出纳不懂业务，甚至连电脑都不会用；有的会计、出纳十多年没有轮岗交流，也缺乏内部审计等监督措施。

3.制度执行不力，目标不明确，措施不到位

对重大决策、重要人事任免、重大项目安排、大额资金运作没有具体规定或没有严格的细化和界定，并形成不同层级的权限标准，无法真正实现有章可循、提高科学决策能力和执行力。

4.内部监督制约机制不健全，日常监督流于形式

有的行政事业单位没有将内部控制有效实施情况纳入单位内部相关部门及分管领导考核评价体系。没有建立内部监督机制，对经济活动的重要环节未开展定期或不定期检查，也没有对内部控制运行情况进行有效评价，对审计等相关部门发现的问题不及时按要求进行整改。监督机制不健全或多年未修改更新，职能部门各自为政，没有形成完整统一的管理体系。有的单位制定的制度规定形式化，相关制度写在纸上、贴在墙上、装在档案里，日常工作凭经验，随意性较大，监督管理制度形同虚设。

“三重一大”决策制度是中国特色社会主义制度的重要体现，是中央预防腐败的重要措施，也是民主、科学决策的有效具体体现，严格落实“三重一大”，是实现高质量发展的制度性保证，有助于进一步提高行政事业单位各项决策的前瞻性、科学性，我们应针对存在的问题与不足，认真总结，深刻反思，查找不足，对症下药。

1.提高政治站位，认真学习领会文件精神，统一思想，提高认识，强化民主决策意识

内部控制既是行政事业单位的重要管理活动，也是一项重要的制度安排。通过学习领会文件精神，提高思想认识、政治站位，充分认识到“三重一大”决策制度的重要性，切实加强部门和单位反腐倡廉建设，规范决策行为，提高决策水平，防范决策风险。

2.细化完善重大决策体系，强化制度执行力，明确目标，措施到位，提升决策科学性

把握“三重一大”决策的主要内容、议事程序、决策执行、监督检查、责任追究等的内涵，积极谋划，结合单位实际，完善科学决策机制，并提出具体要求。认真落实集体领导和个人分工负责相结合的制度，凡属重大事项决策、重要干部任免、重要项目安排和大额资金使用，必须按照集体领导、民主集中、个别酝酿、会议决定的原则，由集体讨论作出决定，提高各项决策的前瞻性、科学性。

制度的生命力在于执行，行政事业单位应把“三重一大”决策制度的执行、落实作为领导班子的头等大事来抓，使得内控制度建设与执行成为“一把手”工程，并坚持做好思想意识、内容和程序、考核和评价监督到位。

（1）思想意识到位。思想是行动的先导，树立优良的马列主义世界观、人生观、价值观和正确的权力观、地位观、利益观，始终坚持党的基本理论、基本路线、基本纲领，牢记党纪国法，常修为政之德、常思贪欲之害、常怀律己之心，把反对和防止腐化堕落，落实“三重一大”制度及增强自觉接受监督的意识作为一项中心任务来抓，并进行到底。

（2）内容和程序到位。规范决策行为，提高决策水平，防范决策风险，保证行政事业单位科学发展，凡属重大决策、重要人事任免、重大项目安排和大额度资金运作事项必须结合单位实际，从“三重一大”决策制度的指导思想和基本原则、“三重一大”事项的主要范围、“三重一大”事项决策的基本程序、“三重一大”事项决策的组织实施和监督检查四个方面不断进行完善和细化，通过严格的细化和界定，形成不同层级的权限标准，让每项议题事项的决策均应按议题确定、酝酿准备、研究讨论、会议表决、记录存档、决策实施等程序来进行；让每一个议题、每一个议题事项的决策过程都有明确的内容和要求，明确做什么、如何做，并确保透明和可操作性。

（3）考核和评价监督到位。坚持谁决策谁负责、过错与责任相适应的原则，坚持定性与定量相结合、走下去与走出去相结合的办法，明确权力清单和责任，完善和创新“三重一大”监督体系，充分发挥干部职工监督作用，确保用制度管权、管事、管人。确保对未经集体讨论，个人或少数人擅自决定“三重一大”问题的、个人或少数人擅自改变原决定的、不提供真实情况而造成决策失误的进行责任追究，保证决策权力的正确行使，防范决策失控失误、权力失控及腐败行为的发生。

3.重视预决算公开，扎实会计基础

党的十八届三中全会审议通过的《中共中央关于全面深化改革若干重大问题的决定》提出深化财税体制改革、建立现代财政制度、实施“全面规范、公开透明”的预算制度。党的十八届四中全会提出重点推进财政预算信息公开，要求围绕建立现代财政制度和全面深化财税体制改革，将公开透明贯穿预算改革和管理全过程。2018年修正的《中华人民共和国预算法》，从法律的高度增加了预算公开的规定。深入推进“全面规范、公开透明”的预算制度，对部门、单位进一步做好会计基础工作提出更高的要求。各部门、各单位要按照推行财务核算信息集中监管系统改革的要求，将省直单位全部资金纳入财务监管系统进行核算，重点解决二级、三级单位财务信息录入不全面不规范的问题。各部门、各单位要落实部门、单位管理责任，将集中监管制度落实作为当前财务部门的重点工作之一，省直单位负责人要担起管理责任，财政部门要加强指导和督查。要落实好会计职责，财务人员应重视预算制度改革相关政策制度的学习，提高预算管理意识，严格遵守《中华人民共和国预算法》《中华人民共和国会计法》等财经法规，认真做好会计核算和内部稽核，保证会计账务处理及时、会计科目运用准确、会计信息规范完整。